黒沢清、映画のアレゴリー

Kiyoshi Kurosawa, an Allegory of Cinema

阿部嘉昭

Abe Casio

幻戯書房

黒沢清、映画のアレゴリー

黒沢清、映画のアレゴリー◉目次

装丁――小沼宏之[Gibbon]

序章——アレゴリーについて

1——文学的アレゴリーの諸相

映画監督の篠崎誠は、黒沢清監督の『散歩する侵略者』(二〇一六)の公開を機に、素晴らしい黒沢インタビューをおこなっている。[★01]そのさい——同作の撮影事情や、映像細部からみてとれる黒沢の演出意図につき一通り有意な質問を展開したのち——、黒沢のフィルモグラフィを全体化して以下のような感慨を、ふと漏らす。

> もともと黒沢さんの映画は、普通の意味でのリアリズムや自然主義に収まらない映画ですが、『CURE』以降、寓話性を帯びているようにも思えます。そういう世界を描くとき、下手をすると妙に勿体ぶったり、同時代性に媚びた表現になりかねませんが、黒沢さんは徹底して、活劇に向かいます。[★02]

じつは黒沢清作品は、とりわけJホラーのひとつの範例ともなった『CURE キュア』(一九九七、以下、『CURE』と表記)の衝撃以降、その映像と編集の緻密さについて詳細に分析されてきたが[★03]、篠崎の言う「寓話性」=アレゴリーについては肉薄を試みた論考がなかった。[★04]さらに『CURE』以降のみならずそれ以前においても、篠崎の感慨とは異なり、アレゴリーの力は黒沢映画を駆動させてきた。黒沢清はカフカやベンヤミンと相渉る一級の寓意家《アレゴリカー》で、しかもその寓意性が映画性に限局される特異さをもつというのが本書の立場だ。これらから、黒沢作品を媒介に、映画特有のアレゴリーに照射を試み、返す刀で黒沢作品受容の精密化を企図することが本書の目標となるだろう。ただし文学概念のアレゴリーをそのまま映画作品に適用する危険と愚かしさについても自覚的な必要がある。それをあえて承知で、まず以下に、文学概念上のアレゴリー

を「段階的に」整理しておこう。もとより、アレゴリーの現れに「段階」のある点が等閑視されてきたからこそ、映画とアレゴリーの接合にこれまで混乱があったのだ。

アレゴリーは文法概念的にはこうなる——「AニナゾラエテBヲ言ウコト」。このBの部分に格言や教訓が収まるのが、ラ・フォンテーヌ的にして最も素朴なアレゴリーだろう。本懐「B」に対して、「別のもの」=「A」が代位されてしまうのがアレゴリーの原則なのに注意されたい。ただし修辞的「隠遁」系のなかで、言うべきことを類似の奥に隠す暗喩=メタファーや、隣接を利用してずらす換喩=メトニミーが、フレーズ単位に帰着するのに対し、★05 アレゴリーにおける上記Aは一定の物語的長さをもたざるをえない。つまり暗喩・換喩が第一には詩のフレーズに関わる動力なのに対し、寓喩=アレゴリーとは物語の現下性の質をふるいにかける区分であり、しかも「一旦の」物語がそこに抱えている二重性やゆらぎや韜晦や悪意の印象、この有無にまつわる捉え難い拡大的区分なのだ。アレゴリーと物語との不可分性、そのことが招来する内在的混乱については、ポール・ド・マンが以下のように述べる。

> アレゴリーとは〔…〕連続的で物語り《ナラティヴ》的なものだが、しかしアレゴリーの物語る話題はかならずしも時系列《テンポラル》な流れに沿って並んでいるわけではない。かくしてアレゴリーは、テクストがいかなる状況を指示しているのか、という問いを惹き起こすことになる。★06

アレゴリーには、修辞=物語記述のほかに映像=画像的な側面もある。それはギリシャ古典文化やキリスト教文化などの厚みを念頭に、一枚画という不如意をしいられた画像の意味を読み解くべき細部の配合として組織された。寓意画《エンブレム》と呼ばれるものがそれで、その個別の主題=意味は、描かれた様々な個物のなかに分

散的に装填される。材料は、獅子＝勇猛な力、犬＝憂鬱、美女＝はかなさ、天秤＝叡智といったたぐい。この体系は神話性／宗教性を意図するもの以外、映画一般にほとんど関係がないが、寓意画の細部以上の「可視的エンブレム」へと拡張できる。先走っていうと、黒沢清の映画に頻繁に現れる「廃墟」「空洞」「半透明のビニール幕」「幽霊」「機械」「エキストラなどによる遠景人物たちの、作為的で意味ありげな動き」「運転者と助手席にいる者をクルマのフロントウィンドウ越しに捉えたショット」「光の変調」などは、可視的エンブレムのもつ「際立ち」の刻印を、その意味的空洞性と同時に、確かに施されている。可視的エンブレムの、原理的な空間規定力や空間延長性(それらは神話性からすでに離脱している)については、ノースロップ・フライが、ヘンリー・ジェイムズやD・H・ローレンスを対象に、たとえば以下のように述べている。

ヘンリー・ジェイムズの黄金の鉢あるいはローレンスの虹のような、世俗文学における例に対応する、創造的物語の構造がもつ、可視的「エンブレム」は明らかに〈世界軸〉のイメージであり、それは被造界のあらゆる側面をただ一つの概念に結び付けたことを暗示する。★07

伝統的寓意画＝プロパーのエンブレムから、ごく空間的な可視的エンブレムへと至る経緯こそが、映画にとっては本質的で重要だろう。振り返ると一般に「映画のアレゴリー」ではなく、「アレゴリーの映画」の盛期は六〇年代ヨーロッパにあったとみなされているはずだ。たとえば召使と主人という階級格差を前提に、下級の召使がその手法を技術と慇懃から頽廃へと替えることによって、階段のある館の空洞のなかで上級の主人を支配してしまうジョセフ・ロージー『召使』(一九六三)は、「革命」を革命のまま倒立させる寓意にみちていた。ピエル・パオロ・パゾリーニ『テオレマ』(一九六八)には、一家への美しい訪問者が一家の成員すべて

を性的に籠絡してしまうことで、一家全体の聖化を逆転的に導く寓意衝動があった。これらはともに、作品まるごとが一つの寓意とひとしくなる全体性をまとっていて、黒沢清作品における寓意の分裂、さらには寓意の純粋な空間還元性とは相異なる。

「アレゴリーの映画」の大家と目されるルイス・ブニュエルはどうか。彼には宗教性そのままの可視的エンブレムを満載させた『黄金時代』(一九三〇)があるが、メキシコの喜劇女優シルビア・ピナルとはアレゴリカルな三部作『ビリディアナ』(一九六一)、『皆殺しの天使』(一九六二)、『砂漠のシモン』(一九六五)を完成させている。『ビリディアナ』前半は、叔父フェルナンド・レイの、美しい尼僧ビリディアナ=ピナルへの不可能な恋着を描くが、後半、叔父を喪ったビリディアナが慈善意識から館を浮浪者たちに開放する。そのとき逆転的に、活人画化されてダ・ヴィンチ《最後の晩餐》の構図が舞い込み、館は無秩序状態に転落、最後、辛酸を舐めたビリディアナは館の所有者である甥とのトランプに参加する。活人画とラストはその一過性によって暗喩を形成するが、作品全体は瀆聖への欲望を描く包括性から脱しておらず、「アレゴリーの映画」が安定的に実現されただけで、「映画のアレゴリー」はまだ到来していない(むろんエロティックでじつに魅惑的だが)。

『皆殺しの天使』はオペラ鑑賞のあと、とある館に招かれた紳士淑女たちが、「なぜか」深夜になっても、日が経過して食べ物が尽きてもそこから出られなくなってしまう不条理な状況を描く。アレゴリーはブルジョワジーの不可能性というふうに全体化されそうだが、館から出る設定を自然に与えられた客人が、「自然に」そこから出られない詳細が連打されるうち、無意識的中断による企図の挫折、その具体性の観察が面白いと動かされてゆく。昆虫をみているようなのだ。人みなが一所から出られないときに作動している法則は可視化されない。代わりに人間とは異なる自由領域を可視的エンブレムの羊や熊が練り歩く。ところがある一瞬の空間的な人員配置をかつての一瞬の空間的な人員配置と相同と気づいたピナルが、全員を説得、始まろう

としている「かつてあったこと」の反復から引きはがすようにして館からおずおずした脱出を促すクライマックスとなる。ここでは不可視的なものに対する可視的な注意が喚起され、エンブレム(=指示機能の集積)ではなくアレゴリー自体(=別のもの)がぼんやりと現れている。ところが同作は最終的には不条理を根拠にして可視的エンブレムを衝撃的に連続させてしまう。

一本のみ屹立する砂漠の塔のうえにひとり座り、悟りを得ようとする聖者シモンを、エロティックな悪魔ピナルが三度にわたり誘惑しようとする中篇『砂漠のシモン』は、キリスト教の記述が題材なのだから最もアレゴリカルに捉えられるだろうが、シモンの眼下にあって人物たちが右往左往する光景が、「運動を運動によってしるす」だけのアレゴリーとして映画的に自足している。最後にピナルの牝悪魔がシモンを誘惑しきって、作品の場所が現代のゴーゴー・バーに移されるときも、その移行の渦中、「編集を編集によってしるす」だけの、「アレゴリーの映画」とは「別のもの」、一種の恬淡さが生起している。自己再帰的に自らの属性を攪乱するこの経緯には、メタ意識こそが介在しているはずで、これが正統的エンブレムはおろか、より広義となりうる可視的エンブレムさえ超えるアレゴリー運動の契機となる。ジャック・デリダはポール・ド・マン『読むことのアレゴリー』の一節[★08]をド・マン自身よりもわかりやすく要約引用している――《およそ言語が概念的であるかぎり、言葉はすでに言葉について語っている〔…〕》[★09]。この引用文中の「言語」を「映画」に替えれば、黒沢流の「映画のアレゴリー」が現れるはずだが、これについてはのちの各論で詳説する。ともあれ、一種文学的な「アレゴリーの映画」ではなく、それと峻別されるべき「映画のアレゴリー」=「別のもの」を目指す黒沢清の意識は一貫していて、それは以下の言葉にも明白だろう。

〔…〕編集作業によってあるカットとあるカットが分断されたとき、そこにどうしても感じてしまうイ

ンチキ臭さ、非現実感というものがある。カットが変わるといきなり女性が裸になっている、というようなことですが、そういう瞬間に出くわすと。今見ている映画の外側に、隠された全然別のもう一本の見てはいけない映画が、ぴったりと寄り添うように存在しているのではないか、という感覚に襲われるのです。★10

2——カフカと黒沢清の類同性

これまでの論旨に適合するのは、引用中最後の一文だが、黒沢清の得意ネタ、スティーヴン・スピルバーグ『JAWS／ジョーズ』（一九七五）の冒頭で、追いかける男と戯れながら砂浜を着衣で走る女が「いつの間にか」ズボンを脱いで全裸になり、しかも走る動作をつづけている（むろん走りながら、人は脱衣することなどできない）への温かい揶揄が入っているのが興味ぶかい。それはこれまでの文脈につなぐなら、「映画のアレゴリー」が現れた裂け目を、不可視と可視の敷居に感知させるものだ。これと似た、小噺と詩を合体させたものが、アレゴリーの特殊才能、フランツ・カフカにもある。前提が覆され、無が現れる点が似ているのだ。短いので、以下に全体転記してみよう。

ああ、もしインディアンだったら、すぐにも走り抜けて行く馬に飛び乗って、風に身を伏せ、揺れる大地に身も戦《おのの》き、また戦き、ついに足は拍車を離れ、だって拍車なんかもうないんだから、手は手綱を捨て、だって手綱なんかとっくにないんだから、目の前にはただ刈り尽くされた荒野のほかは見えるものとてほとんどなく、気がつけば馬の首も頭ももうとっくに消え去って。★11

カフカの名を出したが、黒沢映画での人物の行動選択基準、人物の動きの交錯、時間空間に関わるありえないねじれ、「組織」が内在させる反復の無産性、機械、動物ではなく(字義矛盾だが)人間の擬人化、急転直下性、「世界」という語の使用例、悪の把握といった、主題の奇妙な諸側面において、黒沢と最も資質的に「似ている」のが、アレゴリーのみを(ときに不毛に)量産したカフカだった。カフカは「AニナゾラエテBヲ言ウコト」を一見遵守するが、Bはついに実質化されない。だからそのAには回答の出ない二重性や疎隔感の印象がつきまとう。そうした、終わりに格言のない欠落態の寓話こそがカフカの第一の実相なのだが、一方で、ある状況を無媒介に語りはじめ、急激に途絶を迎えるカフカの寓話記述では、それでもそこに入り込んだ途端、イメージ結像力を攪乱され、同時にそれと矛盾する、書かれている説明の明晰な「生々しさ」に囚われてゆくことにもなる。カフカが弟子のヤノーホに語った《真のリアリティーはつねに非リアリスティックです》[12]という言葉は(かつて柄谷行人がある対談で語った言い方では、《本当にリアルなものはリアリスティックではない》)、もちろん黒沢清の映画細部のすべてにも妥当する。

たとえば黒沢清『ドッペルゲンガー』(二〇〇二)の後半では利害を異にする主要人物たちのチェイスシーンとなり、早崎(役所広司)と君島(ユースケ・サンタマリア)と村上(柄本明)、それら三者が時空にどう現れるかが、異常なドラマを生起させることになる。川崎公平の記述を借りよう。《そこに現れるのは、圧倒的な「交代」の劇である。三者が次々に現れ、いったん消え、また現れる。しかもそこでは、滝に突き落とされた人物〔…〕さえもが、ふたたび現れる。さらにこの追跡劇においては、自動車がほとんど意味をなしていない。徒歩運動のはずの人物がどういうわけか車を先まわりし、その前で待っているといった事態が反復される。つまりこの追跡劇は、「生き返り」と「瞬間運動」によって構成されているわけである》[13]。この川崎の要約的分析

には何の落ち度も遺漏もないが、これら「人物」主体の記述から作品の時空法則へ思いを馳せると、時空には褶曲、ゆがみ、メビウス的ねじれ、異なる界面同士の捷径連絡などの異常性が印象されてくる。人物とは「別のかたちで」時空が「動物のように」生きているのだ。カフカはこのことを幻想掌篇ともいえる短い草稿、〔珍しくもない出来事〕で同じように主題化している。半分ほどを引いてみよう。

Aは、隣り村Hに住むBとの、ある重要な案件を片付けなければならない。彼は予備的折衝のためにH村へ行くが、往き帰りの行程をそれぞれ十分ずつで済ませ、家へ戻って、その特別な速さを自慢する。翌日、今度は案件を最終的にまとめるためにまたH村へ出掛けるが、協議には何時間も掛かることが予想されるので、早朝には既に出発する。しかしながら、周辺の諸事情は少なくともAの意見では前日と同じであるにも係わらず、今回はH村に着くのに十時間を要する。夕方、疲れ果ててその地に到着したときにAが聞かされるのは、BはAが姿を見せないのに腹を立てて、半時間前にAに会うべく彼の村へと出掛けて行った、本来なら二人は途中で出会ったはずだったが、という話である。ここで待つほうがいい、Bはすぐに引き返してくるに違いないから、と言われるが、案件の成り行きが心配で、Aはすぐに腰を上げ、わが家へと急ぐ。今回は特に時間を意識した訳でもないのに、まさに一瞬のうちに帰り着く。家に着いたAが聞いたところによると、Bはもう朝早くに、Aが出掛ける前にやってきて、Aと門先で出会ったのだという。★14

喜劇なのか恐怖譚なのかわからない、混乱した、しかも冷静なこのカフカの筆致の奥底にあるのは、ラ・フォンテーヌ的なアレゴリーの、ハコ書き的な局面配置にまつわる思慮（それが教訓を導く「材料」に課せられる条

件だ）では決してなく、闇雲に何かを物語ってしまう理不尽な自発性だろう。右記で、諸局面のAに課せられている状況判断は、「人物」を超えた状況同士の斥力に巻き込まれ、それが連鎖して、論理的矛盾をも孕んだ、論脈の異様な変転をしるしてゆく。この驚異はもともと、連続するはずの状況同士が、人知を超えた斥力で反撥しあってより深い次元の破局を導く、「怪奇小説」の骨法ともつながっている。文学からの影響はないと事あるごとに公言する黒沢清だが、エドガー・アラン・ポオなどはロジャー・コーマンがらみの怪奇映画と関連するから繙読を繰り返しただろう。★15 たとえば「臨終の人間に催眠術をかける」前代未聞の暴挙により、死への過程が決定不能のまま、生者の腐臭増加をともない細分化されてしまう真の拷問恐怖を、臨床報告を装って「科学的に」描くポオの短篇「ヴァルドマアル氏の病症の真相」★16などは、やはり状況同士の斥力をもとに死の決定不能性を描く黒沢『LOFT ロフト』（二〇〇五）や『ダゲレオタイプの女』（二〇一六）と同じ着眼をもっている。つまりカフカ的アレゴリーは、怪奇小説型アレゴリーと連絡するのだ。それはもともと「映画王」同人とともに、映画企画マニアだった黒沢清が、奇矯な物語の構想を繰り返していた往年にも深く忍び込んでいたものだろう。

「奇譚」がアレゴリー的展開だということは、ジャック・デリダが別のやりかたで綴っている。フランシス・ポンジュの詩篇というか不思議な断章「寓話」について書かれた考察だか、もともとデリダはそれを寓話＝アレゴリー全体に敷衍させようという戦略をもっている。そこで語られるのは、物語の連鎖のなかに風変りな斥力を介入させる偏向性というべきだろう。

〔ポンジュの〕『寓話』は一つの出来事に場を与え、〔…〕言論の慣用のなかに隔たりを導入することによって、〔…〕一個の機械を生産する。★17

話を戻せば——誤解されがちだが、カフカは「物語の不可能性」の作家だったのではない。物語の目盛りが局面同士の斥力によって細分化されすぎ、「物語の到達」が極度に試練となってしまった作家だったにすぎない。カフカ的な進展の目盛りの細かさ、それは黒沢清の映画の細部展開にもある指標、呼吸だ。ところがそれはカフカ同様、意味の刻々の付加なのではない。黒沢の場合は、カット転換で——ときには長回しの内部で、人物の行動連鎖としてしるされる動きが、何かが何かを足されつづける至純形を保っているにすぎない。ところがそれが多くは物語の関節をつくりあげてしまう。

カフカはヤノーホに語る、《私たちユダヤ人は本来画家ではない。私たちはものを静止的に描くことができない。私たちはものを流れにおいて、動きにおいて、変転として見るのです。私たちは物語の語り手です》[★18]。「映像」を撮りたかった若い日の黒沢清が、映像がずぶずぶと物語にからげられてゆくさまに七転八倒したことは知られているだろう。やがて彼は自身の奇異性を保つため「映画の物語」にアレゴリーの色彩を与えてゆくことになるだろうが、最初の評論的な著作『映像のカリスマ』で、映画を構想しては「物語」との格闘をしいられる姿をいくたびか自己報告しているのにはやはり打たれてしまう。《物語ははたして見えるものなのかどうか、ある映画には物語があってある映画には物語がないということをどうやって知ることができるのか、物語は映画のどの部分にあるのか、そもそも物語はどうやって生まれるのか[★19]》、《よく「映画は物語ではない」と主張する輩がいるが、これは間違っている。それが、とってもヘンな物語の場合もあるし、よくわからない物語の場合もあるが、物語のない映画は存在しない。もしあったとしたら、人は単にそれを映像と呼ぶだけだ[★20]》。

ドゥルーズ＝ガタリは、カフカを論じるときに、カフカというマイナー文学が「アレゴリー」という語に

よって矮小化されるのを嫌う。[★21] それでもカフカ的アレゴリーが映像として二次段階化されると、可視的エンブレムを超えた、建築性を中心にした形象が空間を縦走しだすことに気づいている。分析されるのは、カフカ原作の『審判』を映画化したオーソン・ウェルズだが、書かれている細部が黒沢清の映画にも多く符合するのに動悸させられてしまう。「映画のアレゴリー」は「映画のカフカ性」に近接しているのだ。

オーソン・ウェルズとカフカとの出会い〔…〕。映画と建築の関係は、映画と演劇の関係よりも深い。(フリッツ・ラングは建築家である。)ところでウェルズは、建築の二つのモデルをいつも共存させていたが、彼はこのモデルをきわめて意識的に使っていた。第一のモデルは、豪奢とデカダンスのモデルで、アルカイスムのなかにありはするが、完全にアクチュアルな機能をしており、無限の階段で上下し、上からの、或いは下からのアングルがある。第二のモデルは、広角と深い視域のモデルであり、限界のない廊下、隣接した横断的なものである。「市民ケーン」または「偉大なるアンバースン家の人々」は第一のモデルを重視し、「上海から来た女」は第二のモデルを重視している。〔…〕映画「審判」は二つの運動をもっともよく結合している。そしてティトレリ、娘たち、木の長い廊下、遠くにあるもの、突然の隣接性、逃走の線といったシーンが、ウェルズの才能とカフカの親近性を示している。[★22]

3――ベンヤミンのアレゴリー、静止的弁証法

文学理念上のアレゴリーには、物語が脱却され、直観が刺戟されるだけのものがある。ベンヤミン的アレゴリーとよばれるものがそれで、ベンヤミン特有の「静止的弁証法」と境を接している。ベンヤミン論の詳細

に分け入ると紙幅を費やしてしまうので、以下、順序を追って端的に述べよう。たとえばさまざまなカフカ論で、カフカによる「別のものの代位」を分析するベンヤミンは、アレゴリーの「AニナゾラエテBヲ言ウコト」に忠実であるように一見おもえる。《カフカにとってはつねに身振りのなかでだけ、何かを具体的につかみとることができた。そしてこの身振り、彼が理解することはなかったこの身振りが、その寓話の雲のような場所を形づくっている。身振りからカフカの文学は生まれてくる[★23]》〔＊この文言など、黒沢映画のエキストラの様相を分析しているかのようだ〕。《カフカはひとつの補足的な世界に生きている[★24]》。アレゴリー論はボードレール分析とも連合する。もともと引用文献メモの集積ともいえる『パサージュ論』のなかに、ベンヤミンは自分の文章も滑りこませる。そのひとつ、《アレゴリーは、生も芸術も、破壊されたものと瓦礫のうちにあるものと見ている。芸術のための芸術《ラール・プール・ラール》は芸術の世界を世俗的な生の外部に打ち建てる。アレゴリーと、芸術のための芸術の両者に共通しているのは、調和のとれた全体性という理念を放棄するところである[★25]》。

　ところがベンヤミンはアレゴリーの別相にも、ドイツ悲劇の分析をつうじて分け入ってしまう。もともとエンブレムにあった諸事物とそれの意味が、いつしかバロックの死相を激しく浴びて分離し、断片化する。またその状態は、歴史上の死物を「蒐集」し星座型に配置するアレゴリーでも意図的につくりだすことができる。ボードレールにまつわる考察をおこなう『パサージュ論II』にその移行形態がみられる。《寓意家は、彼の知が提供する雑然とした材料の山のそこここから断片を摑みだし、それを他の断片と並べ、それらが互いに適合できるかどうか〔…〕試してみるのだ。結果を前もって言うことは決してできない。というのも、両者間にはどのような自然な媒介も存在しないからである[★26]》。そうして静止的弁証法を正面に据えた立論が飛びだす。いわれていることとは、過去を蒐集した果ての布置がつくりだす形象に、「別のもの」＝アレゴリーを見出す方法だ。

過去がその光を現在に投射するのでも、また現在が過去にその光を投げかけるのでもない。そうではなく形象のなかでこそ、かつてあったものはこの今と閃光のごとく一瞬に出あい、ひとつの状況《コンステラツイオーン》を作り上げるのである。言い替えれば、形象は静止状態の弁証法である。なぜならば、現在が過去に対して持つ関係は、純粋に時間的・連続的なものであるが、かつてあったものがこの今に対して持つ関係は弁証法的だからである。[★27]

黒沢清から遠く離れてしまったとみえるかもしれない。ならば、黒沢『カリスマ』(一九九九)や『アカルイミライ』(二〇〇二)や『Seventh Code』(二〇一三)鑑賞後の感慨を言い当てたような、次のベンヤミンの文章はどうだろうか。黒沢映画には鑑賞後にのこる形象があって、それが観客のなかで時間化されると、「その後」への透視力をもつことになる。それでベンヤミンが分析したカフカ的アレゴリーのみならず、ベンヤミンの静止的弁証法〔というアレゴリー〕もまた、黒沢映画と関連があるとわかってくる。

歴史の基本概念の定義。破局とは機会を逸したことであり、危機の瞬間とは現状が続きかねないことである。進歩とは最初の革命的措置である。[★28]

4――運動アレゴリーと『強奪計画』

ここまでが、文学理念の段階性に依拠したアレゴリーの、(黒沢)映画への転用だった。ところがアレゴ

リーの通常形態、つまり物語性との並走、人物の動きが物語的な「関節」化を付帯させることから離脱してしまう、純粋な「運動アレゴリー」というべきものが映画的な独自性としてさらに存在しているのではないか。それが映画内部に、映画とは別の「真空領域」や「動きのための再帰的動き」をつくりあげる。黒沢清はこうしたものの存在を早い段階から示唆している。

動くことによって、縮まったり引き伸ばされたりする距離の計測が、あまりに不可能である〔…〕。／〔…〕方法を見失った連中が取り交わす密約とは、即ち、どう動けばよいのかを巡って行われるのだろう。★29

この「運動アレゴリー」に該当するものは『CURE』以前にも数多くあり、それはたとえば主題的には「誤作動」「数値の変遷」、カメラ運動的には「大規模移動」をめぐっている。まずは黒沢のVシネマ系列の傑作、『勝手にしやがれ!! 強奪計画』(一九九五)を俎上にのせてみよう。周知のように主演・哀川翔は、やくざ組織末端のチンピラの生活ディテールをリアルに描いたVシネマ『ネオ・チンピラ／鉄砲玉ぴゅ～』(高橋伴明監督、一九九〇)でファンを摑んで以来、チンピラを見事に演じる俳優として注目を集めてきたが、計六本にわたる黒沢『勝手にしやがれ!!』シリーズではコメディ色によりそのチンピラの衝迫性を脱臼されている。コンビを組んだのが前田耕陽。哀川―前田―洞口依子―大杉漣の布陣は往年のTVドラマ『傷だらけの天使』での、萩原健一―水谷豊―岸田今日子―岸田森の布陣を反映している。『強奪計画』はその第一作に当たるもので、二本同時撮影、促成を義務づけられるVシネマで、よくぞここまで、と感動させる長回し撮影が連続する(撮影は喜多村徳章)。

まずは冒頭、俳優クレジットと作品タイトルが間歇的に表示される導入部(これは同時撮影の『脱出計画』にも共通している)。手前から奥行きに、大袈裟にいえばV字に伸びる二本の道が最初捉えられる。Vの頂点は画面上の手前、横に伸びる道に接している(引きしろが確保されず詳細はわからない)。Vの切れ込みがなす三角地には木造家屋が建っており、角部分には樹木があって、その豊かな葉が風にゆれている。エドワード・ヤン的なエンプティショット。長すぎるとおもわれる「無」の持続を経過、自転車を漕ぎつつ騒がしく叫ぶ前田(役名「耕作」)が向かって右側の道、奥行きの死角からフレームインしてくる。疾走によりどんどん手前に近づく。彼は画面中央に自転車を倒し捨て、家屋の左側に回り込み、なかで呑気に牛乳を飲んでいる哀川(役名「雄次」)を引きずりだす。哀川、ただちに合点して、停めていた自転車に乗り、前田に先行して自転車を画面手前方向に(つまり鑑賞者の眼前に飛びだすように)漕ぎだし、前田はそのあとを懸命に追う。何とカメラは以後クルマに乗った後退移動で、二人前後しての疾走を捉え続ける。ここまでが1ショット。判明したのは、当初、画面に中心化されていたV字の二本道に囲まれた家屋が、横に伸びる道路にその頂点で接していたのみならず、「そこ」がもう一本の手前から伸びてくる道によって、東京では珍しい五叉路の一角だったことだ。カメラの運動(実際はカメラを乗せていたクルマが、二人の画面手前への自転車漕ぎをきっかけに後退的に運動を開始したにすぎない)によって判明してゆく空間の拡大が驚きを呼ぶのだが、むろんこれは物語とは「別の」、拡大のための空間の拡大にすぎない。言い換えれば、アレゴリーは物語の領域ではなく、撮影の領域にあった。

作品はVシネマの通常性を超えた長回しをさまざまに組織する。物語の発端は、借金取り立てをやくざに問題視されてボコられ、見事に幼稚園正門前で気絶した哀川を、幼稚園の保母・七瀬なつみ(役名「涼子」)が手厚く手当てし、それで哀川が一目惚れしたこと。ところが彼女は、前田が駅前の「ニューヨーク」で見染め、結婚を決意した「キャンディちゃん」と同一人物だった。なぜマドンナのような保母(甘く、しかも現実的な

声が魅惑的な)七瀬が、同時にホステスもやっているのか。その説明が哀川・前田に対してなされるくだりも、無媒介に切り取られた限定空間(そこは道を挟んで幼稚園正門の前にあるような気にさせられるのだが、実際はその空間と幼稚園の相関性はまだショットで証明されていない——その証明は忘れたころになされる)が、カメラの移動によって生き生きと拡大してゆく。斜面が塞いでいた奥行きが、カメラ位置が昇ることで解消されてゆくのだ。会話者の動き回るのが黒沢演出の鉄則だが、具体的には、草が生えた傾斜地で会話しながら、七瀬は頂上のほうに歩みを進める。腎臓を病む実父の、アメリカでの移植手術のために三千万円の大金が必要だが、自分は悲観していないと彼女は語る。その七瀬の動きを追うようにカメラが自分の位置を昇らせはじめると、哀川・前田も斜面を昇りはじめ、三人が横移動する姿をカメラが斜め上の方向へ追ってゆき、ついに相応の高さをカメラが達成して「川」の視界が開けだす。感動せずにはいられない。その斜面は予感どおり、川からの水害を防ぐ土手だったのだ。向う岸に高速道路が二層で走っているその川は荒川だろうか。連続してカメラは三人の後ろに構え、前進で会話する三人を追いつづける。やがて七瀬は別れの挨拶をし、七瀬が哀川・前田のまえからフレームアウトすると、シーンに配分された物語が終わったはずなのに、七瀬を見送る男二人の姿が終わらない。カット尻が長すぎると怪訝の念が起こると、大声で「涼子さん」と七瀬を呼ぶ菅田俊(役名「松浦」)が左からフレームインしてきて七瀬を追う。やがて回り込んだカメラが走って逃げだす七瀬の姿まで奥行きで捉える。なんとここまでが長回しの1ショットだった。

前言のように、カフカの寓話は無媒介に始まり、唐突に中断される。前提を欠いて生じた物語の流れはいわばその場限りのリアルな内部性を脈動させるばかりなのだが、いま説明した長回しも、七瀬の境遇の説明以上に、空間の展開そのものを内実にもち、無媒介に開始され、しかも菅田の登場という奇妙な尾鰭をつけて終わる。物語機能とは別の空間効果がひたすら展開されている点で、これは「映画のアレゴリー」と呼ぶべ

きものなのではないか。

菅田についてはのち、七瀬の父の初期治療の不手際があって現在では医師をやめ、少しでも七瀬を援助しようと実入りの少ない仕事に精を出すが、貧乏神で、七瀬に煙たがられていると役柄が確定する。以後、撮影そのものが「映画のアレゴリー」なのと同次元で、ヒロイン七瀬なつみのしめす価値点滅、さらには「誤作動」が「物語」を超えた「物語のアレゴリー」を構成してゆく。よくぞ八〇分のなかに、これだけの変転を籠めたと感動してしまうが（脚本は安井国穂と黒沢清——似たような変転は同シリーズではひとつあたり時価八〇万円のヘロインの袋が自分たち〔その範囲は微妙に変わる〕に幾つあるか絶えず変化する『成金計画』〔一九九六〕でもしるされる）、目まぐるしい物語を綿密に転写する余裕がないので、その結節を矢印でぶっきらぼうに示そう。

「七瀬が競馬のノミ行為で誤作動的に購入した外れ馬券代を誤作動的に踏み倒そうとしたことから、やくざに追われる身になる」→「借金返済のため、何だか判明しないブツの運び屋仕事を哀川と前田が、大杉漣の店で洞口依子から請け負うが、最終的なブツの運び入れ先が女性専用パブなため、七瀬も運び屋仕事に参加する」→「何とかブツを港で手渡されるが、その丈の低い円筒形の包装を七瀬が車中で誤作動的にほどいてしまうと、中身が時価五千万円相当の覚醒剤の結晶と判明する」→「七瀬、ブツをもって単身で女性専用パブに入り、なぜか烏龍茶とともにカマンベールチーズを注文する」→「無事、運び屋業務が終了したとおもえたが、七瀬がカネに眼がくらんで、誤作動的にブツとチーズを入れ替えていたと判明」→「哀川は洞口に覚醒剤の結晶を売ろうとするが交渉決裂、そのあいだに関係者を突き止め哀川のところで内職をやっていた菅田を「13号倉庫」に拉致監禁したヤクザの國村隼が戻って来た七瀬に電話を入れ、手ぶらで倉庫に行った（ここにも誤作動の匂いがする）七瀬をも監禁してしまう」→「國村の留守電内容により、哀川と七瀬がブツと人質を交換するためにやってくるが、人質変換が先かブツの投げ渡しが先かで揉めて「同時」という結論になったもの

の、哀川の投げたブツを國村が取りそこない、その円筒形は倉庫の穴のなかに転がってしまう（建物の下は海につながっている運河）――ここからは誤作動の主体はおもに國村、もしくは神となる」

「とうぜん埠頭から海を浚ってもブツなど出てこないから（ここで素晴らしい構図が出来する）、國村は七瀬を人質にして、今夜同じように陸揚げされるブツを強奪してこいと哀川たちに指示（もしこのようにしてブツの強奪連鎖が起こったら、最終の誰かがいつも不足をかこつことになる――よってここでは論理が誤作動している）」→「哀川と前田はブツの強奪に向かうが、運び屋の女は何と女装した大杉漣で、逃げ足が速く捕まえられない（ここは人材の誤作動）」→「よって哀川、前田はブツと似たような円筒のかたちのものを工作しだす（これは代替手段の誤作動）」→「13号倉庫でまたもや（偽物の）ブツと人質七瀬の交換が始まるが、ここで國村はブツの取り損ないがないよう流し素麵のように半切り筒を長くつなげた「新兵器」を工作しおえており（これは発明物の誤作動）、ブツをそこに置けば、女を放すと請け負う」→「新兵器に置かれたブツは転がってゆき國村の手中に収まる。脱兎のごとく哀川たちの方向に駆けだした七瀬は、しかし本人が自覚しないままに背中を綱で結ばれていて（ここは七瀬の体感の誤作動）、國村のもとに戻される」→「七瀬に銃を突きつけ、満を持してブツの確認をしようとした國村は缶の蓋を開けると、びっくり箱の中身が飛び出して、腰を抜かす（反応の誤作動）」→「その隙を突き、弱い萱田が飛び出して、ホースで國村を殴打、國村は倒れる（人材の誤作動）」→「哀川・前田・七瀬・萱田はまんまと倉庫から逃げおおせる」→「國村、「やくざ生活に疲弊して自首」の新聞記事」

カフカの「珍しくもない出来事」を髣髴させる物語（設定）の喜劇的もしくは悲劇的変転だが、「誤作動」というなら、この出鱈目な物語の多くに、ミスマッチよろしく映画的に見事な長回し撮影が付随していることだ。哀川が暮らす空間も多くが長回しで捉えられるが、たとえばノミ行為によるハズレ馬券金の踏み倒しから哀川のところに逃げ込んで奥に隠れる七瀬を、踏み込んできたやくざたちが見つけるシーンでは、奥行き

にある室内開口部で、七瀬とやくざが隠れんぼのように点滅的な出没をする。それは遊戯的にみえる。國村の気づかぬうちに監禁されていた菅田が後ろ手の縛めの縄をほどき、離れて暖をとる國村に忍び足で近づき、棒で國村の頭を殴打するものの空しく返り討ちに遭うくだりでは、國村の顔や頭部の物質性が限定された光源(炎)のなかで不気味に強調され、その影のつよさにより、ドイツ表現派映画の画面のような蠱惑を発する。ここでは映画史との接合により、「映画のアレゴリー」が生じている。そこに誰が辿り着くかは別にして、13号倉庫に誰かが辿り着くすべてのくだりで、暗い空洞内を縦構図で捉える見事な導入ショットがあり、しかも奥行きに誰が配されるかの「交代」が遊戯のように起こってもいる。この遊戯が、しかし喜劇性と関連がなく宙吊りされている点がアレゴリカルで見事なのだ。つまり「運動アレゴリー」はカメラと俳優の至純な運動として第一に生じながら、第二に映画内細部の対照や交換の往来として生起しているのだといえる。

5――『よろこびの渦巻』の運動アレゴリー

『CURE』以前の作品で、大規模なカメラワークによる「運動アレゴリー」として最も忘れがたい長回しは、黒沢清が監督したTV作品『よろこびの渦巻』(一九九二)にあった。占い師の父親に懐疑的な息子ひろあきを演じる松田ケイジが反占集会の場のなかにふと足を踏み入れると、旗を抱えた勇ましいヘルメット姿が結集している。リーダーの演説の渦中で発煙筒が投げ込まれ、主流派はパニックになり、逃げ始める。集団逃走。その流れに乗り、松田も走っていたが、途中で走るのをやめ歩きだすと、前との間隔があき、いわば周回遅れにも似たかたちで旗をもった松田が先頭になる。大勢がそれについてゆく。ザ・タイガース「廃墟の鳩」の集団合唱。民衆を導く聖者の位置に松田が俄かにいて、一旦は行列の大規模行進となる。カメラは

行列から離れて移動しつつなおも行列を追いつづけるが、やがて行列の先頭を望む位置まで回りこむ。このとき、復活した「主流派」が行列の後ろへ声をあげて突進してきて、松田を先頭にした行列は一旦敗走するが、松田は踵を返し、主流派へ向かい駆けだしてゆく。今度は主流派が散り散りに逃げだす。しかし力による攻勢にむなしくなったのか、松田は旗を投げ捨て、自分の後列が主流派を走って追うそのなかを逆方向に歩きだす。この時点で長回しを続けているカメラは松田の画面手前への歩みを後退移動で捉えだす。疎林の、不規則な凹凸のある斜面をダイナミックに、しかも対象に肉薄するのではなく離れることもふくめてカメラはスケールのおおきい広がりを生産しつづけるのだが、凸凹の斜面でカメラが何に乗って疾走的撮影をおこなっているのかはわからない。ともあれ、カメラが動き、複数性を構成する被写体がそれと並行関係なしに動き、距離の拡大縮小の関数を刻々繰り広げるとき、映っているものは明瞭でも、撮っている「こちら」が、流動する権力のように要約できないものにすり替わっている。そうして画面推移の一切に感動するしかなくなるのだ。このものすごい「運動アレゴリー」を組織したのが、『神田川淫乱戦争』(一九八三)、『ドレミファ娘の血は騒ぐ』(一九八五)も手掛けた、瓜生敏彦だった。

なお、作中にはこの長回しとは次元の異なる「可愛い」長回しもある。刑事の暉峻創三が、主人公松田の不幸な同居友人榊原＝小林拓生に唐突に囮になってもらいたいと言い、そのタイミングでわらしべギャル＝徳尾明美が、自分のもっている藁を他人の何かと交換する交渉に出る。すべては一本の路上。そのとき徳尾の動き、さらには徳尾に何かを交換した者の動き、その交換した者とさらに何かを交換した者の動きを追うべく、道に並行して敷かれたレールのうえをカメラは行きつ戻りつの運動を行い、しかもそれが完全に規則的ではない。交換された順序をしるすと、徳尾の藁が小林のハンカチに変わり、それがさらに滑り台で遊んでいるようにみえた塩田明彦のみかんに変わるのだが、その交換運動とは別に、ハンカチをもった塩田はそれ

を仕舞い、代わりに出したナイフで囮に指名されていた小林を刺す。小林を囮にしたことで犯罪者が特定できた刑事・暉峻は、塩田の両手を壁につかせて後ろ向きにさせるが、それすらカメラのレール往復運動は一点景として収めるだけになってしまう。なぜならドラマと無関係な通行人の移動をもカメラが横移動を追いはじめるからで、したがってここでは路上を横移動し挿話の中心者の歩きを追ってきたカメラが対抗して逆から入ってきた歩行者に方向を変えて鞍替えすると、今度はその新しい対象が新しい挿話の中心となる、ブニュエル『自由の幻想』(一九七四)の挿話間のカメラ運動を、累乗化しつつ稀薄化しているということにもなる。これもまた「運動アレゴリー」だった。

この序章のまとめ——映画に適用できるアレゴリーとは何だったか。説明不充分のことも補足してしるしてみよう。文学の分野からは、❶本懐とは「別のこと」を代位させる字義どおりのアレゴリー(ところがそれは多く、文学化・全体化する退屈に堕す)、さらには❷可視的エンブレム(そこから意味を剝奪された空間の空間性まで現れる)、また❸本懐が存在しないことで逆にそれ自体が二重性をもつようにみえるカフカ的アレゴリー(それは怪奇性とも連絡するし、「人間の擬人化」という重要な機能をももつ)、くわえて❹映画鑑賞の事後に主に出現するベンヤミン的アレゴリー、をかぞえあげることができる。いっぽう映画だけが実現するアレゴリーとして、❺「運動アレゴリー」(意味や撮影や人物の運動が、映画内にアレゴリカルな真空持続をつくりあげる)も掲げた。うち「物語」のあるアレゴリーは、❶❸となるだろう。❺にあるようにみえる物語は運動と関連しすぎていて、物語の存在が定かではないのだ。

[註]

★01——「徹底インタビュー アナーキーな願望とアンバランスの魅力」(「文學界」編集部編『黒沢清の全貌』、文藝春秋、二〇一七、二八〇

〜二九四頁)。

★02――前掲書、二八六頁

★03――筆頭が、川崎公平『黒沢清と〈断続〉の映画』(水声社、二〇一四)。ただし同書の言及分野はほぼ黒沢作品のホラージャンルに限定されている。

★04――例外が拙稿「映画というカフカ――黒沢清について」(阿部嘉昭『日本映画オルタナティヴ』彩流社、二〇一二、二七〜四一頁。初出は「ユリイカ」二〇〇三年七月)。ただし時折エッセイ風にくだけた語調を選択した文体が災いしてか、黒沢作品とカフカ的アレゴリーの類縁をさまざまに切り取ったこの論考自体は、さほど顧みられていない。よって本書はこの論考のヴァージョンアップの側面をもつ。

★05――暗喩と換喩に着目した詩的な分析については阿部嘉昭『換喩詩学』(思潮社、二〇一四)

★06――ポール・ド・マン『美学イデオロギー』(上野成利訳、平凡社ライブラリー、二〇一三、一二七頁)

★07――ノースロップ・フライ『神話とメタファー――エッセイ1974-1988』(高柳俊一訳、法政大学出版局、二〇〇四、三一八頁)

★08――ポール・ド・マン『読むことのアレゴリー』(土田友則訳、岩波書店、二〇一二、一九三頁)

★09――ジャック・デリダ『プシュケー』(藤本一勇訳、岩波書店、二〇一四、二二頁)

★10――黒沢清『黒沢清、21世紀の映画を語る』(boid、二〇一〇、二八五頁)

★11――フランツ・カフカ「インディアンになりたいという願い」柴田翔訳(『カフカ・セレクションII　運動/拘束』平野嘉彦編、ちくま文庫、二〇〇八、一〇頁)

★12――グスタフ・ヤノーホ『[増補版]カフカとの対話』(吉田仙太郎訳、ちくま学芸文庫、一九九四、二七〇頁)

★13――川崎公平前掲書、二一七〜二一八頁

★14――前掲『カフカ・セレクションII』二三一〜二四頁

★15――黒沢清は漫画家・伊藤潤二に「活字はぼくも苦手なんですが、ポーは、わりと好きで」と語っている(黒沢清『恐怖の対談』青土社、二〇〇八、二四〇頁)。

★16――エドガー・アラン・ポオ「ヴァルドマアル氏の病症の真相」『ポオ小説全集IV』(小泉一郎訳、創元推理文庫、一九七四、二三三〜二三六頁)

★17――デリダ前掲書、三八頁

★18――ヤノーホ前掲書、二六九頁

★19――黒沢清『映像のカリスマ』(フィルムアート社、一九九二、三九頁)

★20――同書二九〇頁

★21――ジル・ドゥルーズ＝フェリックス・ガタリ『カフカ　マイナー文学のために』(宇波彰・岩田行一訳、法政大学出版局、一九七八)には、カフカの寓話にみられる擬人化を動物への生成と捉え、《動物への変化には隠喩的なものはない。いかなる象徴表現も、いかなるアレゴリーもない》という一節がある(六九頁)。

★22――同書一五七頁。なお、便宜上この箇所を引用したが、ドゥルーズ『シネマ2＊時間イメージ』(宇野邦一ほか訳、法政大学出版局、二〇〇六年)の諸箇所では、ウェルズ作品をめぐる記述がより発展的に精密化・分散化されている。

★23――ヴァルター・ベンヤミン「フランツ・カフカ」西村龍一訳(浅井健二郎編訳『ベンヤミン・コレクション2　エッセイの思想』、ちくま学芸文庫、一九九六、一四四頁)

★24――ヴァルター・ベンヤミン(カフカについての手紙)浅井健二郎訳(浅井健二郎編訳『ベンヤミン・コレクション4　批評の瞬間』、ちくま学芸文庫、二〇〇七、四三六頁)

★25――ヴァルター・ベンヤミン『パサージュ論II　ボードレールのパリ』(今村仁司、三島憲一ほか訳、岩波書店、一九九五、二四二頁)

★26――同書三二八頁

★27――ヴァルター・ベンヤミン『パサージュ論IV　方法としてのユートピア』(今村仁司、三島憲一ほか訳、岩波書店、一九九三、一六〜一七頁)

★28――同書四六頁

★29――前掲『映像のカリスマ』三〇〜三一頁

第一章
代理と交換

『神田川淫乱戦争』『ドレミファ娘の血は騒ぐ』

1——性愛の倦厭、遠さの希求

「AニナゾラエテBヲ言ウコト」がアレゴリーの文法的な定義ならば、とうぜんそこに「代理」と「交換」の運動が付帯する。黒沢清初期の劇場公開作——ピンク映画として作られた『神田川淫乱戦争』(一九八三)と、ロマンポルノとして作られながら日活に配給を拒否され「改装後」公開された『ドレミファ娘の血は騒ぐ』(一九八五)——は、二人の女(少女)を主体にもつという共通項がある以外に、結果的には「代理」と「交換」の法則を相互に変奏した関係にある。だがその前にまず、「活劇」を減殺してまでも女の裸、濡れ場を一定の頻度で組み込まなければならないこの「ピンク映画」「ロマンポルノ」という亜ジャンルに関わる若き日の黒沢の忌避や倦怠について語っておこうと思う。

冒頭、後ろ姿の少年＝岸野萌圓(岸野雄一の変名)がビルの夜景(それらの高さと頻度により東京中心部ではないとわかるが、どこかがメルヘン的)を奥行きにしながらフルートを踊るように奏で、さらに鉄塔を構図の中心に神田川の昼間光景が短くインサートされたのち、ナイトシーンとしてこの映画のヒロイン、麻生うさぎ＝明子とその恋人の森太津也(森達也改め)＝良が交接するくだりに突入する。とうぜん男女の性愛には特有の定まった形象があるが、瓜生敏彦のカメラポジションで多用されるのが真俯瞰なので、座位にまつわる形象の異化、その刻印に映像は向かう。新規さが求められているわけではないだろう。なぜなら諦念を経由したかのように、光源を森の体に遮られ、麻生の体のポルノ価値である乳房付近の細部などが影でつぶれているためだ。いわばポルノとしては損壊のある映像。立教大学の映画サークルS・P・Pで黒沢の一年後輩、『神田川淫乱戦争』でも美術を担当した映画監督・万田邦敏は、以下のようにしるしている。

黒沢がポルノ映画を撮りたがらないと前に書いたが、それは彼がポルノというものに対して文化的偏見を持っているからではない。からみのシーンがどうしても全体のテンポを乱してしまうこと、そして何よりもからみのシーン自体が一向おもしろくなり得ないと思えるからだ。からみとは男と女が距離ゼロで接し続けることである。しかし映画は一瞬の接触のために、すべてを用意するといってよい。★01

だから冒頭の麻生——森のセックス描写よりも、事後、麻生が正座の膝のうえに自らの上体を倒し、側頭部を畳につけてひねるように裸で打ち伏しているポーズのほうが美しいと感じられる。★02 麻生に付加されているのも、性愛に対する黒沢同様の不信であることは、恋人・森への同調が表面的なこと、さらにはやがて画面に捉えられる、室内に置かれた天体望遠鏡を予告するように、《東京の空でも彗星は見える。滅多に見れないが、見える日もある》と麻生のナレーションが入り、「遠さ」への全開的でない、シニカルな希求が示される点に明らかだ。〔対象との〕距離は「ショット」★03が前提とするものだ。「視ることの孤独と緊張」を貶める距離ゼロに対し、距離至上主義、ショット原理主義ともいえる黒沢にぴったりの言明が、この後、麻生のナレーションとして展開される。《彗星は見えない。〔麻生、窓の向こうを見る〕私が見ているのは川を隔てた向かいのマンション〔やがて夜の闇に周囲を四角くマスキングされたように一室の内部が映り、それが麻生の顔と編集される〕。その一室に新しく引っ越してきたらしい母と息子の姿が見える。川を挟んではいても、ここと あそこはつながっている。隔てるものは何もない》。透明な可視性への畏怖と、偶然の配剤へのわくわくするような期待が、ここから感じられる。

見たことが行動を決定するのだ。しかしこの時もう一人のヒロイン、美野真琴＝雅美が関係に組み込まれる。順序はこうだ——四囲を暗闇でマスキングされたようなアパートの一室〔そのなかで麻生は、退屈しながらエ

アパッキン〔俗に言う「プチプチ」〕を潰している)が、やがて画面向かって右から左へとパンされ、暗闇を経由して同様の暗闇を周囲にもつ美野の室内へと移行するとき、「代理」と「交換」を予感させながら、それでも図像変転が単純な暗闇内部の矩形↓矩形で生起する児戯性に打たれることになる。構図は寄る。暗い室内で双眼鏡によって対岸光景を見る美野と、彼女の視界の切り返し。窓を挟んで夜の遠景を見るときには向こうの明るさとこちらの暗さが条件化される。やがて美野の見ているものが驚異を帯びてゆく。受験勉強用の知識断片をしるされた様々な貼り紙で埋め尽くされた壁を前に、後ろ姿でいる少年の頭髪を、段ボール箱の移動に一息ついた母親が撫で、やおら上着を上にたくしあげ乳房を露出、少年は両乳首を両方の親指・人差し指で挟みながら掌で乳房の膨らみをゆっくりと機械的にさすりあげるのだ。カメラがティルトアップすると母親の恍惚の表情までもが捉えられる。さらに「こちら側」へ手前の岸野が振り向き、彼の異相が初めて画面に定着されるが、このときにはホラー映画の呼吸も導入されている。

しかもここに黒沢は人間の動作の種別、その端緒を打ち建ててゆく。後ろ姿の少年が貼り紙で埋め尽くされた壁の唯一の余白に、「打倒！ 現役」(これが浪人生の指標だということが美野に即座に理解される)の紙を貼り入れるとき、頭上にもちあげられた両腕が左右対称の、揃った動きをすることを奇異だと感じた途端、「両腕の左右対称の揃った動き」は次々と画面内に編成されていると気づく。母親が上着をたくし上げる両腕、母親の両乳首を弄ぶ少年の両腕から両手、さらにはそれを見る美野の双眼鏡を支える両手両腕も彼女への正面ショットでは左右対称の形状をしるされるのだ。この「両腕性」はのち、「片腕性」と主題的な点滅を繰り返すが、それが何を達成するのかはもっとあとで詳説しよう。

ともあれ、通常のポルノ映画のような情熱を帯びず、いわば機械性に還元された岸野の両手による、母親の両乳首への弄びは、撫でることの不可能性と接触していて、たとえばレヴィナスの以下のような記述を想

起させてしまう。

愛撫は、そこに存在するものを、いわばそこに存在しないものとして探求する。いうなれば、この場合、皮膚は自分自身の撤退の痕跡であり、それゆえ愛撫とは、このうえもなくそこに存在するものを、不在として探求しつづける焦慮なのだ。★04

また、「遠さ」への希求の度合いが天体望遠鏡とは異なる双眼鏡の使用については、黒沢清は以下のように語っている(蓮實重彥も出演した学生時代の映画『SCHOOL DAYS』〔一九七八〕についてだが)。

双眼鏡は映画の中によく出てきますけど、これはジャン・ルノワールの『素晴らしき放浪者』の真似で本屋の主人が双眼鏡で川を見ていたら、唐突にミシェル・シモン演じる浮浪者が溺れているというシーンから来ています。その後、ダニエル・シュミットが『ラ・パロマ』で、競馬場でチャンチャカチャーンみたいな音楽が鳴って、双眼鏡ごしに見つめ合っている男と女が何度も切り返されるということをやっていて、「こいつ何なんだよ!」と驚きました。発想は僕と全く同じで、他人事とは思えませんでした。★05

映画では「見ること」は連携を予定されるから、とうぜん美野は麻生をも対岸光景の異常の発見に巻き込もうとする。トランシーバーをとりだし、ベッドに俯せて寝ている麻生に連絡をする(翌朝のシーンで二人がアパート二階の隣室同士だと完全に判明するのだが、ケータイのない時代にアパートの壁を越えるようにトランシーバーで密に

連絡をとりあっている二人は、空気のふるえを共有するユートピックな間柄といえるだろう)。呼び出し音で起きた麻生に、電気を消して天体望遠鏡で対岸のマンションの一室を見よと指令を出すが、息子が母の乳首を舐めている「佳境」のその後はブラインドが閉じられ、何もみえない。やりとりは終わる。深夜であることを示すためサンドストームが放映されている(当時はそうだった)小ぶりのTV受像機をベッドの下にずらし、ワインをラッパ飲み、やがて煙草を吸いだす麻生の姿が捉えられる。背景全体に穿たれた暗闇、それに画面下部を限定的に走るプラスチックの銀色の枠だけがあるのだが、見事な非対称構図のなか、サンドストームの反射を受けて顔を美しくゆらめかせる麻生は、ワインの瓶、空になった煙草の箱、ライター、途中までしか吸っていない点火中の煙草の吸殻を、振り向きもせず、背後の闇へとぽいぽい投げ捨てる。何をしても無聊なのだ。画面要素がなくとも消去法で、彼女が開け放った窓にもたれて、背後の川に諸事物を抛り捨てている判断が生じるだろう。ブラインドが閉じられる、さきの一瞬のインサートと併せ、黒沢の空間演出が素早さと機能性によって無駄のない点に驚かなければならない。やがて麻生は頬杖をつき、うたた寝にゆれる。このとき先にしるした「両腕性」とは一線を画す「片腕性」が寸刻出現するが、頬杖は崩れ、深い眠りに陥った彼女は、全身を画面下部にフレームアウトさせてしまう。

2――決死の渡河と「映画のアレゴリー」

凝った美野の背中を、下から麻生が上下に引いて伸ばす二人ストレッチがやがてレスビアン遊戯に発展したのち(このとき二人の重要な科白のやりとりがある――美野「ウーッ、抜けてく……抜けてくよォ」/麻生「何が?」/美野「何だか知んないけど、色んなものが」)、麻生、美野の二人は別の夜に、とうとう向かいのマンションの一室での母子相姦の

光景をそれぞれの部屋からともにトランシーバーをつうじて確認しあう。仰臥する裸身の岸野のうえに鼻歌を唄う母親が離れて四つん這いになり、乳を舐めさせていて、やがてパンニングで視界がずれるとともに、岸野の頭部が母親の股間から再出現するのだ。このときの母親＝沢木美伊子の福助さんのような眼付にも情熱の芯が「抜けている」妙な疎隔感がある。母子相姦を「イカン！」と憤慨した二人は神田川の橋を渡り、勇躍、対岸のマンションに向かうが、周防正行扮する管理人に撃退される（このとき周防の換喩的に切り取られた「片手」が女たちの額中央に圧力をかけ、対象全体を弾き飛ばす、おそらく無声映画由来の体技ギャグがしるされ、これは作品の以後でも踏襲される）。

黒沢清的アレゴリーは初期設定では単純化される。だからそれは算術的な記述と通う（序章で示した『勝手にしやがれ!!　成金計画』のように）。この作品ではこういうものだ――《此岸の二人が対岸の二人に気づく。対岸の二人のあいだには搾取・被搾取が起こっている。此岸の二人は対岸の被搾取者を自らの陣営に引き込み、対峙関係の二対二を、三対一に発展させなければならない》。だが結末を暗示することになるが、図式変転は最終的にそうならない。当事者同士が織りなす数値性は、「（二対二）対〇」になり、最後にその「二対一」までもが「〇」に還元されてしまう。目覚ましい「活劇」性を一方で誇りながら、他方で、作品がこのような深甚な脱力に蚕食されている点に注意すべきだろう。数値で物語を還元しようとすると数値自体が瓦解してしまう――この点にいわば黒沢流のメタ性＝アレゴリーがあるといっていいかもしれない。

「物語」と「非物語」が交錯しながら「非物語」部分（端的には既存の書物が何者かにより朗読されるシーンなど）が「物語」のしかるべき位置におさまるのが初期ゴダールの映画作法で、『ドレミファ娘の血は騒ぐ』はこの流儀を導入することで自らのゴダール化を成し遂げたが、六〇分という上映時間の緊縮により、活劇性がいわば骨のように全篇に突出してしまったのが『神田川淫乱戦争』だった。ゴダールになりそこねた「映画のアレゴ

リー」。それでも一箇所、麻生と森との性交が作中では最も生々しくフラッシュ編集され、ポルノ小説的な文章を麻生のナレーションが延々サウンドブリッジしてゆくくだりがある。ところが画の麻生に対し、麻生の声がほとんど「内面化」を投げかけない。性愛の光景と言葉の展開が上滑りに擦過しあうだけなのだ。ゴダール『男性・女性』(一九六六)でジャン＝ピエール・レオがレストランに、録音間近のシャンタル・ゴヤを呼び出したとき、店内で二人の男が交互にポルノ小説を読み上げるくだりが参照されているかもしれない。事実、麻生の部屋にはゴダールが興した映画プロダクション「ソニマージュ」のポスターも貼られている。ただしこれらは例外。『神田川淫乱戦争』で真芯に貫かれるのはアメリカ映画的な「活劇」精神で、その代表格がロバート・アルドリッチということになるだろう。「執着」が浮上してくるのだ。

少年の救出のため、二人は携行可能な梯子と雨合羽、さらにのちに判明するが大きめの懐中電灯を用意する。作戦は一種の映画的エンブレムとして示される。紙は二葉ある。ハワード・ホークスの『赤い河』(一九四八)よろしく「RED RIVER」と見立てられた神田川が図示された紙。その白地と、赤マジックと青マジックで書かれた線の全体がそのまま「アメリカ色」なのだが、「地獄へ10秒」と題された一葉目と「キッスで殺せ!」と題された二葉目では微妙に矢印でしるされた運動の予定経緯が異なる。もちろん『地獄へ10秒』はアルドリッチ『地獄へ秒読み』(一九五九)のTV放映題。第二次大戦後、廃墟と化したベルリンで不発弾を回収する元ドイツ兵たちで誰が生き残るのかを描く骨太のサスペンス映画だ。他方の『キッスで殺せ!』(一九五五)も同じくアルドリッチ監督で、こちらはマイク・ハマー主人公のフィルムノワールだが、観客はクライマックスで異様に白光する恐怖の放射性物質に逢着させられる。その他、紙上に頭文字でしるされたAは明子役の麻生、Mは雅美役の美野だが、対岸の二人はともに「×」で記され、じつはその無名性は作品終了時まで温存される。これらエンブレム＝「紙」が映像の実働となったときに、目覚ましい「映画のアレゴリー」が勃

発するのだ。しかもそれが充実して段階化される。

川の奥行きを橋上から眺める構図。眼路は川下か川上、そのどちらに向かっているのだろう。多くの映画では川は横から捉えられるが、黒沢は冒頭ちかくから挿入された神田川の外観提示でもそうしなかった。これは大きな踊り場のある階段を、正面から捉える以外に、左右に分岐する階段上のどちらかから見下ろすカットが入るのと同じ事態だろう。川を地上の横岸から撮らない——階段を正面から撮らないという自己戒律が、黒沢清の映画衝動を突き動かしている。発言を二つ引こう。

神田川は助監督をやっていた時に見つけた場所です。ピンク映画デビューが決まり、まず撮影現場を経験してみようという話になって、ディレクターズ・カンパニーができて最初の仕事だった高橋伴明監督『狼』、宇崎竜童『さらば相棒』、泉谷しげる『ハーレム・バレンタイン・デイ』の豪華ピンク三本立てという企画で、僕は高橋さんと宇崎さんの助監督に付いたんです。『狼』の撮影中、狼男みたいな役をやっていた戸井十月さんが、神田川に降りてざぶざぶ逃げてゆくというカットがあり、ここでなにか撮れるな、と考えていました。★06

どこで撮るかという問題は、僕にとって決定的なことです。8ミリ映画を撮っている時から、街をどう撮ればいいのか、という悩みを抱えたままでした。東京の街はどう撮ってもあまり面白くない。〔…〕神田川は、助監督としてなんの先入観もなく川に降りてみて、両側が切り立っていて、通常より低い視点から遠くに新宿が少しだけ見えるということが、とても新鮮だったんです。★07

ところがこれらの言葉さえ実際の映像は超える。夜。明かりが幾条か川面にゆれている。おそろしく光量の乏しい画面で、具体的対象物が最初ないからどのくらいのロングショットなのかも判明しない。ふと画面左に動くものがある。人だ。その全身の小ささから対象との距離が把握されだす。護岸壁に梯子が掛けられ、一人また一人と川べりに降りてゆく。おおきな懐中電灯が光っているが身体との位置関係がわからず、最初はヘルメットにヘッドライトが装着されていると錯覚した。二人は雨合羽で身を包んでいるとわかる。強いライトが特定の対象物を限定することなく漠然と遠くに飛ばされている。★08 二人、川床を踏みしめ、膝くらいまで川水に浸りながら川を渡りだす。対岸に辿り着き、一人ずつ向かいのマンションへと昇りはじめているようだが、画面右はさらに光量が低く、梯子を立てかけて足場が設けられているのだろうが、詳細はわからない。ようやく手でもっているとわかった懐中電灯の光が上に移動してゆく。以上、電車走行音がかぶせられたフィックスショット。画面が固定されているからこそ左から右への動きが楽譜上の音符のように眺められる。

ここに現れている「血の濃い」映画性とはなんだろう。アレゴリーの文脈に引き付ければ、こう言えるだろう。人の表情は明かされない。代わりに動きがわずかに浮上している。同時に、闇と川の表情は、人以上の不可知性を据えて、脈々とゆれている。すべて映画の通常性から離れ、予期しない「別のもの」が非人間的な代位を成し遂げたのだ。水と闇の質感が柔らかいはずなのに、相容れぬ時間の厳しさをどうしるすべきか。実は、「水を渡る」営為自体が踏破の暴力なのではないのか。質感の転位により「別の何か」が見抜かれているのではないか。ベンヤミンを引こう。

アレゴリー的志向には事物とのど、の、よ、う、な親密さも無縁なのである。アレゴリー志向にとっては、事

物に触れるとは事物に暴力を加えることである。事物を認識するとは事物の根底を見抜くことなのである。[★09]

こうしるすと大袈裟かもしれないが、「決死の渡河」は、マンションの壁を一人、一人と伝いのぼったあと（最初が雨合羽の下に赤い服が透けているので麻生だとわかる）、強烈なしっぺ返しをくらう。まずはサスペンスフルなタイミングの切り返しで、ガラス窓に張りつくように「こちら」をみている岸野が逆光で捉えられる。外の気配の異変に気づかないのか、母親は林檎に果物ナイフを当てている。何者かの手が麻生の顔を押し、二人同時に川床に落ち、水しぶきをあげる派手な尻餅をつかされる。麻生、美野は悪罵を吐き散らし、しかも嬉しそうに笑う（アルドリッチ『北国の帝王』（一九七三）で冷酷なアーグスト・ボーグナインになぶられる不屈のリー・マーヴィンのようだ）。二人の顔を冷酷に押した、換喩的に部分化された手の持ち主はジャンプカットののち判明する。二人はアパートの部屋の卓上コンロで林檎を焼いていて、それまでの林檎の持ち主＝母親こそが手で二人を押し返した張本人だと気づかされるのだ。二人は負けない。美野「どうでもいいけど面白かった」。麻生「またやろう、またやろう」。このあと瓦斯漏れが部屋のなかに起きる。なのに「あえて」マッチをつけてしまう麻生。爆発を阻止すべく慌てて美野が窓をあける。これはこの作品の「死」へと向かうラストの伏線になっているだろう。

次の蹶起シーンまでに映画内にちりばめられた挑発的な設問を整理しておこう。〇岸野が神田川に架けられた欄干というか柵から乗り出して上体を曲げ、今にも川からずり落ちそうな仕種をしているくだりがある。このとき「両腕」も揃えられたように前へぶらさがっているが、うち右手だけがフルートをもつことで「片腕性」も萌芽している。〇オナニー中の麻生は森が来訪し、呼び鈴を押してもオナニーを続けて居留守を

貫く。このとき「オナニー∨セックス」「オナニー＝戦闘」の快楽位階がはっきりしてくる。対他距離ゼロのセックスより、映画的に自己再帰性を、距離をもって捉えることのできるオナニーのほうに黒沢の興味が向かっている。そのあと麻生のナレーション。《以前はよく眠れたのだが、ああ、つまらない星だとはいえ、やはり彗星が見えないと困ってしまう。だがさらに困ってしまうのは向かいの母子だ。こうも困るとさすがに眠れない》。この「困る」の用例を間近にして観客は、何かこれまでと違う字義がこの動詞に含まれているのではないかとゲシュタルト崩壊を起こすのではないか。似た用例をおもいだした。蓮實重彦が映画評論で多用する「許す」がそれだ。

○少年＝岸野に自己疑念が極まってくる。またも橋の上、参考書類を川に投げ捨て、投身を図る。後ろから走ってきて停める母親と揉み合いになる。やがては母親にすがりついて泣き、ふとその醜態に気づき、橋の欄干というか柵にしがみついて「泣き直す」。その肩を母親があやすように指でかるく叩き、やおら「河は呼んでいる」を唄いだすと、岸野はやがて泣き止み唱和、ついに二人は顔を見合わせ、振りまでつけてハモる。少年の葛藤はほぼ黙劇状態でしるされてしまう。その単純な過不足のなさに本当の逼塞がある。

○少年の部屋。母親が「両腕」を広げ、鶏を捕まえる要領で、トーッ、トッ、トッ…と囃子声を上げ、少年を捕まえようとすると、少年は両腕を「非対称に」動かす。それでも母親は後ろから「両腕」をぐるりと少年の胴に回し、捕まえる。少年、手を「交互にあげて」バタつく。「両腕」「片腕」の象徴体系がどう組織されているかはそろそろ自明だろう。両腕が「逼塞」「縛り」「脅迫」をも含んだ制度性をしるすのに対し、片腕は「萎縮」だけではなく、「自由」を希求するための「不足」を刻印されているのだ。

○少年岸野と母親の性愛は不気味化する。息子に口淫する母親のシーンがあるのだが、母親は後ろ向き、それまでなかったポジションから撮られているので誰だか当初判明せず、対して仰臥する男の側は顔の位置が明かりから外れ可視的でなく、それどころかやがてハンガーから引きずり下ろした青いシャツにより顔を完全に隠蔽してしまう。このままではゼロ画面となるべきところ、一瞬、口淫している女の顔が横を向いて母親だと判明、波及して男が岸野だと確定することになる。光量の不足により場面内人物がホラー的に無名化する例は、黒沢の場合、『ニンゲン合格』(一九九九)のような非ホラー映画にもある。

第二の蹶起——点火し、火花を激しく吐き散らす太い花火を松明代わりに、麻生、美野が夜の神田川を渡るシーンの魅惑は、サイズがやや二人に寄ったとはいえ、最初のそれと同等なものだ。しかしその後が違う。対岸の部屋。息子が電動バリカンで母親から散髪を受けていると、いきなり美野が闖入している。さらには「左右対称に掲げられた両手」に火花を噴きだす花火をもった麻生が続き、母親は寝袋に押し込められ簀巻き状態となり、猿轡の代わりにガムテープが口に貼られる。狼藉は二つの無秩序な(意図的に学生映画風な)長回しで構成される。拘束された母親を、フルートを吹く仕種で踊り歩く息子は助けない。麻生は仰臥する岸野に跨り、相互が着衣のまま股間に股間をこすりつけると、美野が岸野のズボンを下ろし、やがては麻生も脱衣する。白地に赤のストライプの岸野の着衣は顔へとまくしあげられ、ジタバタを繰り返すと、そこから生まれる振動によって麻生は昂奮しだし、ついには果ててしまう。そのタイミングで寝袋から抜け出し、口の縛めを解いた母親の逆襲が始まる。この子の体は私しか受け付けないように育ててきたと凄み、電動バリカンを威嚇的に作動させると、剃毛恐怖に駆られたのか、またもや二人は夜の川に抛り出されてしまう。

3——川上と川下、水平と垂直

そうしてクライマックス——三度目の蹶起が用意されるが、今度は麻生と美野が運命によってであるかのように分断させられてしまう。麻生と面会できない不平をかこった森が、つい隣室の美野を訪ね、結局はだらだらとからだを重ねあい、美野は岸野の救出劇に参加できないのだ。たぶん先の女二人の闖入で母親以外の女性の存在に気づいた岸野には異変が生じている。アレゴリカルな意匠を自らに施しているのだ。瞼に「EYE」としるしたことから判明するように、たぶん顔の細部にその英語名称などを書き込んでいる。[★10]さらには眼鏡にもオレンジ色のマジックで色を塗る。ゴダール『気狂いピエロ』(一九六五)のラストで顔に青ペンキを塗るジャン＝ポール・ベルモンドのように。部屋を脱出した彼は四苦八苦して護岸壁を伝い、川に降り、対岸を目指す。それを橋上から見た母親、仰天して、走りだす。「両手」にほぼ同じ大きさに膨れ上がったスーパーの買い物袋を提げたままで。その様子に麻生も気づく。

川の場面はやがて驚異の長回しとなるのだが、その前にまず、川面すれすれから川の奥行きを橋の下ごしに捉えた、[★11]コンクリートの構成比率の多い、殺風景な遠近法ショットが入る。母親が川に侵入してゆくと、画面手前を岸野が横切る(追う者が先に映り、追われる者が後続する、通常のサスペンス演出からの転倒も素晴らしい)。さて水に関わる長回しというなら『神田川淫乱戦争』と同年公開[★12]の相米慎二[★13]監督の『ションベン・ライダー』(一九八三)の、田舎の木場を舞台にした相米畢生の長回し＝クライマックスシーンがある。これは水面に浮かぶ足元の不安定な数々の木に乗り、水中墜落を繰り返す、多人数からなる追跡・逃走の右往左往(ほとんどブラウン運動のようだ)を、横岸から向けられたレール移動ショットでダイナミックな絵巻物活劇として捉え切ったものだった。いっぽう黒沢のこのシーンでは神田川の「構造」が前提され、「別の」長回し——真の意味

で、運動を運動によって捉えることで脱臼の生じる「運動アレゴリー」が生起している。

神田川の構造とは何か。それを知らしめるため、作中で何度か繰り返された、川の流れを奥行き方向に捉える実景ショットがあった。整理すると――都内住宅地を流れる神田川は、川床がコンクリート化され、宅地の場所より二階分くらい下に水面が走っている。川幅は八メートル程度だが、それはほぼ直角に切り立つ護岸壁によってえぐられている。ビルの谷間にある地上グラウンドラインの地下性と同等、もしくはそれ以上の地下性をもった傷のような、どこまでも細長い「えぐれ★14」。それは「川床に降りれば」都市内の「別の視界」を天上からの光を受けながら生産する、貧乏臭くはあっても例外的な眺望提供地なのだった（通常、この規模の河川は暗渠化されているのではないか）。

二階の部屋から果敢に麻生が飛び降りたあと、画面は護岸壁と川幅だけの構成となる。岸野は麻生のアパート側の護岸壁を昇ろうとするが非力さと滑りでままならない。スーパーの膨れ上がった買い物袋を両手に提げた母親が足元に水の波紋をつくり迫ってくる。動きに重さをしいられたことで人体の物質性が極まる。その様子をブロック塀から乗り出して見た麻生（仰角ショット）。護岸壁の上に手をかけた岸野の胴体を無情にも母親は引きずりおろそうとする（買い物袋はその太い腕に掛けられている）。あえなく岸野が下ろされて、母親は後ろから覆って岸野を拘束する。以下がやや長回し。画面要素が川と護岸壁だけのロングショットのなかを、護岸壁を降りた麻生がこれまた水の抵抗をかき分けて重たい足取りで近づいてくる。画角は三十度くらいの俯瞰。ロングで小さくしか映らない、『ションベン・ライダー』とは異なる、たった三人の人物群。麻生が岸野を正面からがっしり抱擁、自分側に引き寄せようとすると、母親は息子の体を逆方向へ引こうとする。綱引きは拮抗。ここまでが長回しで、ここに美野と森のファックシーンが挿入される。本来的にはこのファックシーンが川のシーンと並行モンタージュとなることで力感が相互照応しながら高まるべきなのだ

ろうが、やはり性交撮影フォビアの黒沢清のもとでは事態はそうならない。

再度、神田川。今度は川床に立った瓜生敏彦のカメラが、川の流れの横方向から、三人を捉える。画面背景はすべて川と護岸壁。壁の灰色と水の深緑で構成されただけの画面要素が素晴らしい（同じ効果はのち、コンクリート壁を主役二人が背にした、北野武『あの夏、いちばん静かな海。』〔一九九三〕にもあった）。カメラは相当に対象に寄った。とはいえ皆、画面に余白を大きく作る全身ショットだ。母親が麻生の首に腕を回して抱えこもうとし、それをさせじと岸野が麻生の体を後ろへ引っ張ろうとして、ほとんど役に立っていない。ついに勢い余って、麻生と母親、水に崩れ落ちる。すぐに立ち上がって復帰した母親は、今度は憤怒の矛先を息子に向け、サンドバッグのように見える両手の買い物袋を、交互に腕で回しながら岸野を打つ。両腕の回転に規則性があり、両腕性は全開している。なんとか麻生が後ろから羽交い絞めにしたときが凄い。母親は両腕で買い物袋を、後ろへ跳ね上らせて、反り身で麻生の背中を打って川水へ倒すのだ。これほどのアクション演出をどうやって黒沢清は発案したのだろう。アルドリッチが乗り移ったとしかいえない。

執念く立ち上がった麻生に対し、母親は横ざまに腕を回し、首を絞めにかかる。卑劣だ。岸野が突進し、全員がまた川水にしぶきをあげて埋没する。母親は疲弊で動きが怪物の断末魔のように鈍くなっている。この時とうとう「片腕性」が光明を投げる。先に恢復した麻生の片手が、岸野の片手を取り、母親のいない画面右方向へと逃れてゆくのだ。片腕性の不完全さは他者とつながるための契機を隠しもっていたのだ。肉弾アクションのさなかこのことに気づかされて、感動を覚えない者はいないだろう。動きに同調してカメラも横方向に移るが、動線が斜めになっていて、徐々に対象が大きくなってくる。素晴らしい撮影だ。母親は息子から麻生を力ずくで引きはがすが、今度は岸野が麻生から母親を引きはがす。これほどプロレスじみた肉弾戦は、黒沢映画のなかで例がない（いや、あるとすれば、前田敦子が鈴木亮平を攻撃した『Seventh Code』の1シーンと、

恒松祐里がアンジャッシュ児島一哉を攻撃した『散歩する侵略者』(二〇一七)の1シーンだけだろう——すべて動作主体が女性なのは、アルドリッチの遺作『カリフォルニア・ドールズ』(一九八一)と同じだ)。

さて黒沢一流の「嘘」がここに紛れ込む。お誂え向きに板が川水の縁に浮かんでいるのだ。母親は非力なはずの岸野に運ばれて、そこに載せられる。『四谷怪談』の戸板返しの再来が用意されるかと思いきや、そうはならない。岸野に蹴られて、板の上に仰向けになった母親は川下方向へフレームアウトする。カメラ、やや左に振られ、岸野と麻生が喜び合う姿を捉える。「片手」が倍加し、両手をつなぎ二人は川の水を跳ね上げて回る。そして手をつなぎ、川上方向に大股で疲弊をものともせず駆けてゆく。母親は見事に忘れられた。ただ忘却の方向が川下、未来の方向が川上と、川の流れに意味が刻印されただけなのだ。そのことがコンクリートの灰色と川の水の深緑でただ示されたと気づくと、『ションベン・ライダー』のブラウン運動が人と水面のあいだの関係項だったのに対し、『神田川淫乱戦争』の格闘が人同士のみならずその上位次元の流れの方向まで関数化した、アレゴリカルなものだったと確認できる。二人の喜びの走りをカメラはずっと前進移動で追い、二人が協力しあって護岸壁を登り切り、ついにフレームアウトするまでを驚異的な長回しで収める。この果てに幸福が待っているはずと多くの観客は考えるだろうが、その先を書くのは控えておく。幸福が描かれれば、アレゴリカルに始まった映画が「格言」をもってしまう。そうではなく、格言なきアレゴリーを完遂するためには、さらにアレゴリカルに物語が終わらなければならないのだ。そのために水平方向の川下に消えた母親に加算しようと、作品はずっと禁じていた鉛直方向の「消え」を組織する。このときに作中初めて「落下」という新たな運動が「見えないままに」刻印されるのだ。このとき「見たことが見えた」から「見えないことが見えた」へと、作品の審級が上昇する。

4――ニューアカと参照項

『ドレミファ娘の血は騒ぐ』は、黒沢清の全フィルモグラフィ中、唯一、ガーリーなルックをゆきわたらせた例外的な作品だ。「大学もの」の枠組のなかでおそらく現役大学生たちが大量出演して俳優の平均年齢が若い点にすでに瑞々しさがあるが、もちろん雑誌「GORO」のヌードグラビアで一斉を風靡した演技経験ゼロの洞口依子が主役起用されたことで作品には少女性が前面化されている。剝きたての水蜜桃のような素肌。モノクローム・シックで一貫する八〇年代的(DCブランド的)な服飾。ボブヘアに囲まれた顔では、その造作がまだ大人になっていないために不安定な流動性がもたらされる。前髪が風にまくれあがると額が広く、顔の造作が下部に寄せられている印象。それが童女性とも連絡する。そうした前提のもと、放心、不機嫌、驚愕、愛着などが予想不能のリズムで表情を往来するのだ。存在を見ているだけで洞口から何かの音楽性を人は装塡されることになるだろう。熱狂的な洞口ファンがこの作品から生まれたのもうなずける。

二人の少女を主軸に据えるというのは、前言したようにすでに『神田川淫乱戦争』での布置だった。麻生うさぎと美野真琴。『ドレミファ』では洞口に向けて、前作から引き続いて起用された麻生うさぎが対位をなす。対象に向けてではなく、この二人の並置性が「代理と交換」をなし、恥をめぐっていわば役割の神出鬼没を演じるのだ。洞口の不安定な顔の魅力に対し、風に吹かれたり、まぶしさで眼を細めたりする麻生の顔は、どこか菩薩的で、スケールのおおきなふくよかさを『神田川淫乱戦争』以上に感じさせる。作品の初期設定は、高校時代にその音楽的才能に魅了された眷恋の「吉岡実」くん(八〇年代、ポピュラーだった現代詩人の名が借用された)=加藤賢崇を、秋子=洞口が大学構内に探しにくるという「捜索者パターン」。ふと知り合った、心理学科の新入生エミ=麻生がその捜索に助力するうち、自分が体を交わした当の男が加藤だと判明、その

麻生の逸脱を洞口が憤って捜索者パターンが瓦解する。この混乱のなかで心理学科教授の平山＝伊丹十三が、洞口が対峙すべき男性として強調されてゆく。極致的な恥辱体験によって身体そのものが「極限的恥ずかし変異」をかたどり、恥に支配された生活上の硬直からの解放が約束される――というのが約言すれば伊丹の学説だが、この「恥」を、「痛み」「叫び」「脱分節」に置き換えれば、強度にみちた「器官なき身体」の世界まで出現するだろう。つまり伊丹の一見奇異な学説は、生成の哲学を標榜した八〇年代的なニューアカの転位＝アレゴリーとも受け取れるものなのだった。[★15] ニューアカへの露骨なオマージュあるいは揶揄として、作中の構内の立て看板のひとつは「構造と力」と、浅田彰の書名も大書されていた。

アルドリッチ（加藤の所属していた音楽サークルの名が「ベラクルス」で、アルドリッチの五四年の西部劇とタイトルと同じ）や小津安二郎[★16]の参照もあるが、フランス映画からの参照が目立つ点も作品の印象を瀟洒にしているだろう。まずはジャン・ルノワール。たとえば平山ゼミの学生たちが「極限的恥ずかし変異」の実験を麻生に試み、それに失敗したどころか、麻生からの淫風を浴びて間接描写ながらオルギアに至ったと示されるくだりでは、平山ゼミの女子大生の以下のような説明ナレーションが入る。《女から発散する快楽の風は、学生たちを次々と包んでいったのだ。みんなの上に一様に吹きつける快楽の風。風に差別はない。心にも体にも男にも女にも等しく風が吹く》は、そのものがジャン・ルノワールの映画を論じていると取れるし、ルノワール『ピクニック』（一九三六）の集団は、作品が最後、形而上学的な戦闘シーンに移行する前、海を前にした洞口が平山ゼミの面々に田舎へ帰ると宣言する場面で画面内へ疑似的に召喚もされる。女二人のワンダー映画というなら、ジャック・リヴェット『セリーヌとジュリーは舟で行く』[★17]（一九七四）とも共通している。だが何よりものちにみる主題的細部によって、ゴダールからの影響を数多くみてとれるだろう。「言葉づかい」の点からゴダール映画との相同性をひとつあげておけば、この作品で麻生のような異分子をもふくみうる「大学」

の多義的な立脚について、讃嘆したように語られる以下のような洞口の科白がある。《大学っておかしなところですね。いつも、お祭りみたい。っていうか遊園地みたい。戦場かなあ》。これはむろんゴダール『気狂いピエロ』に実物出演したサミュエル・フラーが語った映画の定義に似ている。《映画とは、戦場のようなものだ。愛、憎しみ、アクション、暴力、そして死。要するに、エモーションだ。》。並置と言い換えの呼吸も共通しているのだった。

とうぜん「物語」と「脱物語」が交互しながら、「脱物語」を「物語」が曖昧に回収してゆく点で、『ドレミファ』は(とりわけ六〇年代の)ゴダール作品と組成が共通している。物語と脱物語もまた「代理と交換」関係にあるが、端的にみてとれるのは、この作品で脱物語性を積極的に担うのが、ビデオで撮影された一連だということだ。映画史的常識に属するが、経緯を確認しておこう。最初にロマンポルノとして撮られた『女子大生・恥ずかしゼミナール』は日活から公開を拒否される。それで洞口が所属するＥＰＩＣ・ソニーと、黒沢の所属するディレクターズ・カンパニーが作品を買い取り、黒沢に再撮影・再編集させてロマンポルノ色を減却、濡れ場シーンを減らす代わりに脱物語的なビデオ撮影シーンを撮り足し挿入して完成したのが、『ドレミファ娘の血は騒ぐ』だった。公開作品として実在をなさなかった『女子大生・恥ずかしゼミナール』を一般観客は観ていない。黒沢清はこう語っている。

これは声を大にして言いたいのですが、にっかつで完成直前まで進んだ映画は「女子大生・恥ずかしゼミナール」というタイトルでしたし、ずいぶんポルノしては真っ当なものだったんです。ベッドシーンもふんだんにありますし、物語も追えます。みなさんは誰も見ていらっしゃらないわけですが、今の『ドレミファ娘の血は騒ぐ』とは大分違います。ですから、変な映画をつくったという意識は

なかったんです。★18

二人の女優でいえば、洞口依子に期待されるファックシーンを、麻生うさぎが「代理・交換」したという印象が『ドレミファ』で生ずるが、元々の『女子大生・恥ずかしゼミナール』に洞口のファックシーンがあって、それが完成版では削除されたのではないか気にかかるところだ。これらについて万田邦敏は次のように報告している。

平山と秋子にセックスシーンを演じさせたくない〔…〕理由があった。この時期、平山役に伊丹十三が既に決定していた。〔…〕伊丹十三が生真面目なセックスシーンを演じることは、果たして映画的に許されることだろうか。そして我々は「アートレポート」以来の彼のファンなのである。★19

にっかつが問題にしたのは秋子のファックシーンがないことだった。主演女優がファックしないのはにっかつとしては観客に対する詐欺行為になるというのである。〔…〕秋子のファックシーンがない限り上映はしないという。撮り足しが考えられたがその後の話し合いでは秋子役洞口依子の所属プロダクションは彼女に新たなファックシーンを演じさせることを拒否した。★20

5——身体のシンコペーション

作品成立までの入り組んだ経緯について喋々するのはこれでやめておこう。以下は作品の細部を振り返っ

てゆくことにする。

全キャスト、全スタッフを表示するエンドロールが冒頭に流れるという「倒錯」ののち、映画の最初のショットは、ヘッドホンステレオ＝カセット・ウォークマンを横向きに掲げて持つ洞口の手の接写だった。この換喩的構図によって、初期ゴダールが「コカ・コーラとジャズの世代」を描いたように、本作も「ウォークマンの世代」を捉えるのだと宣言がおこなわれる。ヘッドホンをして自閉、音楽をじかに、メディアスーツ的に衣裳としてまとって戸外をさまよう身体の「あたえられた」一体性が、風景に向けては疎隔を体感してゆき、この充実と消失のメランコリックな「二重状態」がむしろ「身体の抒情」となっている世代。[★21] 彼らはじかの身体ではなく身体のアレゴリーしかもっていないのだ。さらにはカセットの二つの円＝ロールは、映写機や撮影カメラとも同様だが、ひとつのロールがテープをまとい太りだすと、別のロールのまとうものが減少しだす相反性がある。「時」は何かの不如意をしいられているのだ。先走って綴れば、洞口演ずる秋子は、何事かに気づくときに聴覚によっている場合と視覚によっている場合が作中わけられているが、最終的にはラストの川原での形而上的戦闘シーンで聴覚上の刺戟によってだけ敗走行動を促され、最後、機関銃を捧げもつ決めポーズで、暉峻創三＝役名「テルオカ」を悼みつつ毅然と「ブラームスの子守唄」を唄う「聴覚存在」として「視覚化される」(このラストシーンにはセーラー服姿の薬師丸ひろ子がおもうさま銃を敵に乱射して「カ・イ・カ・ン…」の四音を漏らす相米『セーラー服と機関銃』〔一九八一〕のラストが交響しているだろう)。

洞口の誰かへの墓参が暗示されたあと作品タイトルが表示され、映画本体に復帰すると、描かれる場所が大学構内へと移行し、瓜生敏彦のカメラはダイナミックな横移動を開始する。古めかしい煉瓦の建物のある路地から洞口はそのカメラ運動に同調して歩行を始め、洞口が角を折れるとカメラはその後ろ姿を前進移動で追ってゆく。古佗びた敷地内は通路が広く、緑も多い。いろんな道具を運ぶ学生、立て看板にペンキで文

言を書き入れる学生が洞口の歩行に交錯し、そこが大学構内で、時期が新入部員勧誘の春はじめだと了解されてゆく。この大学に見立てられた空間(「見立て」が黒沢の空間的なアレゴリーの動力だという点は後章で記述されるだろう)もまた本作が勝利する要因だった。ユートピックな閉鎖性・治外法権性とともに、やがて作中に現れる建造物が織りなす規模のおおきくクラシカルな風格がオーソン・ウェルズの画面に悲哀を足したように見事で、フォトジェニックというならヒロインの洞口依子と作中の双璧をなすのだった。ロケ地についてふれておこう。

京王線初台駅ちかくのこの場所、かつてここに石造りの巨大な廃墟があった。15年以上前のはなしである。国の所有物で、何とか試験場と言ったが、私はその敷地を大学のキャンパスに見立てて『ドレミファ娘の血は騒ぐ』という映画を撮った。最初からここを使おうというわけではないのだが、当時一般の大学で、映画の撮影に貸してくれるところはどこにもなかったのだ。／脚本を書いていた時点では、『ドレミファ娘の血は騒ぐ』という映画は、私の頭の中で陽気な学園コメディのようなイメージとしてあった。しかし、この初台の試験場がメインのロケ場所に選ばれるにおよんで、結果、映画はやけに重苦しく陰鬱なムードの漂うものとなった。軽やかに歌い、踊る若者たち、というような設定が脚本のあちこちにあり、私はそれをコミカルに撮ったつもりだったのだが、陽気な若者たちの背後には決まって巨大な廃墟がそそり立っている、シーンのいたるところがそんな風にできてしまったのである。それをちぐはぐなできと非難する人もいたが、一方で何か意味ありげな得体の知れない作品と珍重する人もいた。／〔…〕／廃墟の中で時間は止まっている。ゆえに、そこはあらゆる流行や風俗と無縁の場所である。替わりに、死が、永遠と不動のしるしとしてヌッと頭をもたげてくる。そのよ

うなものを獲得した時、作品は知らず知らずゆっくりと歴史の中に組み込まれる。★22

掲出中の最後の段落は、ほとんど寓意家のベンヤミンが書いたみたいだ。対照させてみよう。《過去の真のイメージはさっと掠め過ぎてゆく。過去は、それが認識可能となる刹那に一瞬ひらめきもう二度と立ち現われはしない、そうしたイメージとしてしか確保することができない★23》、《歴史の天使〔…〕は顔を過去の方へ向けている。私たちの眼には出来事の連鎖が立ち現われてくるところに、彼はただひとつの破局《カタストローフ》だけを見るのだ★24》。むろんベンヤミン的アレゴリーは、過去＝破壊されたもの＝瓦礫＝廃墟にこそ表現を見る★25。死や消滅はベンヤミンにあって結論ではないのだ。

　その意味でいうと、黒沢が上記掲出文で書きつけた廃墟を起因とする「死」もすこし言い過ぎのような気がする。もっと魅惑的で微妙なものがこの作品には立ち上がっているのだ。ゴシックともいえる建物の石づくりの重たい旧弊性は、同時に窓枠や木造階段や突起物のリズミックな美しさをも現象させている。そういう二重性が俳優たちと化合するとどうなるか。彼らは生身だからとうぜん齟齬が起きるのだが、その齟齬が身体の動き、発語や表情（のタイミング）、意味伝達にシンコペーションを呼び込むとはいえないか（発語の間がリズムの脱臼＝シンコペーションで脅威化したのちの例には、『CURE』の萩原聖人や『クリーピー・偽りの殺人』〔二〇一六〕の香川照之があり、時間の引き攣れたようなアレゴリーこそがシンコペーションで、その描出に特異的に長けた映画監督が黒沢だともいえるだろう）。このシンコペーションの特段の体現者が、この作品では「何を考えているかわからない」加藤賢崇と暉峻創三で、彼らが活躍をしだすと、魅惑の二段ロケット、その二段目がはじけたような感触にもなる。彼らは洞口にとっては対位法的な動きをする。去る者が加藤、近づく者が暉峻、という区別でよいだろう。どちらも可笑しいのだが、爆笑ではなく、苦笑や脱力を導く奇天烈さがある。

地図をもち、加藤がいると信ずる音楽サークル「ベラクルス」の場所を探す洞口。やっと古めかしい建物の扉に——クラシック音楽に通暁していないのでこうしるすが——音楽家Xの肖像が拡大コピーで貼り付けてある。なかに入ると、よからぬ喘ぎ声(うちの女声が麻生うさぎ)が響き、洞口は出てしまう。どぎまぎしているると気配を感じた男が扉の裏まで出てくる。そこからが平面と立体の見事な交錯となる。肖像の音楽家の眼の部分が指で破かれ、その裏からセックスの当事者だった男の眼が覗く。「誰?」。洞口は「吉岡さん」の所属している心理学科の平山ゼミの場所を訊く。すると肖像画の腕の部分がさらに破られ、その中から男の実物の腕が飛び出して、指先で平山ゼミのある方向を指さすのだった。やがてベラクルスでのセックスの当事者だった麻生が後ろから洞口に追いつき、洞口の目的を確認するうち二人は親しくなってゆく。二人が階段を昇る際の素晴らしいカメラワークについては説明を省く。そのとき洞口がちょっと皮肉を言って、麻生が指で下からもちあげて鼻孔を強調、ブタの鳴き声を出す反応が、媚態なき媚態としてやはりシンコペーションを思わせた。それと平山ゼミの教場の扉前では中の様子を窺おうとして洞口、麻生に対照性が刻まれる。麻生が鍵穴からの視覚で中を探るのに対し、洞口は当初、扉に耳を当てるのだ。やがて結果を恐れて扉から後ずさった洞口の横顔のうしろを回り込むようにしてこちら向きの麻生の顔が洞口の鼻先に並ぶ。「女の二つの顔をどう画面に大きく置くか」という命題に、それには変化が必要だと回答を出した黒沢の「映画力」が素晴らしい。

平山ゼミではゼミ生たちの意見を綜合しても、吉岡の現状が掴めなかった。ルイス・キャロル的な迷宮性が寓意劇としてさらに導入されたのだ。暗い閉所、換気扇の回転する影が壁に投影されたオーソン・ウェルズ的な空間のなかで、壁際に岸野萌圓をふくむ学生三人、奥行きまでの中間にフラメンコを踊る女がいて、手前の教授・伊丹は二人の学生から「なぜですか?」と終わりだけ聴こえる質問を受けている。それに対し、

伊丹は「これからは、なぜと問うことだけはやめようと思う」と宣言、そこへ反射的に出てくる「なぜですか?」という質問さえ禁じてしまう。この禁句による縛りはどこかで見たことのある光景だ。蓮實重彦が、「AはBよりも凡庸だ」とする言説自体が凡庸だとしたことで、そのすぐれた文を読む自分の凡庸さが問えなくなる禁句的縛りと事態は似通うのだ。★26 けれどもここから音楽のド・レ・ミ…(作品タイトルの由来だ)を素材に(伊丹は「絶対音」の概念を打ちだす)、じつは映画のショット論にも敷衍できる別の考えが唐突に噴きだす。女子学生のナレーションの文言が素晴らしいので転記してみよう。この科白は黒沢と万田のどちらが書いたのだろう。両方でありうる匂いがする。《私が本当に喋りたいと思うことは、単純に椅子についてであり、テーブルについてであり、〔…〕友人について、愛する男についてである。誰も椅子とテーブルの関係について、〔…〕私と彼との関係について喋ろうと思ったりしない。〔…〕音楽〔も〕、ドとレの関係、ミとファの関係で成り立っているのでは断じてない。そこには単純に、いくつかの音があるだけなのではないだろうか》。この「ド」「レ」が映画におけるショット単位だとすれば、まずはそこに関係を遮断する単独性が求められていることになる。その後、さらに伊丹の主張は転調、とうとう「極限的恥ずかし変異」説につながる特異な所説まで展開されだす。

洞口はいったん学生寮の麻生の部屋に寄宿するが、恥の概念のある洞口に対し、麻生はその不在を宛がわれている。それで押し入れに入ってオナニーをしだすとさすがに洞口は辟易として、寝場所を「手前に金網のある場所」に移す。野宿するのだ。そこから洞口の居場所の神出鬼没性=少女性が作品に刻印されだすのだが、「手前に金網のある場所」としてしか表現できない――場所のみの場所とはむろん空間に仕込まれたアレゴリーなのだった。黒沢『映像のカリスマ』には『女子大生・恥ずかしゼミナール』段階のフィルムの齣をさまざま抜き焼きして簡単なコメントを対置させる「イメージフォーラム」一九八四年八・九月号掲載「フィル

ムの余白に」が収録されている。それが「映画のアレゴリー」につき黒沢がさまざまな角度から論及しているようでとても面白い。この「金網のある場所」については以下のように書かれる。《朝、屋上で目覚めた秋子が、大きく伸びをしている。が、この場所がビルの屋上だと、何人の人がわかるだろう。〝高さ〟は撮りづらい。奥に生えている雑草が、なおさらこの場所を地上っぽくしている》★27。

そうしてアレゴリーの体現者・吉岡役の加藤賢崇が登場してくる。まとめて「彼」を叙述してしまおう。反応にシンコペーション的な外しがある。姿そのものにアリクイとか人外の動物を思わせる寓話性がある。性的愛着の正体が知れない。卑劣かどうかもわからない。それでも由緒ある「お坊ちゃん性」の印象が保たれている。もともと東京タワーズというバンドのコンポーザーにしてヴォーカリストだが、本作で唄われる楽曲を聴くかぎりではアナクロニズム(シンコペーションよりももっと大きな「時間の外し」)が八〇年代的に信奉され(太田螢一・上野耕路によるゲルニカの作詞作曲コンビなどを想起しよう)、シャンソンや宝塚と通う戦前のヨーロッパ大衆曲を規範に、すべて肯定的に「この世の春」「春情の素晴らしさ」を場違いな確信性で唄いあげるのだ。彼は洞口が待望した方向を裏切るように、画面手前からフレームインしてくる。奥行きにいる花売り娘を認め、その一束を購うが、その花を何と花売り娘自身にプレゼントしようとする。その行為にある奇妙な自己再帰性に驚くことなく花売り娘はあしらう。それで行き場をなくした花束は、花束自体の主体性をもったように、とある後ろ姿の女に近づいてゆく。前掲「フィルムの余白に」から。《男が花を持って女に近づく。その男の見ため。レールを敷いて、前進移動で撮った。思いのほか奇怪な印象のカットとなった。しかし、〝見ための ショット〟とはいったい何のことであろうか、考えていくとわからなくなる》★28。制度化された主観ショットから外れた主観ショットは、無人称を起点とした客観ショットと区別がなくなる。そうした紛れをなくすため、加藤がもっている想定の花束が画面手前にあって、何か構図の人工的な狭さと狂いに傷つきな

がら画面奥行きへと向かうのだ。現れているものはむろん「映画のアレゴリー」だ。加藤の存在はこのように映画の細部を刺戟する。

6——フィルム画面とビデオ画面、ミュージカル

加藤賢崇のその後の連打をしるす前に、もうひとり「映画のアレゴリー」を体現する「テルオカ」役・暉峻創三について一挙にしるしてしまおう。彼は今や中国語圏映画を主軸にした映画評論家として著名だ。もちろん「映画のアレゴリー」をその身体から生産してしまう異色人材は主軸人物のなかでは一人でいいのかもしれない。つまり『ドレミファ』はそういう人材が主軸に「一人多い」。ところが「一つ多いこと」が黒沢的なアレゴリーの動力になっているのだ。この点はのち、『LOFT』を考察するときに詳説されるだろう。

暉峻の登場する場面のほとんどはビデオ撮影、つまり『女子大生・恥ずかしゼミナール』から『ドレミファ』へと移行する段階で撮り足されたシーンだ。映画カメラとビデオカメラでは撮影されたものに流れる時間がちがう。ビデオカメラのそれはその「だらしない」長回しによって脱分節的、脱中心的、脱物語的になり、それが「地」を形成する映画カメラ場面に対して「代理と交換」をつくりあげるのだ。最初、暉峻は春の気配がまだ浅いキャンパス疎林で洞口と偶然出会う。二人は高校を同じくする同窓だった。懐かしさがこみあげるが、洞口は都会人に変わり切った暉峻に感動、その手まで「都会人の手」と撫で上げる。洞口に密かに劣情をおぼえだした暉峻は、デートの誘いをすごく不器用にする。けれども躱されてしまう。暉峻は整った顔立ちを一応はしているのだが、平坦な口跡、発語の奇妙な間、あるいは自己反転によって、外見と挙止が揃わない脱臼感をあたえる男で終始ありつづける。反応のすべてに、のっぺりした間があって、それを可笑しいと

いうべきかどうかがわからない。しかもそのとき彼は執拗に洞口に、手にもっていたＬＰレコードを貸そうとして失敗し、それでも妙な留保つきで二人の仲が決裂していない確認をかちとる。

その次のビデオ撮影による暉峻の登場場面では、暉峻の下宿の部屋を突然訪ねてきた洞口に暉峻がコーヒーを淹れるか紅茶を淹れるかでモタモタしているうち異変が起こる。異変は二重底だ。まず洞口は泣き始める。そうしておいて、「あたし今泣いてた？　ヘンなの、泣くことなんて何もないのに」と波の満ち引きのようなリズムを刻むのだ。唐突に暉峻は言う、「ブラームスを聴く？」。ベートーベン、モーツァルト、サン＝サーンスの名を出して、なんとかブラームスの魔力から逃れようとする洞口の反応も、暉峻のブラームス執着同様、意味が不明で可笑しい[★29]。

加藤賢崇に戻ろう。花束を麻生に渡した彼は、ベラクルスの部室、開けた窓に腰かけギターを爪弾いているところを、結局、裸になった麻生に籠絡されてしまう。コミカルな場面。黒沢清の作品では「さわること」に一度は疎外の設けられる傾向があるが、ここでは加藤が仰臥した裸の麻生の両乳にふれるとき、愛撫しているのではなく、それを楽器のように「弾いている」とたちまち判断されるのだ。これについても前掲「フィルムの余白に」で黒沢自身の述懐がある。《スーツにネクタイ、コートまで着こんだ男と、全裸の女がとるこの体勢を、果たして〝からみ〟と呼んでもいいものだろうか。女の股間に接続されたヘッドホンから聞こえてくる音に合わせて、ピアノを弾くように乳房を愛撫しろという無茶な指示を、加藤賢崇は真剣に体現しようとしている[★30]》。黒沢は冗談や照れで性交シーンを喜劇的に脱臼しようとしているのではない。のちの伊丹の洞口への恥辱実験も併せ、「性交のアレゴリー」を探求しようとしているのだ。その狂乱のさなかに洞口がゆきあう。久しぶりに再会した洞口に対し、吉岡は素っ頓狂に「あれ、秋ちゃんじゃない？」と悪びれないが、洞口は部室にあったドラムセットのシンバル、その金属表面の細かいレコード的な溝に手の爪を滑らせ、ノ

イズを湧かしめる。視たことが聴かせることを形成するのが、聴覚的存在というものだろう(それまで加藤——麻生の性的なやりとりとシーンバックするように洞口がカセット・ウォークマンを耳元に掲げ、聴覚を縛られた状態で大学構内をさまよっていた)。このとき怒る洞口の顔アップの撮り方にホラーへの接続というアレゴリー的余禄が生ずる。洞口の表情と影の複合によるものだ。

次の段階では加藤の「アレゴリー生産」はミュージカルという異ジャンルを召喚してくる。アンナ・カリーナの歌と踊りの「断片」を、その日常描写にまで嵌め込んで素早い異化をおこなったゴダール『女は女である』(一九六一)の流儀ではなく、MGMミュージカルの流儀がここでは採用されている。クラシックギターがリズムを刻む伴奏音が期待をもって高鳴りはじめ、怒りと失望によって構内を早歩きする洞口を、追いかけ、説得しようとする加藤の発語が徐々に音楽性を帯びてくるのだ。黒沢は映画で「理由もなく」「人が不意に歌い出す」流れをパターン分けしているが、陰謀のように伴奏が唐突に先行する変調についても考察している。[★31]これをアレゴリーの文脈に置き換えると、「映画のアレゴリー」のなかにミュージカルシーンという「別のアレゴリー」を招きいれる二重性が、同時に自己再帰性をも現象させるということかもしれない。それで伴奏に引きずられ、石塔が林立する古代的、奇妙な空間で鈴木清順的なジャンプカットを機に「大学は花盛り」と唄いだした加藤が、相手にしない洞口を踊りながら追いかけて別の空間に移り(それにしても彼の体のひねりとくるくる回りという寓話的仕種が奇妙だ)、やがてその歌詞が「ぼくはいつでもぼく」「夢はいつでもどこでも夢」という同語反復＝断言命題をかたどってしまう。むろんこの断言命題性は、蓮實重彥を経由すれば、ゴダールにゆきつくことになる。ゴダール『勝手にしやがれ』(一九六〇)中のジャン＝ポール・ベルモンドの科白に端を発した、蓮實の伝説的言及を引こう。

密告者は密告し、泥棒は泥棒し、殺人者は殺人する。女は女であるに似たこの単純な断言命題こそ、ゴダールにとっての問題なのだ。もちろん、その問題には宿命など微塵も影を落としてはいないし、冷笑的な彩りもはじめから不在である。われわれは、ベルモンドの台詞として口にされるその簡潔な文章の連なりの中に、作品をかたちづくっている問題の組み合わせを直截につかみとる。『勝手にしやがれ』には、事実、密告と、泥棒と、殺人と、愛という四つの問題が流動的に交錯しあってその時間的＝空間的な構造をかたちづくっている。いささか性急ながら、それが物語を要約する四つの単語だとさえいえるだろう。ミシェルは自動車を盗む。これが泥棒は泥棒するという問題だ。そして彼は、逃亡中に警察官を殺す。殺人者は殺人を犯すという問題である。そして一人のアメリカ人女子学生を愛し、彼女の愛を得る。愛する者たちは愛し合うという問題がそれだろう。そして彼女に裏切られて息絶える。文字通り、密告者は密告するという問題がそれにほかならない。[★32]

自転車を漕ぐ女子学生の後部に伊丹が乗るシーンがインサートされたあと、アコーディオンの間奏がずりさげられたまま、洞口が「嫌い、嫌いよ、大ッ嫌い！」と左に後ずさってゆく。[★33]切り返されると、加藤を先頭に、洞口を冷たく監視している大衆という、フリッツ・ラング的に強い画面が出現する。横から捉え返された大衆の散らばりを麻生が縫い歩いてくる。やがて歌はその彼女へ継がれ、愛のよろこびが歌詞に強化される。とつぜん俯瞰ショットになると、児童合唱も加えられて盛り上がる伴奏に反して、「まったく動かない」群衆を縫い、麻生が「ラララ…」と踊り続ける。熱情と冷却の同時共存。それで俯瞰に予感されるバスビー・バークレイ的なものがアレゴリカルに廃墟化してしまい、人々は三々五々場を去って、最終的には中央にぽつねんと洞口が残される。最後、「さよなら」と洞口は言う。後ろ姿が捉えられるだけだが、頬の涙をぬぐっ

たことは手の動きでわかる。演技経験のない洞口が泣けないことで「後ろ姿のまま」が代替的に選択されたのだろうか。ちがうと思う。顔がないまま手の動きだけで、動作の意味をアレゴリカルにしめすことに眼目があったのではないか。この秘匿と顕示の共存がかぎりなく美しい。この一連で映画的固有名詞が幾つも綴られたが、それは黒沢自身がミュージカルシーンを映画史の自己言及と考えているためだろう。

さきにゴダールの名を綴ったが、この作品ではゴダールからの影が血肉化されている。勝野宏と洞口を捉えたビデオ撮影シーンがのちにあるのだが、そこで勝野の歌を受け入れたあと洞口は、カメラに向かって作品の主題を自己言及しだす。一節に《私が望んでいたものは、恋愛へと至る冒険ではなく、冒険へと至る恋愛ではないだろうか》のくだりがあり、この二語の関係転倒もゴダール的なのだった。たとえばのちにゴダールは「歴史の孤独」と「孤独の歴史」を幾度もぶつけあわせている。ところでこの洞口の自己言及で最も素晴らしい箇所は自己の不可視性と結びつく次の箇所だろう。《吉岡さん──あなたが引いた一本の線の上を律儀になぞってゆく私は、もうどんな構図にも収まらなくなる》。それは視覚対象ではなく、「音」になるということではないだろうか。

加藤賢崇の最大限の見せ場は、持続的定着ではなく、アレゴリーの気配をもつ彼にふさわしく、空間への出没によってかたどられる。場所はこの作品で何度も召喚された階段。下から記述すると、階下から昇られる中央階段があり、上部を円く截られた長い格子窓が後ろに三つ穿たれた大きな踊り場があり、そこから左右に階段が延びてさらに階上へと至る、そんな構造の、クラシカルな風格のある階段だ。階段に敷かれた緑色の絨毯と木製の手すりがその風格をさらに確かなものにしている。加藤はその階段を駆け上り、駆け下り、その動きを反復している。そこへ、麻生に施した「極限的恥ずかし変異」の実験に失敗し、余波でオルギアに至ったゼミ生の「恥知らず」ぶりに失望した伊丹が、唯一、恥の意識を堅持していると望みを託す洞口を

伴って降りてくる。加藤は伊丹をからかい、それでもゼミ授業に出るから単位をください、と厚かましく頼み、それで要らぬことまで言い添える。「平山さん――この子、処女じゃないです」。突然の暴露に頭を抱え前屈、やがて逆方向に体が反りだし、倒れそうになるところを伊丹が支える。このときの洞口が、少女マンガのキャラクターめいて笑える。これらの一連で伊丹と洞口は階段を並んで降りる動作をしていて、せわしなく動く加藤(彼は麻生の実験見学のとき着用したサングラスをそのまま外さないでいる)は二人の行く手を阻んだり、階下に到着すると伊丹に小突かれて床に転がったり、階下に到着して去ってゆく二人の後ろ姿に呼びかけたりする(このとき洞口の非処女の事実の暴露がおこなわれたのだった)。伊丹が洞口を支え蹌踉と画面手前にフレームアウトしたとき加藤はだらしなく床に身を伸ばしている。やがて踊り場上の右の階段から毛布に身(裸身)を包んだ麻生が下りてきて、加藤に言い放つ。「あなた、ズイブンなひとね」。加藤、「そうかい、そりゃそうだ」と小津映画的な反復口調で返答をする。そうして、加藤はこの作品から退場する。★34

　以上しるしたすべてが階下からの引きの長回しで捉えられているのだが、加藤のアレゴリカルな演技に同調するように、瓜生敏彦のカメラもアレゴリカルな運動をおこなう。ただしそれは複雑ではない。下に向かっている人物群と等距離を保つようにカメラが下階をただゆっくり後退してゆくだけなのだが、その後退移動によって、建物内部の視野が広がり、初めて階段の周囲の空間構造が判明してゆくのだ。クラシカルな円柱。空中に伸びる階段の、下から見上げられる裏側。二つの円柱が支えている、階段を降りきった場所の、彎曲を描く二重天井。意外な形状の展開に、息を呑まない者はいないだろう。階段シーンを作中に反復的に刻み込んでおいて、階段前の空間すなわち「全貌」の開陳はクライマックスまでこうして待機される。映画とは秘匿と露呈の戯れなのだ。後退移動は伊丹、洞口がフレームアウトするまで続き、麻生が階段を降りてくると今度はわずかに前進する。黒沢と瓜生はカメラの後退移動を愉しむことで、映画画面の原理に触れ

ている。「すべてのショットは外延をもつ」「ということは、ショット内にはたえず別のもの――アレゴリーの気配がある」「映画の展開は気まぐれに空間の関係性を開陳してゆくだけだ」「ドラマを超えた運動は、そうしてある」「この次元を考えると、映画は、映画のアレゴリーにすぎない」。

7――性愛のアレゴリー、戦争のアレゴリー

あとは、映画は最後のふたつを用意するだけだ。まずは秘匿されてきた洞口の裸身を露呈するための伊丹による「極限的恥ずかし変異」の実験場面。そしてラスト。実験場面はさきにゼミ生たちが麻生に対しておこなった同様の実験の「代理と交換」を機能させる。さきが失敗だったから、今度は成功するだろう。もちろん『女子大生・恥ずかしゼミナール』の当初、黒沢的ロマンポルノであろうと用意されたクライマックスだが、伊丹の著作を読み、何事かに同調、実験を同意しながら、非処女であることを暴露され、被験者の資格なしを言う洞口が、実験者と被験者が「愛し合うこと」で困難が克服されると伊丹に説得される前段は、論理性が意図的にあやふやになっている。しかもそこに「愛し合うこと」こそ最も恥ずかしいことだという倒錯までもが揺曳するだろう。

それらしく「計測機械」に囲まれたSFゴシック的空間。バスローブ状のものをまとった、にこやかな洞口は、実験台のうえに拘束され、やがては裸に剝かれる。換喩的な連続性のなかで洞口の瑞々しい裸身細部が露呈してゆく。やがて換喩的主体が転換される。洞口を開脚させたあとは、その両膝ナメの構図を主体にして最大の恥辱に直面する伊丹の緊張がその顔を中心に段階化されるのだ。そのものが捉えられるわけではないが、洞口の股間からは強烈な白光が放射される。『古事記』的事態。あるいはその白光は『キッスで殺せ!』

クライマックスの放射性物質の恐怖の白光とも通底している。その光は洞口の一種の分身だった麻生にも届き、彼女をやさしく目覚めさせる。フェリーニ、つまりニーノ・ロータ的な、あるいは八〇年代当時でいえばカーラ・ブレイ的なサーカス・ジンタに乗って洞口の「恥の極致」を仔細に見聞する伊丹の実験は続いてゆく。器具の挿入。洞口はやがて苦悶を超え、恍惚に呻いてゆく。[★35] 強烈な光の明滅。最大限まで振り切れる計測機器のメーター。伊丹は洞口の足を取り、甲に当てた唇を脛に這わせ上げてゆく。全身で洞口にのしかかろうとし一進一退をかたどるが、ついに洞口から阻まれる。このときに伸び縮みする洞口の胴体が、乳房の変化とともに形状の発見を湛え、この作中で最もエロティックだといえるだろう。やがて二人は同時に気絶、しかし二人の手は「愛」に至ったかのようにつながれる。換喩的構図のなかでその後の二人の手がたがいを求めあう動きも素晴らしい。気づかれるべきは、このファックシーンのアレゴリーは、すべてが具体的でありながら、意味的にはすべてあやふやだということだ。二重性が法則化されているから、そうなるのだ。事態はカフカ的なのだった。

「変異」のしるしとして総白髪となった伊丹をのこして洞口は実験室を去る。窓辺に立つ。このとき偽りのつなぎが起こる。ピクニックをするゼミ生たちと窓辺の洞口が挨拶を交わしあうのだ。その草上の昼食の現場に洞口が辿り着いて、「田舎に帰る」と告げる。歩いてゆく洞口。海に辿り着く。追ってそこにゼミ生たちも辿り着く。ゼミ生の中心人物、岸野萌圓（雄二）が「一緒に来ませんか？」というが振り返った洞口は「表情で」拒む。首を振らせない。この措置も、後ろ姿のまま頬の涙をぬぐわせた先のディテール同様、美しい。カメラは水平線のみえる海をパンする。ゴダール『気狂いピエロ』の終景をなぞるかのように。しかしその後に、川原の戦闘シーンが来る。

川原での戦闘シーンは、限られた35ミリフィルムで撮り足したシーンです。〔…〕もともと、「女子大生・恥ずかしゼミナール」は海のシーンで終わっていたんです。岸野雄一に「一緒に来ませんか？」と誘われて、洞口依子が曖昧な顔をして海を見ると、カメラも海の方にぱーんとパンをするカットです。★36

撮り足しシーンは暉峻のアップ、洞口のアップで始まる。頭に白く太いカチューシャをつけた洞口は、『女子大生・恥ずかしゼミナール』撮影時の不定形な少女性から、ぐっと大人びて固定的な表情に変化したようにみえる。それでも暉峻が咥えていた点火された煙草を渡されたとき、洞口は処女的にそれを唇中央に挟み、処女的に「ふかすだけ」をする。だが、やがて咥える煙草の位置が娼婦的に唇の左端へと移されてゆく。以下、煙草と「煙」つながりで霧を示すスモークが焚かれ、洞口は川原に置かれたクレーン車の脇を抜ける。以下、長回し。それまでインサート的に作中の森のなかでプラカード提示やバケツ叩きを繰り返してきた「謎の集団」（そのなかに二十歳少し過ぎの篠崎誠もいた）が横切ったあと、暉峻、洞口がゼミ生たちと出会う。パン、パンと軽い音がして、「敵」を警戒していた「謎の集団」がまず敗走する。そのあと、先頭に暉峻、二番手に洞口を置いたゼミ生の隊列が、敵に向かおうと川原を前進してくる。パン、パンとさらなる銃撃音。一斉に伏せるがゼミ生たちは全滅。悲嘆に暮れる洞口を、別人のように逞しくなった暉峻が引いてゆく。これらを少し離れた位置から捉え、しかも対象と並行関係にならない瓜生の移動カメラが、距離を伸縮させる。のちの『よろこびの渦巻』を髣髴させて素晴らしい。二つ目の長回し。川に向かう暉峻と洞口を追う前進移動が始まる。やがて川岸に辿り着いた二人をカメラは回り込んで正面方向から捉える。暉峻はすでに撃たれており、川岸に座る動作が崩れ、倒れてしまう。暉峻のもっていた機関銃を洞口が受け取り、見えない敵に向けて走りだすと、洞口も撃たれる。ところが死の徴候が完全化せず、前言したように彼女は、銃を捧げたまま「ブ

ラームスの子守唄」を唄うのだった。

むろんパン、パンと乾いて響く敵からの銃撃の「音」だけで戦争状態を代位的に表現したことでは「戦争のアレゴリー」が実現されている。『女子大生・恥ずかしゼミナール』段階で主軸だったのは、吉岡＝加藤のつむぎだす音だった。それは洞口にあっては手にもつカセット・ウォークマンによって増幅された。吉岡の才能を伝えるため、ウォークマンから出る音を麻生うさぎに聴かせたこともある。ところがそのウォークマンは、自閉を解くため、作品の終わりのほうで洞口自身によって廃棄された。代位的に洞口という聴覚的存在へ出現したのが、「戦争の音」だった。むろんそれは戦争状態をしるすアレゴリーでしかなかった。

代位的に「戦争状態」をしめす手法はゴダール『カラビニエ』(一九六三)にもあった。局地的、少人数の戦闘シーンは芝居として描かれるものの、大掛かりなものは戦争記録映像から借用された。しかも戦争の強奪品は、すべて世界各地の観光地、絵葉書の画像として代位的にしめされただけだった。

［註］

★01――万田邦敏『再履修・とっても恥ずかしゼミナール』(港の人、二〇〇九、一一二～一一三頁)

★02――このポーズは、大島渚『儀式』(一九七一)の冒頭、主要人物の子供時代の子役たちが地面の音を聴く姿勢と似ている。

★03――立教大学の往年の映画表現論で、黒沢清、万田邦敏などを教えた蓮實重彥は、「ショット」という言葉に辞書的定義以上の負荷をあたえたはずだ。蓮實自身の正面切った言明はないと思うが、対象の実在や表情や変化や動きの生々しさを周囲との関係のなかで捉え、同時にそのことに自足せず、次のショットをよびだす機能的な待機態となっている撮影行為の単位を「ショット」と呼んでいることは明らかだろう。蓮實のすぐれた門下生は、その授業により、みなこうした「ショット」への峻厳な意識を移植された。

★04――エマニュエル・レヴィナス『存在の彼方へ』(合田正人訳、講談社学芸文庫、一九九九、二一六頁)

★05――黒沢清『黒沢清の映画術』(新潮社、二〇〇六、四四頁)

★06――同八〇～八一頁

★07──同八四頁

★08──黒沢清対談集『映画の怖い話』(青土社、二〇〇七)に、この記述と関連する黒沢の以下の言葉が収められている。《35ミリでも自分たちが8ミリでやってきたこととほとんど一緒じゃないか、[…]でも照明だけは違った。特に何でもライトを当てるというのはびっくりしました。夜のシーンで遠くのビルを強いライトでドーンと当てるなんて、考えてもみなかった。それまで8ミリだと、夜のシーンが本当に嫌になりました。暗くて映らないんで。手前の人物だけは何とか光を当てようとしたんですけど、そうじゃなくて、プロはむしろ奥にあるビルにこそ光を当てるんだというのは新鮮でしたね。》(七五～七六頁)。

★09──序章前掲ベンヤミン『パサージュ論II』二五三～二五四頁

★10──ガルシア＝マルケスの『百年の孤独』を原作に仰いだ寺山修司監督の遺作『さらば箱舟』には進行する健忘症に対抗しようと家屋内のあらゆる「物」に「名称カード」を付す、この岸野と関連するディテールがあるが、同作の公開は八四年九月なので、おそらくこれはガルシア＝マルケスの原作小説(鼓直訳、一九七二、新潮社)からのアレンジではないかと思われる。

★11──水面とローアングルの関連でいえば、加藤泰『日本俠花伝』(一九七三)に、水面下に半分入れたカメラが水上世界(つまりは半分は水越しで)を見上げる異様なショットがある。

★12──『神田川淫乱戦争』の撮影を八三年初夏におそらく敢行した黒沢清は、同年二月公開の『ションベン・ライダー』を自作撮影前に観ていると思われる。

★13──相米『翔んだカップル』(一九八〇)のラッシュ上映に付き合い、『セーラー服と機関銃』(一九八一)では助監督として相米組に付いた黒沢は、相米の「映画術」についてさまざまな場で述べているが、見解は一定している。尺の関係で長回しショットが編集されてしまえなくなっての魅力の低下、ならびにテイクを執拗に繰り返すことで俳優に生じる疲弊と現場の非効率を黒沢は一貫して反面教師としている。たとえば前掲『黒沢清の映画術』なら、六〇～六二頁を参照。

★14──建築家・鈴木了二が建物の素材性や形のもつ衝迫力をもとに、通常の映画読解から事物の建築性を分離する『建築映画　マテリアル・サスペンス』(LIXIL出版、二〇一三)は映画への「別の」耽溺の仕方を組織するアレゴリカルな映画書だが、そのなかに素晴らしい黒沢清論、ならびに黒沢清インタビューを収録している。そこで彼は神田川の川床すら含まれる「東京の地表面」につき、黒沢に以下のように語っている。《東京の地表面であるグラウンドラインは、まわりに建築が建て込んでいるので、「もはや地上ではなく地下である」ということです。都心の住宅地はまわりを高いビルに囲まれてしまっており、道路には光もあまりさし込まない。だからまわりの建物の高さの平均値が本来のグラウンドラインであるはずで、それは地表面のかなり上の七─八メートルあたりに仮想されるように思います。》(三一七頁)。

★15——「器官なき身体」については、ジル・ドゥルーズ＝フェリックス・ガタリ『千のプラトー——資本主義と分裂症』（宇野邦一ほか訳、河出書房新社、一九九四、一七三～一九〇頁参照）。

★16——伊丹の役名「平山周吉」が小津『東京物語』（一九五三）の笠智衆の役名と、洞口の役名「秋子」が小津『晩春』（一九四九）の三宅邦子の役名などとそれぞれ同じなほか、洞口の構内歩行をカメラが横移動で追ったくだりでは「12月12日は投票日」という幟の文字が徐々に判明し、それが小津の誕生日＝命日と唱和している。短くカッティング連鎖された俳優の顔の流れで、イマジナリーラインが守られないなど小津映画的な細部もある。あるいは同語を反復する小津的発語も作品の随所に見受けられる。

★17——魔法好きのジュリー（ドミニク・ラブリエ）と、マジシャンのセリーヌ（ジュリエット・ベルト）。公園でふと見かけたセリーヌを、興味を引かれたジュリーが延々と尾行するうち二人は仲良しになる。この尾行過程の背景に、何の変哲もないパリの風景が現れつづける。やがて謎の館の写真が契機になり探求がはじまる。二人は虚構のなかに入り込めるウィスキーボンボンを入手、それを舐めると異次元移行ができるようになる。飴玉ごとに謎の館のなかの物語が分岐しながら、二人は亡霊たちがいとなむ「劇中」で二人一役も演じ、最後にはそこから病気の女の子を救出する。リアリズムの座標軸が壊れたようなこのラブリーな寓話はルイス・キャロル『不思議な国のアリス』から発想されたとリヴェットは述懐しているが、「移動」と「探求」が二人の少女によってなされる経緯に、『ドレミファ』との共通点がある。また『ドレミファ』にもルイス・キャロルの雰囲気がなだれこんでいる。たとえば洞口が麻生と初めて平山ゼミの教場に入ったとき女子学生に扇風機を作動させられ、洞口の髪が乱れ踊る。ふと漏らす「こんがらがっちゃう」。あるいは風邪で呻いていた伊丹をその研究室に初来訪した洞口が元気づけたのち、二人はゼミ生たちのいる教場に向かうが、そのときにも洞口が言う。「色んなことが複雑にからみあっちゃって、どうしていいかわからなくなっちゃって」。「こんがらがっちゃう」「からみあっちゃう」——ここから聯想されるのは、ルイス・キャロルの数学パズル的な著作『もつれっ話』（柳瀬尚紀訳、ちくま文庫、一九八九、親本は一九七七）の書名だろう。加藤賢崇の役名となった詩人・吉岡実も七〇年代の前半、アリス狂いだった。『セリーヌとジュリーは舟でゆく』の正式な日本公開は一九九三年だが、監督・脚本の黒沢と、本作の共同脚本・助監督の万田邦敏が学生だった一九七八年、『セリーヌとジュリーは船で行く』のタイトルで限定上映されたようだ。

★18——前掲『黒沢清の映画術』九四～九五頁

★19——万田前掲書九九頁

★20——同一一八～一一九頁

★21——細川周平『ウォークマンの修辞学』（朝日出版社、一九八一）が参照されているだろう。

★22——「東京新聞」一九九九年九月十四日付、黒沢清『映画はおそろしい』（青土社、二〇〇一、二七三～二七四頁より重引）

★23——ヴァルター・ベンヤミン「歴史の概念についてV」浅井健二郎訳（『ベンヤミン・コレクション1　近代の意味』浅井健二郎編訳、ちくま学芸文庫、一九九五、六四八頁）

★24——同「IX」浅井健二郎訳（同六五三頁）

★25——序章・註25参照。

★26——蓮實重彥『物語批判序説』（中央公論社、一九八五）

★27——序章前掲『映像のカリスマ』八九頁

★28——同八七頁

★29——曖昧には『ブラームスを愛する』（一九八四）という監督作品があり、それへのオマージュか揶揄かもしれない。

★30——前掲『映像のカリスマ』九〇頁

★31——前掲『映画はおそろしい』九一頁

★32——蓮實重彥「破局的スローモーション」『ゴダール革命』、筑摩書房、二〇〇五、一八頁。初出は「GS・たのしい知識　特集ゴダール・スペシャル」2½号、冬樹社、一九八五

★33——八〇年代的な文脈でいえば、この「嫌いよ」には「好きよ」が裏打ちされているはずだ。終わりに「好きよ　きらいよ」という歌詞がかたどられる松田聖子の八二年のヒットシングル「小麦色のマーメイド」（作詞＝松本隆／作曲＝呉田軽穂）が先行しているためだ。「好き」と「きらい」の分離不能は、「好き」と「きらい」を相次いで語ることにしか帰着しない。むろんここには「イエスとノーを同時に語るのが女のコケットリーだ」というジンメルの観察も関連しているだろう（現在なら「ツンデレ」に分類される事柄だが）。

★34——いや、のちのビデオ撮影画面にも加藤賢崇は登場した。そこで歌唱録音を何度も生意気なギター伴奏者からダメ出しされる。繰り返し、中断、再開、逆切れ——それらすべてが見事なシンコペーションで展開する。加藤ならではのリズム感にみちた場面だった。床に腰を下ろしたまま二人の男が足蹴りを応酬しあう姿は、アクションに脱アクションを付帯させる黒沢清の奇妙な発明で、意味の脱臼を主体にしたこの作品にふさわしい。

★35——シャルル・ボードレールはこうしるす。《恋愛は拷問または外科手術に酷似している。》（矢内原伊作訳「火箭」、『ボードレール全集II』人文書院、一九六三、二二二頁）

★36——前掲『黒沢清の映画術』九八頁

第二章

復讐の寓意化

『蛇の道』

1——時間の尖端

黒沢清の盟友・高橋洋の脚本集『地獄は実在する——高橋洋恐怖劇傑作選』が刊行され、そこに収録された、黒沢清へ提供された高橋脚本『蛇の道』を読み、撮りあげられた実際の作品との異同を仔細に検討すると、黒沢演出の特質というべきものが逆にみえてくる。シーン1、高橋の付したト書のみを途中まで試しに抜き書きしてみよう。《フロント・ウィンドウに街並みが流れる。／助手席の男、宮下(34)はガチガチに緊張している。顔は土気色に憔悴し、眼の下にはクマができている。／懸命に動悸を抑えようと体をこわばらせるが、手が勝手に動きイライラと顔を触ったりする。ハンドルを握る新島がチラリと窺った。》《宮下の心が動いた。弱気が起こる。》《心とは裏腹に口をついた。》《宮島の眼がせわしなく動く。》《その割り切った言い方が妙におかしい。そうだ、こういう男なんだよな。宮下は緊張をほぐそうとするようにクックッと笑ってみる》[★01]。ト書にはいわば小説体の「描写」(役柄の心情を表情で規定するもの)が入り、掲出からは省いたが、ここで宮下役＝香川照之と、新島役＝哀川翔の、導入部にふさわしい無前提の科白も交錯するから、なんとなく読むと、二人が横目を流して対話しているところが切り返されてゆく画柄が想像されてしまう。高橋の脚本が提示するものとはまずは人間的なもの、たとえば関係の緊張なのだ。

『蛇の道』(一九九七)における実際の黒沢演出はどうだったのか。黒沢が構成するのは以下のふたつだ。❶クルマのフロンドウィンドウ越しに捉えられた、クルマの進行により刻刻変化する街路風景。とりわけ開巻早々、クルマは坂道を昇るのだが、坂道の斜面、アスファルトのグレーの物質性が画面全体にゆっくり静かに迫ってきて逼塞感をあたえる。この逼塞感は作品全体と通底している。クルマがカーヴに差し掛かるところも妙に印象に残る。高橋が規定しなかった「風景」が着実に選択されているのだ(のち、本作では、クルマがこ

れと同じ光景をゆく「反復」を少しのあいだ刻んで緊張を走らせるから、こうした風景の定着が重要となる)。むろんクルマから捉えた前進光景は高橋のト書の冒頭一文も暗示するものだが、フロントウィンドウ越しに移ってゆく実際の街路光景はト書の文面が印象させるものよりも持続性が断然つよく、そこに「時間の流れ」そのものが露呈している。もっというと、時間進行の「突端」だけを撮影が次々呑み込み、齣の集積を暗示している。「渦中」はただ画《え》の現前からのみ到来していて、このことが俳優の表情の意味とは次元のちがう、抽象的な緊張をつくりあげるのだ。二人の俳優の科白のやりとりもなされるのだが、当然、フロントウィンドウ越しの街路光景が画面にあるのだから音声オフの処理がなされ、高橋のト書が記述した俳優の表情説明は割愛されてしまっている。

同時に織りあわされるものがある。❷運転席にサングラスの哀川、助手席に香川が座る様子をフロントウィンドウ越しに捉えた、黒沢映画定番のショット、がそれだ(以後作品は、運転席・助手席・後部座席に誰がいるかという変化を、局面ごとに順列組合せで提示してゆく)。のちの黒沢映画のようなスクリーンプロセスは使用されていないと思うが、リアウィンドウ越しの外景はピントから外され、暗く抽象的に「跳んで」しまっている。「グレー」の色覚の最大限の強調(それはのち、この作品の中心舞台のひとつとなる廃工場内のブロック壁が画面にあふれださせるものだ)。演出が提示したい最初のものとはまさにそうした作品全体にわたる連関性のなかの欠片で、結果、終始、構図上一定の大きさに排列される哀川、香川の表情は、香川のときたまの神経質な笑みが僅かに出現するものの、高橋のト書のように「表情の内部」を過敏に掘り起こされることがない。最後の段階でこのフロントウィンドウ越しの二つの顔が、そのどちらかに分割されるくだりとなるが、それが話し合う二者の切り返しの効果をもつとはいえ、やりかたが機械的で恬淡と感じざるをえない。ある感情で何かを語る俳優がいたとしても、その表情の真の意味がその場で開陳されなくてよいのというのが黒沢演出だろう。

思わせぶりも要らない。結果、時間の突端にあるものがただ時間の進行だけというリュミエール的「解消」が生じているのだ。

本作のカメラマンは小川プロ作品で一本立ちした田村正毅で、田村は本作と間をおかず連続的に撮られた(二本撮りされた)『蜘蛛の瞳』(一九九七)も担当している。ただし黒沢のフィルモグラフィ全体を見渡すと、伝説的なカメラマン田村の起用はこの二本のみ。黒沢、田村の接触はおそらく田村が素晴らしい撮影をおこなった青山真治『Helpless』(一九九六)が機縁となっているのだろうが、黒沢作品がもともと長回し志向だから、田村正毅的な長回しが明白だとはいえない。縦構図の奥行きで人物がアレゴリカルに動く長回しは黒沢印だし、黒沢映画でほぼ形式化されている視点の選択も田村は遵守している。だから『Helpless』以降も続く青山作品にみられた、撮影すべき対象範囲を捉えつつ、ときにその周縁にまで田村の気持ちが動いて、田村の手持ちカメラが対象範囲を逸脱してしまうこともない。田村特有の霊的なカメラは黒沢演出の規範性によりほぼ封印されているのだ。田村という大物すらもその運動神経に敬意を払いつつ結果的に規範化したことによっているのか、Vシネマとして製作された「勝手にしやがれ!!」シリーズ六本(一九九五〜一九九六)、「復讐」シリーズ二作(『復讐　運命の訪問者』『復讐　消えない傷痕』、ともに一九九六)という哀川翔主演作に対し、『蛇の道』の撮影の緊密度は他を圧している。高橋と黒沢とに、それまで相応の経緯があったためだろう。黒沢に提供され未映画化のままになっている高橋脚本『水虎』、それをめぐっての二人の往復書簡がある。そこで黒沢が書きつけた感動的なくだりが以後の二人を縛っているはずだ。

ホークスやオルドリッチの作品は、一見映画の原理のみで貫かれているように見えて、実はそうではない。彼らは、映画にも原理はあるが、世界にも歴然とした原理があることを充分理解しています。

だから密告者はすぐに密告するわけではないし、殺し屋だってそう簡単に人を殺したりしません。でも、やっぱり殺し屋は殺さねばならないのだとしたら、そこで繰り広げられるのは、映画の原理と世界の原理の壮絶な覇権闘争です。〔…〕例えば『カリフォルニア・ドールス』のラストに於ける勝利、あれはプロレスの勝利でも、ピーター・フォークの人生に於ける勝利でもなく、まさに映画が世界に対して勝利した瞬間だったのではないでしょうか。★02

物語はやがて具体的に動く。宅配業者を装った哀川が下元史朗(役名=大槻)に公衆電話をかけ在宅を確認したのち、その邸宅前に二人のクルマが乗り付け、スタンガンを使っての玄関での拉致が起きる。動作を省略しながら犯行を手早く語る黒沢特有の——リチャード・フライシャー的ともいえる恬淡かつ決定的な活劇性が素晴らしい。トランクから出された瞬間の下元は、体側に下ろされた両腕もろともガムテープで固定的に縛り回されているほか、両足首のぐるぐる巻き、口の封印にもガムテープが使われ、結果的に棒のような直立姿勢で「物化」している(高橋脚本にある「もがく」は用いられない)。その体を移すため一旦足首の縛めが解かれたのを機に逃走されるが、両腕が不自由とあってはすぐに捕まる。その逃走—再捕獲の際にカメラがパンし、廃棄物が部分的に積み上げられているとはいえ中身がほぼがらんどうの廃工場の空間が映る。哀川・香川の二人は下元の両脇にそれぞれ腕を挟み、後ろ歩きさせてゆく。辿り着いたブロック壁へ下元の背をもたせかけ、腰を沈めさせ(ここまで長回し)、その両手首への手錠装着を通じ彼は壁の留め具に固定される。口のガムテープが取られると、下元の驚愕と困惑が表明される。このとき下元の主観で、廃工場内部全体を捉える構図が出現する。長回しで、小さな縮率をほぼ維持する哀川・香川が、相互に動きの対称形をつくりあげることなく、同時に捉えられつづける。

後ろ姿の香川が、奥行きにいてさらに深部へ向かっている。より近いところにいた哀川は奥行きの左へと斜めに進んでいる。香川は奥行きに停められたクルマから何かを出し、画面手前へと戻りだす。哀川も何かをもち画面を斜めに奥行き右へ。二人は工場空間中央に置かれた机のそばで交錯するが、哀川の奥行き左への進行は続く(やがてフレームアウト)。香川は机の上に先の何かを置き、画面手前、下元がいると想像される位置に近づいてくる。至近に近づいた香川をティルトアップ。下元をみつめる厳しい表情が捉えられる。

下元の顔をリバースで切り返したのち、また長回しとなる。至近にいる香川が画面右へフレームアウト、塞いでいた空間が開かれると、奥行きの廃棄物の山に哀川が何かを投げ込んでいる。やがて奥行き中央の扉の向うへ消える。いっぽう香川はキャスター付きの台に載せた大型テレビ受像機を画面右から運んできて、カメラの画角中央をテレビのフロント部分で塞ぐ。やがて電源を入れると、画面にカメラを意識する小学校低学年の上機嫌な少女の像が現れる。公園内で撮影されたホームビデオ。ここで画面を示し「俺の娘。殺された」という香川の声が入るが、そこまでのロング構図の長回しを考えてみよう。

まず「遠さ」のもつ判明性の低さが、ここに記述したいくつかの「何か」をつくりだした。遠すぎて具体物が何かかがわからないことは、動作の因果を脱臼し、結果、動きだけを現象させてしまう。「意味の裏打ちを欠く具体性」とは、運動アレゴリーの性質だ。二人が二つとして動きつづけることは執拗に展開される。その動きは何かをする意図に導かれて躊躇がないが、党派的な対称形から終始逃れている点に注意が要る。それで「ふたつはたえずひとつである」「ひとつはたえずふたつである」という同時的な矛盾撞着がざわめくのだ。先走って書いてしまうと、哀川の生業は塾で若い数学エリートたちを導く講師なのだが、彼は一方向の授業しかしない。高等数学の数式パーツを次々と等号で「意味ありげに」結んでゆく思考の経緯だけを生徒たちにほぼ筆写させているのだ。彼の書くものは一見、並列とみえる。その並列のなかに世界像のやがての変

貌が仕込まれる。だから同一性の連鎖が同一性の継続を保証しない。「同一性はたえず差異性である」「差異性はたえず同一性である」――しかもこのとき次元のちがう二つに、相互の真を証明する翻訳が起こり、二つが単なる二つではなく双対性(デュアリティ＝この語は哀川の数学授業でふと漏れ出る)だということがわかる。とするなら、双対性を印象させて動きつづける哀川と香川は、差異を仕込まれた同一性であり、同一性を仕込まれた差異なのではないか(恐ろしいことにその判明がこの作品の結論となってしまう)★03。だからこの長回しのロング構図での二人の動きはすでに作品の結末を予告していることになる。これはゴダール的な「密告者は密告する」「殺し屋は殺す」を超えた、断言命題への否定斜線を形成するものだ。

2――代理報復と大和屋竺

さて下元の拉致は何が原因になっているのか。彼は幼女姦＝幼女殺しの嫌疑をかけられているのだ。香川の愛娘に関わって警察関係が作成した死亡診断書を、娘の画像が流れるなか香川が読む。読んでいるが、のちの仕種で暗誦もできるとわかる。無味乾燥な即物性により、かえって高橋洋的な「地獄」が沸き立つ。むしろん幼女姦＝幼女殺しは高橋が信奉するフリッツ・ラング『M』(一九三一)で最大悪とされたものだが、黒沢自身も『贖罪』シリーズ第三話「くまの兄妹」(二〇一二)で焦点を当てた神経質な案件だ。『蛇の道』では何があったのか。高橋の脚本から該当箇所を引こう。字面にすると漢字の多さが怖い。

宮下絵美、八歳。日野市程久保付近の草むらにて遺体発見。死後約一週間経過。全身に一六箇所の刺し傷。右手小指、左手中指を損傷。いずれも生活反応あり。外陰部および膣部に著しい裂創、表皮剝

奪、皮下出血無数。生活反応あり。死に至るまで長時間の拷問・凌辱を受けたと推定される。直接の死因、数回にわたる頭部への打撲。脳髄は三分の二を損失。顔は原形をとどめず、歯型より本人と確認する……[★04]

上の文言を読み上げるあいだに、ドンデンに構図が切り替わる。哀川が先ほど出ていった扉が今度は画面手前に据えられ、その開口部から、コンクリート壁を最深部にした縦構図が浮かぶ。診断書を読み上げる後ろ姿の香川の向うに、つながれた下元の姿が隠され、拷問の本質が「一致」だということも示唆される。香川の声には徐々にエコーがかけられ、暗い音楽が裏打ちするようになる。何のことだかわからないとわめく下元に対し香川が激昂、画面手前に駆け戻り、画面中央の机にある銃（「何か」とは銃だった！）を手にするのと同時に、画面手前から駆けてきた哀川がその動きを抑え、銃口を上に向けさせる。やがては哀川が下元に威嚇射撃をする。一呼吸後、そろそろ帰ると画面手前に向け速足で歩きだした哀川を追い、香川は次のように言う。「新島さん、何て言っていいか……、本当にありがとう。結局あんたまで巻き込んじまって。あとは俺ひとりでやるから」。実はここから「代理報復」という作品の初期設定が浮上する。愛娘を最大限の残虐死に至らしめた者への香川の復讐、それに哀川が「現に」助力しているというこの関係は、「同時代理報復」と呼ぶべきかもしれない。これを「復讐のアレゴリー」とからめ、以下、順を追って整理してみよう。

高橋は映画監督／脚本家の大和屋竺を信奉し、井川耕一郎、塩田明彦と、大和屋詣を繰り返し、それが大和屋の死後、シナリオ集『大和屋竺ダイナマイト傑作選・荒野のダッチワイフ』[★05]の刊行に結実した。大和屋は大島渚と比肩する日本映画界の寓意家だが（二人はともに花田清輝という淵源をもつ）、心が濁りきった有閑マダムたちに輪姦された絶望により自殺した新聞配達少年のため佐藤允が有閑マダムたちに「代理報復」する姿を

描いた加藤泰『みな殺しの霊歌』(一九六八)をめぐり評論家・斎藤竜鳳と論争になったことがある。もともと大和屋は鉄骨高くに座る少年を仰角した『みな殺しの霊歌』のざらざらした砂目のようなショット、そこに見える靴底の「ワラジ虫」状が下から上へと上昇する殺意のヴェクトルを表しているという詩的直観にみちた好意的評言をおこなったのだが、斎藤はそれを一笑に付し、代理報復そのものが直截性を欠き妥当ではないと硬直左翼的な論陣を張った。それに対する再反論で、大和屋は『みな殺しの霊歌』内に様々な方向に流れる「錯乱の気」を数えあげ、いわばその空間的錯綜のなかで代理報復が起こっていると実証してみせた[★06]。

たぶん「代理報復」の主題はその後の大和屋に沈潜する。それで鈴木清順付の脚本家グループ「具流八郎」の一員だった大和屋は、『殺しの烙印』(一九六七)の「わけのわからなさ」に端を発し曲折のすえ日活を解雇され、映画を撮れないでいた鈴木清順のために、魯迅「鋳剣」[★07]の脚本化に仲間とともに踏みだす。剣の名工が、王が入手した以外の名剣のさらなる鋳造を疎まれて王に殺される。息子・眉間尺が仇を討とうと決意、すると謎めいた「黒い男」が復讐の助力を約束する。変装して王のもとに参じた眉間尺は名剣で自らの首を刎ね、斬り落とした王の首と煮えたぎる鼎のなかで、「首対首」で闘いあう。しかし形勢が有利に傾かない。見かねた黒い男も自らの首を刎ね、鼎に参入、闘いが混乱を極めた果てに、三つの髑髏が残る、という話だ(平岡正明は何かの本で、このときの「黒い男」の行動原理にこそ「俠」が凝縮していると喝破したことがある)。眉間尺の王への「復讐」については、もし「黒い男」が不在であれば、復讐の原因→結果のみに物語が単線化し、それはアレゴリーとならない。諸力がぶつかりあっていわば無名の平等性という寓話が確立するためには「黒い男」の参入こそが必要だった。それを実現した魯迅「鋳剣」がアジア圏で超一級の寓話小説だったのは間違いない。

「復讐」については、高橋洋は先述の「復讐」シリーズの一本『復讐　運命の訪問者』の脚本を提供し、黒沢清に映画的な増幅をゆだねている。往年、自分以外の家族成員全体を惨殺された少年、長じて哀川翔が、刑事

となって、クリーニング工場を営む怪物兄弟を一家惨殺の犯人と見抜き、復讐を貫徹する大枠だ。さまざまな異常性が地獄のエンブレムとなり、作品細部は寓意的な魅惑に富むが[★08]（とくに兄弟の兄・清水大敬の臆病さと顔を掌で打ちつづけるチック症的動作と姉へのコンプレックス）、復讐の原因→結果と進む主筋じたいは直線的で、アレゴリカルではなかった。「復讐」そのものの脱方向化＝アレゴリー化については黒沢自身が『復讐　運命の訪問者』に続けて撮った、同一シリーズの「対」、『復讐　消えない傷痕』でまず実現している。黒沢自らの手になる脚本。そのなかで開巻早々に復讐を敢行している哀川翔が、弱小暴力団の萱田俊からの厚い誘いで客人扱いとなるが、友情丸出しの萱田は組運営の才覚に欠け、哀川との将棋を繰り返すなど停滞に陥り、果ては田舎の温泉地に本拠地を移すと主張するなど迷走、しかも舎弟のひとりが上部の組に称讃を受けたことを嫉妬して殺すなど自滅の道を歩みはじめる。哀川はそうした魔的な衰運にずっと付き合うことになるのだ。復讐の事後を脱物語によって脱臼しようとしたのだろう。ところが高橋は『蛇の道』で「復讐」の渦中で「復讐」をアレゴリカルに転位させる妙策を思いついた。端的にいえば、「復讐」の中身に、内在的に別の復讐が噛み合うことで、代理報復同様の位相の混乱が起きたのだった。以上、黒沢と高橋は、緊張度の高い応酬で相互を高め合ったと結論していいだろう。『蛇の道』はその経緯の果ての達成だった。

3――拷問は肉体に合致する

哀川の営む数学教室については、「デュアリティ」以外に書き残したことがある。岡林という生徒が指名され黒板に書いた「迷答」について哀川はこのように言う（もともと高橋の書いた科白がさらに[★09]ヴァージョンアップ、具体化されているのに注意）。「岡林、ダメだ、ダメだ、それじゃ空間が裏返って、時間が逆に流れることにな

る。それじゃ滅茶苦茶になるぞ。お前は神様じゃないんだから」。「空間が裏返って、時間が逆に流れる」は作品ラストに対しての自己言及ともとれる。「神様」は哀川が演じた新島への黒沢自身の評言だろう。精神科医・斎藤環と、黒沢は以下のようなやりとりをしているのだ。

斎藤　『蛇の道』で、哀川翔さんが訳のわからない、変な数式をいっぱい書いている(笑)。その数式の説明が最後までないわけですが、この人はいったい何を教えているんだろうと。それがひょっとしたら世界の法則なのかもしれません。

黒沢　近いですね。言われて思い出しましたけど、その『蛇の道』の時の哀川翔さんにも、まさに同じことを言いました。つまり、「あなたが演じるのは一言でいうと怪物なのだが、別な言葉で言えば神か悪魔です」と。／本人には言わなかったのですが、「神か悪魔か、一言でいうと怪物か」という時に、何を相手にしているのかというとそれはやっぱり「世界」だったかもしれません。目の前にいる奴をターゲットにしていたら、それは殺人鬼とかいわれますが、しかし本当に相手にしているのは「世界」です。ひょっとしたら、これがたぶんぼくの怪物なるもののイメージでしょうね。★10

ならば弱い側の人間はどうか。大槻役＝下元史朗や、その後、下元から真犯人と名指しされ、ゴルフ場から拉致、同じように(つまり下元と並んで)ブロック壁の前に不自由な姿で固定される檜山役＝柳ユーレイの、やくざながらも披瀝されてゆく「人間的な豊かさ」はどうだろう。彼らはそれぞれ、大便の便意を催し我慢できなくなった夜中に、急を叫び、いっときの拘束解除を乞うが、廃工場の事務所部分で寝泊まりしている香川に黙殺される。香川は笑いを噛み殺してさえいる。人間の尊厳が失われる刻々こそが拷問なのだ。下元の

場合その苦悶の時間は固定撮影(フィックス)で捉えられる。フィックスが「一致」の指標なのはいうまでもない。とうとう「漏らしてしまった」彼らそれぞれに、翌朝、強力な水圧によるホース洗浄が見舞い、尻をつきだせとの嘲弄も入る。そののち、汚物と水でできた足元の泥水に、トレイで運んできた朝食が故意にぶちまけられる。やくざ組織でより上位にある柳はけもの並みの扱いに呆然とするが、すでに環境適応した下元が先輩面で、(這ってでも)食べておいたほうがいいし、放水時の水を飲み、乾きを癒したほうがいいとコツを伝授する。拷問の本質が「合致」なのだということはここでもわかるだろう。

ベンヤミンに匹敵する寓意家の(けれどももっと息の長い文章を書き、そこから救済を導く)エルンスト・ブロッホに、「拷問」に関わる恐ろしい文章がある。

拷問はこの肉体に正確に一致するようになされてきた——、もしくは肉体が拷問にだ、肉体は快楽よりもはるかに拷問に適合している。[★11]

このブロッホのことばを深くまで飲み込むと、拷問は原理的に永遠に続くとわかる。フランク・ザッパの歌のように、「Torture never stops」なのだ。ブロッホに先行する寓意家カフカの箴言も連打してみよう。

死ぬことは、わたしにはできた、苦痛に耐えることは、だめだった。[★12]

わたしは〈一致統一〉を歓迎すべきだのに、一致をみると悲しくなる。[★13]

われわれの救いは死である。しかし〈この〉死ではない。★14

ブロック壁の前の拘禁＝拷問の対象者は、下元→柳と推移したあと、翁華栄(役名＝有賀)、さらには香川自身がその座に参入させられる。このうち下元、柳が無理やりテレビ映像を見させられる「拷問」をしいられるが、香川の愛娘を公園で捉えたホームビデオの映像にすぎず、映像そのものの脅威はない。ラストの香川だけが自分の愛娘が拷問器具を用いられて陰惨な死に至るスナッフ映像を拘束のままエンドレスで見せられて「映像によって殺される」残酷を強いられるだろう。高橋の設えたこの惨い陥穽にも、高橋の敬愛する大和屋竺の余栄が入り込んでいる。少し振り返ってみよう。

大和屋竺の監督第二作『荒野のダッチワイフ』(一九六七)は、紳士然とした仲(津崎公平)が殺し屋ショウ(港雄一)に、拉致され性的拷問を受ける自分の愛人の救出と、敵の殲滅を依頼する。場所は見事な枝ぶりの一本の樹しかない無時間的な荒野。そこから現実と非現実が織りあわさる夢魔的な物語が起動するのだが、念押しをするように、ブルーフィルムの状態で仲に届けられている映像を、仲がショウにみせるくだりがある。大和屋のシナリオから転記してみよう。

■仲の店・一室
　スクリーンを見ているショウと仲。
仲　あれが消えてからもう半年になります。……たまに、奴らがああやって声だけは聞かせてされるんですがね
ショウ　……

仲　一寸した不動産のトラブルがもとで……ひどいいやがらせですよ
ショウ　さっぱり見えねえな
仲　見えない？　何いってるんだ、あんた。よく見てくれよ！　さえはひでえめにあってるんだ。ちゃんと映っているのが分んないのか！　ええ!?　おい！　ショウさん！
仲、もの凄い顔でショウに迫る。
ショウ　ひでえ雨降りだってんだよ
画面は全く不鮮明である。
仲　なぶられてんじゃねえか！　奴らが寄ってたかって、いたぶってるんだ！★15

映像を見た仲は、慚愧か混乱か快楽か、そのいずれかが作動し、映像を前にして泣いている。ところがそれは観ることを強いられた映像ではなく、彼が自発的に観ている映像にすぎない。しかも付帯的な理解では、彼が欲情し反復的に観ているから、フィルムが摩耗し「雨降り」になっているのだ。ここでは拷問の内実は主体の欲望自体だった。ただしショウの「さっぱり見えねえな」はブルーフィルム状態の愛人への拷問映像が原理的に「見えない」という恐ろしい真理まで開陳してはいないか。「見えるもの」「見えないもの」の区分と関わっているのではない。スラヴォイ・ジジェクが「そこに対象ではなく、自分自身をみてしまうから見えなくなる」と分析したノスタルジーやポルノグラフィにこそ関係しているのだ。★16むろんこれは寓意的な真理だ。

テレビ受像機の映像というなら、『蛇の道』の高橋洋は、鈴木清順監督・大和屋竺脚本の傑作『悲愁物語』（一九七七）で示された順番を入れ替え、映像の間接性を是正している。アイドル女子プロゴルファーれい子

（白木葉子）はそのマネージャー三宅（原田芳雄）のひき逃げをきっかけに、近所の主婦・加世（江波杏子）につけいれられる。れい子が差配するワイドショーに乱入され、果てにれい子の自宅は加世に導かれた近所の主婦たちの傍若無人で無内容、しかも性的羞恥を強いるパーティの場に変貌させられてしまう。ブニュエル『ビリディアナ』の浮浪者たちによる乱痴気場面のようだ。これはれい子にとって一種拷問のはずだが、もはや彼女は不感無覚に陥っている。この容赦のない、「地獄」の進展が大和屋的で素晴らしい。そうして最後、彼女の家が炎上する破局が描かれるのだが、このとき杏子の弟の幸福な姿を映しているテレビ受像機が焔にとり囲まれる。この場合、拷問とテレビ映像は前置―後置の順番をもち、テレビ映像は拷問の内実とは関われない。それを同時性と内実に置き換えたのが『蛇の道』だったといえるだろう。

紙幅の関係で、拉致された柳ユーレイの素晴らしさをここに詳細に再現することはできないが、下元史朗につづき柳が拉致されたあと、真犯人追究と同時にあるべき復讐のレールをアレゴリカルに脱線してゆく高橋脚本の発想力が見事だ。具体的には、結末の提示までは意図のわからない使嗾＝分断政策を、哀川＝新島が各人物におこなうのだ。このことで「運動アレゴリー」として作品前半に定着されていた哀川と香川の「双対性」が瓦解してゆく。圧縮させて綴ってみよう。

○哀川はブロック壁の前に縛りあげている下元・柳にこっそりという。犯人に復讐しようと躍起になる香川の偏狭な執着にはもう辟易している。誰か適当な真犯人を口裏合わせてデッチあげて一件を落着させよう。犯人への案内のとき機をみて二人を解放する。そこで下元・柳は適当な犠牲者として「有賀」を思いつく。○ところが哀川は、案内者は一人で充分として、シリンダーのなか弾丸を一発だけ籠めた銃を拘禁する二人の前に投げて二人に生死を競わせる。結果的にはそれで下元が落命した（ここは音だけの間接描写）。○「有賀」の居場所に向かう段で、生前の下元が嘘の居所を保身のため伝えていたと判明、用な

しになった柳が銃殺される。

○やくざたちの残党に再度探査が向かい、下元＝大槻邸に行くと（ここで冒頭と同じ場所、同じ手順が反復される）、下元と柳の失踪に関係しているとみなされた有賀＝翁華栄（彼の気弱さがまた見事だ）が浴室に監禁されている。哀川は彼を解放するが、このときこっそりという。香川はお前が有賀だとわかれば即座に殺す気だ。だから有賀の居所のわかる知り合いの振りをしろ――つまり哀川は、「お前は有賀じゃない」と有賀自身にいうのだ。裏事情を知らない香川はその設定を真に受ける。このあと、翁――「有賀じゃないという設定の有賀自身」に、有賀へ電話しろと哀川が香川の面前で命じたり、翁に「お前は誰だ？」と詰問したりして、人のアイデンティティに対する可笑的な嘲弄がおまけされる。奇異なのは、下元―柳―翁と、次々に加算されてゆく人脈に対し、香川が違和感を示さないことだ。というか彼らはみな旧知の仲だった。このとき「殺し→復讐」という営為が予定する外延性が、内包性や内部転覆へと位相替えされてゆく予感が生じるだろう。ここで哀川の動機が改めて不明になる。香川を助け、「代理報復」を念ずる俠者だったはずの哀川は真犯人の探索なしに真犯人探索をうわべでなぞっていることになり、彼にとっての真の標的が誰かはドラマのなかで宙吊りされ、それでも「活劇」が反復クレッシェンドしているという異様な事態が判明してゆくのだった。この時点で作品は、すでに当初の設定を何重にも転轍しかえている。

4――『殺しの烙印』の召喚

そうして作品のクライマックスに、具流八郎脚本（このときは大和屋竺と田中陽造が脚本執筆の中心だった）、鈴木

清順監督『殺しの烙印』(一九六七)のクライマックスが召喚されるのだが、手順は以下のようになる。黒沢映画のエンブレム「廃墟」が舞台。全体の石造性を、骸骨の眼窩を矩形に反転させたような窓が穿っている。内部連関はアクションの持続のなかで判明してくるとはいえ、迷宮性を解除されない。そこで殺し合うのは、一応は哀川＋香川の連合軍、大槻＝下元の愛人(「コメットさん」という通称をもつ彼女は、足が不自由で白杖をついているのみならず、さらに聾啞というハンディキャップも加算されている)とその弟と周囲の部下たちのはずだ。その対決の場に、手を後ろ手に縛られたままの有賀＝翁華栄も無責任に放生されている。彼ら全員は一体何を巡って闘うのか。香川は愛娘殺しの犯人・有賀がコメットさん一味のなかにいるだろうと信じ、その妄執でピストルをぶっ放し、やくざたちを次々撃ち殺す(作品の冒頭で臆病を刻印されていた彼は、いつの間にか、クリント・イーストウッド『許されざる者』(一九九二)で暗闇の力を吸い込み超越的な暴力主体に豹変するウィル・マニー〔イーストウッド自演〕のように、強靭化している)。「コメットさん」たちは下元を殺された報復行為を推進しているのだろうが、童女殺しに関わっての権益がわからない。そして哀川の意図がまるでわからない。だから廃墟内での殺し合いには復讐自体を自壊させる脱方向的な力が渦巻いていて、全体がアレゴリーになっている感触が生じてくる。これが『殺しの烙印』のクライマックス、それまで至近の相互監視で熾烈な耐久戦を演じてきた殺し屋序列Ｎｏ3の花田＝宍戸錠と、Ｎｏ1の大類＝南原宏治とが、とうとう照明の限定的な深夜の後楽園ジムで雌雄を決するときの徒労感と近い。

黒沢演出は素晴らしい銃撃アクションを連続させる。物陰を中心に「場所」が活かされているのだ。照明が暗いなか通路の縦構図を利用して長回しで示される見事な撃ち合いもある。しかもその廃墟はドラマ上も意図して選択されている。照明機材がなぜか残るそこには、ロングのシルエットで写されたことで細かくは形状不明の(拷問)機械の存在が暗示されてもいるのだ。どうやらそこは、香川の愛娘が殺された場所らしい。

そうして磁場性が増大してくる。やがて不気味なアクション主体だった「コメットさん」が、哀川に、薄い断面が鋭利な金属板を首筋に挟まれ、それを抜き取ったあとの大量出血でグラン・ギニョール的に死ぬ。白無垢のドレスが次第に血液の赤で染まってゆく様相が「美しい」[★17]。グラン・ギニョールについては高橋洋が次のように語っている。

〔…〕犯罪の泥沼に生きる人間たちを描きながら、そのおぞましさゆえに、ほとんど怪物の領域に近づいているような、そういうホラー的な犯罪映画〔…〕。「グラン・ギニョール」というんですが、それ自体は映画のジャンル名ではなく、もともと一九世紀のフランスに現れた、きわめて俗悪な、ワイドショー的な、猟奇演劇なんですね。実際に町場で起きた、痴情のもつれから情婦を殺したとか顔に硫酸をかけたとか、おぞましい人間の野獣性を暴き立てるような事件をすぐにお芝居にしたり、もちろん創作もあるわけですが、どこか歌舞伎の〝生世話〟に近いノリの大衆演劇だったんだろうなという感じがします。／「グラン・ギニョール」はフランス語で「大きな人形」という意味だそうです。大きな人形とはつまり人間のことで、この感覚が人間否定的な、まさにホラーの感覚なんですね。[★18]

「人形」が「人間」と二重化して、片方では「人形」を表し、片方では「人間」を表すというのが重要だ。脱境界性が磁場の正体だとわかるためだ。結果、高貴さが通俗性と手を結び、恐怖劇にはメロドラマが付着してくる。ところが『蛇の道』での冷徹な「復讐の寓意化＝脱方向化」構造は、メロドラマの次元から脱却し、一種の神格に接しているのだ。転換点がある。撃ち合いと走りに疲弊した香川が、ナム・ジュン・パイクのインスタレーションのように、モニターの積み上げられた空間にいつしか迷い込む。受像機群を背にしていると、

やがて電源が入る。おなじみ、香川の愛娘の公園での映像が数々ひとしく流れるが(同一性の増幅)、そこに例の死亡診断書の文言が「今度は哀川の声で」、「館内放送」され、エコーが不気味にかけられてゆく。ところが画面は黒味のあと見ず知らずの童女の映像に切り替わる。哀川の声。「俺の娘だ。ここで殺された」。この語りは半永久的に反復されるかのようだ。谺が場の空洞性を増加させる。まさに『殺しの烙印』で繰り返される宍戸錠の叫び、「Ｎｏ１は誰だ」のように音が虚無の広がりを擦過するのだ。

撃ち合いは終わった。哀川は死んでいる翁を香川に指し示し、「こいつが有賀だった」と事実提示する。香川はそれまで有賀以外を装っていた生前の翁を思い出して激昂、死体に弾丸が尽きるまで撃ち込みつづける。動顛したまま空音をカチャカチャいわせている香川に哀川が近づき、「気が済んだか？　残るはあんた一人だ」と告げ、もっていた棒で香川を気絶させる。ジャンプカット。今度は香川が廃工場のブロック壁の前に拘束されている。「最後の食事」を香川に差し出したのち、冷静に訊ねる。「あんたら、同じ商売をしてたんだろ？」。その「あんたら」を示すように、廃工場内に並べられた下元、柳、翁の死体が捉えられる。どこかメルヘン的だ。以下、高橋脚本を転用。

宮下「いや、俺は……。俺は販売を担当してただけだ。ビデオの中身だってよく知らなかったんだ！」
新島「(うなずく)あんたは売っただけだ」
宮下「俺だってあんたと同じ目に遭ったんだ。だから俺を助けてくれたんだろ？　一緒に仇を討ったんだろ？[★19]」

判明したのは以下のことだ——やくざがしのぎのためスナッフビデオを製作、地下ルートで販売してい

た。そのセールスマンが宮下＝香川だった。ビデオに撮る素材の調達は誘拐でまかなわれた。ところが「地獄の機械」[★20]の誤作動が起こり、セールスマン香川の実娘が死のビデオの撮影の犠牲になってしまった……。おそらく同業の製作者もいるのだろう。それら全部のため香川は手広く販路を確保しているのだろう。現実の死を見たい気味悪いマニアが一杯いるのだ。実娘が殺害されてしまった映像には、実際に手をかける者の姿が判明していないのだろう。手や性器や体のその他一部がそこに換喩的に出現しているだけだったのではないか。だから香川は犯人捜しに躍起になったのだろうが、あらかじめ当たりがおおむねついていたことになるし、機械をも駆使した幼女への惨たらしい強姦拷問致死はべつだん変態の仕業ではなく、仕事のクリシェだったという事後理解も生ずることになる。そうなると当初の設定は、ここでなかば瓦解に瀕してしまっているのだ。香川は終始、近接点を理解しながら、嫌疑の対象が入れ替わってゆく夢幻のなかにいたといったほうがいいかもしれない。

哀川は自分の愛娘のスナッフビデオを入手して、その内容を見た。香川の娘のそれに対しても同様だ。哀川は香川の眼前にテレビモニターを置き、ビデオをおそらく無限リピートにして香川を、防音の行き届いた廃工場内に放置する。ずっと作中待機を強いられていた、本当の「見させられることの（死に至る）拷問」がそうして完成する。その映像が開始される際の、非人称的な呼吸が怖い。対象である香川の娘ではなく、先の廃墟にあった、黒沢好みの（拷問）機械が、光の射し込む窓を背景とした逆光事物として、視界にゆるやかに近づいてくるのだ。粒子は荒れて、『CURE』に用いられた資料映像のように古色な感触がある。最後に板状の「何か」に幼女の影が映り、それを見た香川は発狂の徴候を滑稽に高めてゆく。なお、この映像の内容に関しては、高橋の脚本は何も指示していない。

この作品には不思議な「蛇足」というか、時間軸上の緩衝帯が、映画の描いた物語のあとにインサート的に

置かれる。それがラストシーンだった。歩いている香川が、遊歩道のペイヴメント上に蠟石で書き散らされた異様な分量の数式を見て怪訝となる。最初、香川の歩きが映されて、彼が廃工場での拷問から解放された「後日」が描かれだしたのかと錯覚するが、これは一旦作中でインサートされた短い回想シーンを別角度から捉えているものだと理解が生じてくる。そのフラッシュバックの設定は、フラッシュバックが嫌いといいつづけている黒沢への高橋の挑発だったかもしれない。やがて数式を見下ろして先を追ううち、現にペイヴメントにしゃがみこんで数式を書き進めている哀川と少女に香川は出会う。これまで言及してこなかったが、少女は哀川の数学教室で教師以上の答をひねりだす天才受講者。香川がペデラリスト的な視線でみつめた対象でもある。

先のインサートにも示されたように、これが哀川と香川の出会いの発端だった。先とちがうのは、眼鏡をした哀川が香川を冷徹に見る顔がアップで捉えられること。愛娘の死の関係者として当たりをつけ、その最初の出会いを哀川自身がセットしている感触が伝わってくる。だから哀川の香川を見やる視線が「神の視線」にみえるのだ。この別時間の補足は、『CURE』で萩原聖人扮する間宮の異常能力を、取り調べるうち増幅的に「継承してしまった」刑事・高部が、その後「世界」にどのような波及力をあたえるかを暗示的に付け足したラストシーンの作法と似ている。『蛇の道』では「発端」が、『CURE』では「事後」が付け足されたという差異があるだけなのだ。なお高橋脚本はラストシーンで、日常に帰った自転車の哀川が、作中初出の狂人に怒鳴られるという、全然ちがう、高橋的な結末をしるしていた。

5――「組織体」の不可能性

『蛇の道』と同時的に二本撮りされた『蜘蛛の瞳』についても簡単に言及しておこう。哀川翔は、「新島直巳」という同じ役名で登場する。彼は愛娘殺しの犯人として寺島進をすでに確保拘禁している。椅子にガムテープで固定した寺島を殴打する拷問。哀川は、寓話を語る。「パラシュートをつけて飛び降りた男は、パラシュートがないと気づき、恐怖で失神、その後ふと目をあけると、男は空を落ちつづけていた。もう気が狂うことも失神することもなかった」。これは微分時間上の「恐怖」の無限の引き延ばしだが、『蜘蛛の瞳』は「停滞」の無限の引き延ばしに似ている。停滞に倦んで気散じになり、ふと正気に返るとまだ停滞が続いているという時間の無限性＝夢幻性が奇異だし、恐ろしいのだ。寺島は開巻早々、あっさりと死に、『蛇の道』が全巻を通じて描こうとした主題は、開巻わずか十分程度で消化されてしまう。以後、同窓生だった岩松＝ダンカンが、自分の経営する「貿易商社」に哀川を誘い、ひたすら寓話的な物語、それも廃物のように精彩を欠いた物語が連続してゆくことになる。むろん西山洋市と黒沢が共同で脚本を書いた本作は、黒沢のフィルモグラフィ中、最もカフカ的な作品として珍重しなければならない。たとえば愛娘の不慮の死をひきずる妻の紀子＝中村久美と、新島＝哀川の以下のやりとりがある。シナリオ形式にして起こしてみよう。

新島　紀子、海外旅行にでも行かないか?／紀子　急に何よ。(笑う)／新島　お前、行きたがっていたじゃないか。／紀子　そりゃそうだけど…／新島　一か月、いや、一年、いや、もっとでもいい。／紀子　仕事どうするの?／新島　向うで働くさ。／紀子　それじゃ旅行じゃないじゃない。／哀川　そうだな。／紀子　考えとく。

前提の覆ってゆくこの論理進展は、カフカの書法を思わせる。カフカの箴言をひとつ引こう。

三種類ある——
自分を、なにか未知のものとして見つめること
見たということを忘れること
しかし、得たものは記憶にとどめること
あるいは二種類だけかもしれない、三番目は二番目を含むのだから。★21

哀川が働きだしたダンカン経営の自称「貿易商社」は、ダンカンのほかは前田＝梶原聡と、星＝阿部サダヲが顔を出すだけの所帯にすぎない。しかもこの会社には「仕事」らしき観念が存在しない。哀川は次々と出されてくる「貿易関係」の書類の指定位置にただ盲判を捺すだけだが、この動作反復はエルンスト・ブロッホとベンヤミンがプーシュキンから採集した寓話「ポチョムキン（の署名）」を想起させる。気鬱を病んだポチョムキン公が公務を放棄、緊急書類の署名もしてくれなかったが、出世欲のつよい若い役人ペチュコフが公の部屋に勇躍入っていって、緊急書類の束を突きつける。すると案に相違して、公はすらすらと署名を続けてゆく。安堵したが、書類をいざ手にすると、すべて署名は「ポチョムキン」ではなく「ペチュコフ」と書かれていた…というものだ。★22

「仕事」は空転しつづける。阿部サダヲは「仕事」と称しがらんどうの社屋空間（二間の仕切りにある小広間に、階下から昇ってくる階段がつながっている空間構造が面白い）でローラースケートの練習に励んでいるし、やがて社

員四人の共同仕事が美人局にすぎないという怪しげな判明も続く。しかも美人局の囮となっているミキ＝佐倉萠は、ダンカンの愛人っぽい。哀川はそのうち弁護士然とした依田＝大杉漣に書類を定期的に届ける役回りとなるが、「岩松（ダンカン）に関するレポート」の提出を唐突にもとめられ、友人を売るか否かの葛藤に直面させられる。ダンカンが暴力団・金政会と交際のあることをどうすべきかわからないのだ。提出を滞っていると、歩道をゆく哀川に沿って道路で奇妙な動きをするクルマに乗った大杉から檄を飛ばされる。「自分のことを考えるな、相手のことも考えるな、全体を考えろ」。これはほとんどカフカの箴言のようだ。やがて哀川は「トップに会わせる」と大杉にいわれ、日沼＝菅田俊のところへ連れ出される。菅田は断崖のある僻地に事務所を構え、日がなカンブリア紀の化石の採取にいそしむ世捨て人のような男だが、哀川の献身を気に入り、「金政会会長を殺れ」という指示を出す。金政会会長は僧形の諏訪太朗。森林の路上に張り込んでいた貿易会社の面々は、諏訪をクルマから引きずり降ろし、最終的に銃弾を撃ち込む。ところが殺されたのが替え玉だったと判明、それがダンカンの事前通牒によるものだったとみなされ、今度は菅田から、ダンカンを殺れの指示が飛ぶ……。

玉ねぎの皮を次々剝いてゆくようなストーリー作法なのだが、核心や緊張に全く至らない。「復讐の寓意化」はここでは復讐の事後に、その当事者を迷宮が襲うかたちに退却してはしまう。むろんこうした復讐の脱臼は、復讐をとりあえず正統的に捉えた高橋脚本『復讐　運命の訪問者』のあと、復讐貫徹者の事後の停滞をほとんど脱物語的に綴った『復讐　消えない傷痕』が撮られた前例と同じだ。『蛇の道』で抑え切った色調と長回しの驚異的な運動神経で緊張感を見事に貫いていた田村正毅の撮影も、コメディタッチが苦手という属性が祟ったか、やたら俯瞰を繰り返す、長回しの形骸化に陥っている。ところがそうしたことどもが「組織体」の不可能性という主題を引き寄せているのも確かなのだ。最後にカフカとベンヤミンを引いておこう。

ほんとうに判断を下せるのは党派だけである。しかし党派である以上、党派は判断を下すことはできない。そのためにこの世には判断の可能性はない、あるのはただそのほのかな照り返しだけである。★23

党派に加わることのできない者は、沈黙せねばならない。★24

［註］

★01——高橋洋『地獄は実在する——高橋洋恐怖劇傑作選』(幻戯書房、二〇一八、九〇～九一頁)

★02——序章前掲『映像のカリスマ』三一四頁

★03——「双対性」は、役所広司演ずる早崎が自分のダブル(役所の二役)と善悪をめぐってもつれあうように対決を繰り返し、最後には乗っ取りが暗示される黒沢『ドッペルゲンガー』(二〇〇二)にもむろん適用できる。ただし娯楽映画のクリシェを意識し細部的エンブレムを豊かに盛り込んだ同作よりも、殺伐とした本作のほうが、双対性の概念的純度が高い気がする。

★04——高橋前掲書九五頁

★05——大和屋竺『大和屋竺ダイナマイト傑作選・荒野のダッチワイフ』(高橋洋・塩田明彦・井川耕一郎編、フィルムアート社、一九九四)

★06——大和屋竺『悪魔にゆだねよ』(荒井晴彦・竹内銃一郎・福間健二編、ワイズ出版、一九九四、四一～四九頁)

★07——『魯迅文集2』(竹内好訳、ちくま文庫、二〇〇九)参照。集中の『故事新編』に「鋳剣」は「剣を鍛える話」として収録。

★08——温かく笑いのめしてであるが、黒沢は高橋脚本の過剰な文学性、さらには異常性の全面化について警戒している。《『蛇の道』でも、足が悪くて口もきけないけども、杖には刀を仕込んである女とかが出てくるんですよ。やめてよ、そういう人(笑)。せむし男とかも大好きで、隙あらば出そうとするのですが、何とか思い止まってもらってます。高橋くんが脚本を書いた映画は彼の色が強く出ますし、あそこまでひどい人間ばかり出てくる話は僕も考えることができません。》(一章前掲『黒沢清の映画術』一七九頁)。

★09——高橋前掲書九七頁には哀川の「それじゃゼロと無限大が等しいってことになるぞ。おまえ怖いこと書くよなァ」という科白が書かれている。

★10——序章前掲『恐怖の対談』六九～七〇頁。会話中のタイトルはビデオ題から映画題に戻した。なおこの黒沢の発言はとりわけ『地獄の

警備員』(一九九一)の「怪物」として出現した「富士丸」＝松重豊と交響している感触がある。

★11――エルンスト・ブロッホ『未知への痕跡』(菅谷規矩雄訳、イザラ書房、一九六九、一七八頁)

★12――フランツ・カフカ『夢・アフォリズム・詩』(吉田仙太郎編訳、平凡社ライブラリー、一九九六、八五頁)

★13――同一二四頁

★14――同一四二頁

★15――前掲『大和屋竺ダイナマイト傑作選・荒野のダッチワイフ』一三〇～一三一頁

★16――スラヴォイ・ジジェク『斜めから見る――大衆文化を通してラカン理論へ』(鈴木晶訳、青土社、一九九五)

★17――高橋脚本の指定は以下のようなものだった。ト書を抜いておく。《新島はギョッとなった。反対側から女の白刃が迫っていた。／間一髪かわし、道具類の上に倒れ込む。手に触れた大型鋏で振り下ろされた白刃をはねのける。／バランスを崩した女の首に新島の突き出した大型鋏が迫り、ドッとバケツでブチまけたような血潮が壁に飛び散った。／血の海の中で女の足が壊れた人形のように動いている。》(前掲『地獄は実在する』一二八頁)。このト書と実際の黒沢の演出の差から、二人のグラン・ギニョールへの指向の違いがみてとれるだろう。金属板というあられもなく即物的な物質性と、大鋏という運命を断ち切る寓意性満開のエンブレム。黒沢は文学的負荷のかかっていないものこそを映画機能に用いる。

★18――高橋洋『映画の魔』(青土社、二〇〇四、一一三頁)

★19――前掲『地獄は実在する』一二九頁

★20――高橋洋は以下のように書きつけている。《私なりに定義すれば悲劇とは：／「人間を破局へと追い込む構造をもつこと。／悪役が不在であること(悪役とは典型的なメロドラマのキャラクターだ)。／コクトーの言葉を借りれば、世界を〝地獄の機械〟として見る認識に立っていること」》(前掲『映画の魔』一三六頁)。

★21――前掲『夢・アフォリズム・詩』一〇六頁

★22――前掲ブロッホ『未知への痕跡』一四八～一四九頁、序章前掲『ベンヤミン・コレクション2』一〇八～一一〇頁。同工異曲だが、役人の固有名詞はブロッホ版に従った。

★23――前掲『夢・アフォリズム・詩』一〇二～一〇三頁

★24――ヴァルター・ベンヤミン「一方通行路」久保哲司訳(『ベンヤミン・コレクション3　記憶への旅』浅井健二郎編訳、ちくま学芸文庫、一九九七、六二頁)

第二章　罹患と留保　『CURE』

1――犠牲者の生成

映画は、おもに人物たちの関係性の変化、作用／被作用などを物語に載せて語りながら、一方でそれ自体が物神的な波及力をもつ。[★01]描写のつくりあげている一種の平衡がとつぜん潰れ、映像そのものの波及力がじかに観客を襲うとき、他の観客と場を共有しているはずなのに、観客は自らの孤独＝個別性を、暴力的な何かで侵食されるのだ。映像に「罹患」するといってもいいし、映像展開の湛える病理性が伝染るといってもいい。黒沢清は学童期に観た、ハマープロの『妖女ゴーゴン』（テレンス・フィッシャー監督、一九六三）から受けたトラウマを篠崎誠にこう語っている。

僕が映画館で見たのは、まだ小さいころでしたけど、本当に、やめてくれと思いましたね。ゴーゴンの顔を見たら、そのあまりの恐ろしさゆえ石になるというのが最初から強烈に振られていて、それがずっと引っかかってるわけですよ。遠くにしかいないんですけどね。で最後、ドカーンとアップになるんですよ。石になるじゃないか！　そんなのありかよ！（笑）倫理的に言っても、それはさすがに観客に対してはやらないだろうと、子供心に思っていたんですよ。ものすごく動揺した記憶がありますね。だから、見終わって、自分はもうだめだ、だんだん石になっていくんだって。ほんと怖かったですよ［…］。[★02]

ゴーゴンの恐ろしい形相がそれを見た者を石にしてきたそれまでの劇中の展開が、最後、方向を変え、じかに観客を直撃、人生に尾を引く罹患恐怖が起きた、とされている。おそらく黒沢はこの学童期のトラウマ

を自らの脚本になる『CURE』を発想するにあたり遠く想起していたのではないか。

『CURE』はおおまかにいえば次のように恐怖を生起させる。まったく人脈のつながらない殺人事件が群発するが、発見された被害者の死体はすべて鎖骨周辺を（首筋から胸部上方まで）刃物で大きく深くX字に切り裂かれていて、手口には連続性がある。その無惨な切り裂きが失血死を導いてもいる。手口の連続性の誘因は何か。それは当初、警察にまったく摑めない。それぞれの犯人はほぼ難なく逮捕されている。（徐々にわかることだが）取り調べると彼らは殺した事実を記憶しているが、動機がみな曖昧にみえる。殺された相手は犯行者にとって偶有性の高い者もふくむが、最愛の者、仲のよかった同僚もいる。つまり手口に連続性があっても、群発性には脈略のなさも露わなのだ。

多くの犯罪映画では警察の捜査過程に、回想も組み入れて、殺人に関わる真相が描かれだすが、『CURE』の叙法はとても巧みだった。殺人の勃発を画面展開に直接化する一方で、犯行を導いている謎めいた第三者の実際をもシーンバックさせているのだ。「実際」とよばれるものは明らかに観客が朧げに知る「催眠術」の徴候をもっている。しかもその施術者は直前の記憶すら保てない「記憶障碍者」のように一見思える。いわば表情を刻む自己の基底材が障碍により損壊されているのだから、彼——やがて「間宮」と名前の判明してゆくこのぼんやりとした細目の催眠暗示者＝萩原聖人には凶悪事件の教唆犯めいたあくどさが全く欠けている。動物的な脱力の気配、もしくは空無の気配こそ色濃いのだ。

こう綴って『CURE』の悪辣さが整理できるだろう。二つの系列が織り合わされている。A 衝撃的で陰惨な、諸事件の具体的な勃発相。これで観客の身体が覚醒する。B 諸事件を導いているらしい萩原による「誘惑」の現前化。ところがその提示が大きな流れでは「段階的に」全貌判明へ向かうような方向性をもつ。たえず先にあった詳細に何かが小出しに加算されるのだ。よって単なる反復ではない。これこそが観客の「注

意力」を点火する。むろん恐怖を満喫しようと観客の注意力が全開してゆくのがホラーだ。もともとホラーというジャンルはその意味で心理学を悪用しているが、心理学の具体的な「材料」が曖昧さとしてこの作品には露出しているのだ。「だから」観客は、詳細に描かれる——しかも換喩的な部分たることを離れない——萩原の施術に興味を導かれ、その施術自体に自身が積極的に「罹患」してゆくことになる。換言すれば観客はこの映画にわくわくしながら、同時に犠牲者へと生成されるのだ。振り返ってみよう。

　アヴァンタイトルは、一人の女（のちに詳述する）の精神治療の光景ののち、やがて桑野という名前が作中で判明する一人の平凡な勤め人ふうの男＝螢雪二朗に訪れる異変を、これ以上ないというほどの素早い語り（換喩的なショットのつなぎ）で開陳しはじめる。天井の低い、古い高架下の歩道を歩く螢は、側壁に露出していた水道管を外す。薄暗いラヴホテル内。セックスをベッドで待ち構えている裸の女の頭部を、ロングのシルエットになっている裸の男が打撃する。予備動作もない、躊躇のなさが際立つ。[★03]数回の殴打があったのち、先刻の水道管が床に投げ出されるショットが後置するので、犯行者が螢だと理解が生ずる。その後は時制が飛躍し、浴室のシャワーカーテン越しに、肌に付いた血を洗い流している螢らしい人影が捉えられ、カメラがティルトダウンすると半透明のビニールカーテンの表面を大量の血液が流れ落ちている。水道管↓水道管の同物つなぎは、血液の赤↓警察車両の赤色灯の同色つなぎに変わり、サイレン音を鳴らし現場に急行するらしい刑事・高部＝役所広司の運転席の姿が捉えられる。その役所の片頬を掠めるように、[★04]縦にタイトル「CURE」の文字が排列される。

　刑事と警官が数多く配置されるなか捜査が開始されている。役所もいる。被害者はデリバリーヘルスの女。奇異なことがある。殺害に及んだ者は衣服の全てを部屋に置き残し、しかも当人が「桑野一郎」と身元の割れる免許証まで上着のポケットの財布に残しているのだ。迂闊すぎるし、今いない犯行後の犯人は裸で逃

走していることになる。殺された女は、鎖骨あたりに大きくX字の傷がえぐられベッド上で大量出血している。捜査をラヴホテル外部に広げようとした矢先、役所はふと気になって、廊下にあるパイプシャフトの扉をあける。中には体育座りで身を縮め、扉の開かれた方向を怯えきって窺う裸の螢がいた。映画で具体化される犯行はこれが最初だが、観客は犯行の「質」を転写される。犯行渦中の躊躇のなさ、犯行後の夢遊病性、それでも「仕出かしたことへの慚愧や恐怖」から離れられない「犯人」の自意識——パイプシャフトの中の螢の惨めな姿は、これら折り合えないものを同時共存させていて、直ちに観客に「謎」を残す。上々のツカミだ。場所が署内に移ると、役所の友人で犯罪学を専門とする大学教授・佐久間＝うじきつよしが、螢の取り調べ映像を検分しているが、反応・動作等から「異常なし」「(犯人は)魔がさしただけ」と結論を出す。

2——白里海岸、さっき、いつ？

『CURE』が途轍もない「運動アレゴリー」を惹起するのはこののちだ。砂丘。一画角から捉えられた砂丘を雲の影がよぎる。★05 砂上には座る膝にスケッチブックか何かを広げている小学校教師の花岡＝戸田昌宏がいて、その雲の影を見た当人、という見立てでカットつなぎがおこなわれている。すると次のカット、先刻雲の影の流れた同方向・同距離と思われる砂上に、雲の影の代わりのように萩原聖人がいて、空無から生じた彼の来歴が暗示される。存在の曖昧さは逆光構図、ロング、後ろ姿で多重化されている。この後、運動アレゴリーは萩原、戸田の動きに従ったり、従ったりしない長回しの横移動を組織することになるが、萩原がつくりあげる「不可視の誘惑」に導かれ、戸田が動き、カメラの動きがそれに「ほぼ」同調してゆく。★06 この一連で間宮＝萩原の「記憶障碍」が伝達される。花岡＝戸田とやりとりされる科白の抜粋だけでもそれは示しうるだ

ろう。記号付加をして抜き書きする。

A間宮「ここどこだろう」／花岡「白里海岸でしょ」／【…】／間宮「どこだっけ」／花岡「白里海岸です」／間宮「どこ?」／B花岡「千葉の白里海岸です」／C間宮「白里海岸……それ、どこ?」／D花岡「どちらに行かれるんですか?」／間宮「いや…」／【…】／E間宮「きょう何日?」／花岡「一月二十六日です」／F間宮「ここどこ?」／花岡「それ、さっき言いましたよ」／G間宮「さっき? いつ?」／花岡「会ったじゃないですか、そこで〔後ろを指さす〕」／H間宮「あのさあ、俺、誰だか知ってる?」／I花岡「え?」／間宮「わからないんだよ、俺、誰だろう」／花岡「それって…」／〔間宮、気絶したかのようにへたりこむ〕／〔だが気絶していなかった〕間宮「助けてよ。頼むよ。俺、なんにも思い出せないんだ」

【…】で示したところが、俳優の移動動作によってやりとりに間ができる箇所、それ以外が約言すれば連続的にやりとりの応酬される箇所だ。まずはこの二分された系列により、リズムの脱臼=シンコペーションが起こるが、【…】の介在は、事前になされたやりとりを宙吊りにさせ、観客に事前の奇妙な響きを反芻させる余得を生む。そのことがすでに催眠効果をもっているのだ。Aの間宮=萩原の質問は、「今に至る直前までの蓄積の無化」あるいは「漂泊の果て」をしるす、位置的には一種絶頂にある感慨のはずだが、むろん萩原の危機感のない日常的な口跡により、そうは響かない。だから戸田は質問内容を単に常識的に捉え、常識的に「白里海岸」の名を出す。大方はそれで納得に導かれるが、さらに萩原の「どこ?」という反復が生じ、通常はありえないその同語性にまだ辟易とはせず、固有名=白里海岸の帰属先=千葉を加算することで「どこ?」を具体化しようと戸田は努める。このときC「白里海岸……それ、どこ?」の問いが出る。これはのちに大杉漣

演じる「藤原本部長」自身に、萩原が問う「藤原本部長、あんたは誰だ?」と同じ構造の疑問文だ。問いのなかに答が露出しているから、返答が本質的に不可能なのだ。★07無意識にそれに気づいても、今いる土地の広がりに関わる大前提を萩原が理解していないと考えなおした戸田は、質問の方向性を変えるべく、やりとり中で唯一の質問D「どちらに行かれるんですか?」を萩原に発するのだが、それは続く「いや…」さらに【…】で中空に分解させられてしまう。萩原に「今」だけがあって「過去」も「未来」も蒸散しているからDに答えられないという第一観が生ずるだろうが、反面、質問に対して質問を返すことが対話の隠された闘争的本質であること、それを萩原が狡猾に隠蔽したとも、作品を反復的に観てゆくと理解できる。

質問に対して何かを答えた者が、ふたたび同じ質問を受けるならば、起こる反応は「唖然」「怒り」「無駄に対する経済性の恢復要請」、さらには「自分自身の無力性の納得」ひいては「自己無化の強制」ということになるだろう。つまりそれは感情的反応の閾を超えると、自己同一性の崩壊にもつながる契機なのだ(むろんドラマ的には萩原が直前の記憶すらも保持できない障碍者だという理解が濃くなってはゆくが)。萩原のF「ここどこ?」にはそんな機能が帯びさせられているが、問題はE「きょうは何日?」が前置されている点だ。E—Fは複合されて界面の歪んだ「きょうはどこ?」というさらに答えられない質問を暗に形成する。G「さっき? いつ?」もこの文脈に置ける。まずは「さっき」という言葉で、永遠に持続しているはずの時間を分割的に空間化することへの、ベルクソン的な嫌悪が滲む。同時に、もうなくなった時間は別にして、「さっき」と認識できる時間のすべてが「今」なのであって、「今」の貪欲な包摂力を前に、人は時間の差異を語ることができないのではないかという圧力まで★08迫ってくる。「さっき、いつ?」は文字通りに補えば、「さっきとは、果たして〝いつ〟と名指しできる時間でありうるのか?(*つまり時間とはのちに出てくる「伯楽陶二郎」の肖像のように、のっぺらぼうの脱連続なのではないか)」という突き上げまで含んでいると邪推されてしまう。のちにしるすように、萩原の「記

憶障碍」が真実なのか詐病なのか確定できないのと同様に、ここでの萩原の発語の奥行きもまた測定ができない。それでもC、F、Gのような、ヴィトゲンシュタイン的な本質認識に逆戻りさせる発語の奥行きが、萩原の「記憶障碍」の現状を間接的にしるす言葉にひそかに広がっていて、これが間合いではなく、意味の上での脱臼、シンコペーションをつくりあげるのだ。何気なく言われたことが深くはないかと、発話を聴いた人はひそかにつんのめる。そうして安定的な自己内の座標軸を失う。★09

I「え?」の瞬間に、萩原と戸田は見合う。この「見合い」は作品ののちの部分では長回し終了後の緊迫した切り返しとなるが、ここではまだその導入は早計だと黒沢は知っている(先走りして大雑把に書くと、長回しの果てに相手のアイデンティティを砕いて不安を与えたタイミングで、「俺、あんたのことが知りたい」と萩原は言い、そこで焰や水音や水の領域進展を催眠術に利用する様が描かれる——このとき急に用いられだした切り返しが、脈動性、動物性、さらには不安を前面化させる)。この砂丘のシーンでは「記憶障碍」への納得という帰着が起きる。だが幾度も作品を観返すとそんな素朴な感慨だけでは収まらない。ここでは時間の「失調」の諸様相——「反復と前提消滅」「反復と脱力」「反復と催眠性」「反復と、いつの間にかの破局への踏み出し」「連続の現前と、連続の不可能」「群発性それ自体の魅惑」「唐突がその中に延長を含んでいる一方で、延長がその中に唐突を含んでいること」といった、『CURE』のもつ時間性の魔的な魅惑が、予告的に——かつ一挙に展覧されていて、しかもそれが砂丘という「空間の空虚」と併せられていると気づかされるのだ。

戸田が萩原の様子を心配して、自宅に招じ入れたあとの詳細については記述を簡略化しておこう。萩原が着ていたコートにクリーニング屋が付けた名札から、その名が「間宮」と推察されること、その段階でも直前に相互了解して語られていた戸田の奥さんを「誰?」と言ったり、仮にであっても「間宮」と、確定を一旦受けた呼び名を忘れて萩原が不意に無反応になったり、といった萩原の記憶障碍の描写が重ねられる。萩原の挙

動は対話の最中に、より暗いほうに移動してしゃがみこむ、不審で脱力的な身振りを繰り返す。ところが最終的に、観客のそれまでの理解にさえ亀裂が与えられる。萩原「奥さん、何してるの?」。戸田「何もしてません。単なる主婦ですよ」。萩原「誰が?」。戸田「僕の妻ですよ」。（間——ソファーから上体をやや起こし）萩原「ああ、ピンクのネグリジェの女か」。戸田「（ギョッとする）見てたんですか」。萩原「俺には何も思い出せない。思い出すのはあんただ」。妻のネグリジェ姿を赤の他人に見られること自体が気恥しいが、問題はそれまでの前提となっていた「直前記憶の蒸発」という萩原の障碍が突然ここで覆されていることだ。だから戸田はギョッとした。この感情の生起の瞬間、それまでいかに家屋内を移動しようと、なるだけ二人込みで相互の動きの関係性を捉えていた長回しが途絶する。切り返しが始まり、それがリズム的緊張の徴となる。萩原が不意に灯したライターの焰ナメの戸田の顔アップが出現してから、以後は「戸田の顔／萩原の顔」「戸田の顔／ライターの焰」この二つの切り返しで手早くリズムが織りなされ、戸田の顔が映るたびにその眼は眠気と動揺、この二つのあいだで定まりを欠いてくる。萩原「ねえ、奥さんの話、もっと聞かせて」。戸田が凝視しているのは萩原のもつライターの焰だ。けれどもそれは意識されない凝視、凝視の実質を欠く凝視と思える。なぜそうなるのか。じつは凝視は戸田の固有性ではなく、少なくとも萩原と戸田との関係性のなかにこそ出現しているためだ。

「凝視」〔…〕はラカンにおいては主体が対象を見つめることではなく、対象の側が主体を見つめることであると理解されている。眼が主体の側にではなく、対象の側に在るという考え方である。この問題については、ミシェル・テヴォーが『不実な鏡』（岡田温司訳、人文書院、一九九九）のなかで論じている凝視論が注目に値する。「眼、すなわち明瞭で注意深く、焦点の合った視覚の身体器官とは対照的に、

凝視は視的欲動の対象aとして定義される。すなわちそれは、欲望の機能のうちに組み込まれ、〈大文字の他者L'Autre〉の場から光を放射する」（八頁）。要するにテヴォーは、「凝視」が「大文字の他者」の凝視であることを確認している。★10

萩原に何かの磁気を伝導された戸田の顛末は、「時間の失調」を描く本作では衝撃的な簡潔さで描かれる。それまで映画には登場してこなかった、周囲が農地の一家建ての外観。その二階からガラスの破裂音とともに唐突にロングの人影が飛び出してくる。前提がないその投身の動きの印象は、映画内の時間それ自体を打ち破った禁忌にみえる（速すぎるのだが、リチャード・フライシャー的な速さともいえる）。割れた窓ガラスから見下ろされた農地の広がり。草地に腹這いのパジャマ姿で死んでいるか気を失っている戸田。先の窓ガラス越しの構図は、カメラが手前に引いてゆくと、枕が二つ並んだ夫婦用ダブルベッドが視野に入ってきて、その空中に、破れた寝具から散乱した羽毛が余波にゆれておびただしく舞っている。すでにベッドのシーツに着地しているそれらは、大量の血液でわだかまっている（あるべき戸田の妻の死体が描写されず、ベッドのシーツに捉えられるのは、おが屑や削り節状の無秩序と粘液の合体した、それ自体は判明性の低い何か──「意味のゴミ」★11のようなものだ）。

萩原の動物的な磁気に引き寄せられて、次の催眠暗示殺人に走るのは、街なかの交番で実直に勤め上げているベテラン警官・大井田＝でんでんだった。彼は自転車で町内を巡邏中、廃墟化した建物の屋根にぼんやり座っているコート姿の人影をロングで見る（この奇妙な建物をよくロケハンで探し出したものだ──二棟並ぶ、車庫を意図した、古びた一階のコンリート建造物の屋上に、二階建ての木造の小屋状のものが奇妙に建て増しされていて、今述べた「階数」の取り合わせをありえないと感じさせる）。でんでんは危険を言い、一階の屋上部分に駆けのぼり、木造の小屋の屋根へさらに上ろうと脚立の下まで来ると、またもや画面左を掠めるようにして落下＝投身があっ

さり起こる。しかし自殺念慮があったのかは不問にされる。ジャンプカットで交番の様相が汚れたガラス窓越しに写されると、後ろ向きながら「こちら側」にやや振り返る萩原聖人の姿が収められ、三階の高さから落下しても死なない萩原の、存在の本質的な稀薄さだけが印象づけられるためだ(その前、戸田にとっても投身が死を結果していない事実が示された)。同僚警官が定期巡邏で交番を出てからは、でんでんと萩原だけの空間となる。「交番」「お巡りさん」「自分がここに来た理由」の記憶を定着できない萩原に対しては取調べもお手上げらしく、それが却って交番内に奇妙な安堵の雰囲気をもたらしている。それで禁煙のはずの交番内で煙草をともに吸う展開となり——やがてライターを再度使った催眠暗示が起こる。二人込みの関係性を捉えていた長回しはまたもや突然、火を使っている萩原、瞼が重くなってくるでんでん、その切り返しになるが、そこにさほどの映画的な智慧が込められているわけではない。ただしでんでんの行動の全てに奇妙な「間」があって、彼の生きているのが空間ではなく、すでに抽象的な停滞のなかだという印象がもちあがる。

でんでんの凄みが伝わってくるのは幾つかのシーンを置いたのちだ。「停滞」が練磨されるのだ。無線電話機の充電終了が示されているのか、まずは小さな緑色の光が「点滅」する。それを見届けたでんでんは画面手前、ピントから外れている。窮屈な構図。疎外的な狭さの中で疎外的に「オブスキュア」になったでんでんの非実体性、「別のもの(アレゴリー)」への移行が静かにしるされている。ややあって交番の全景を捉える平穏なフィックスに変わる。同僚は区役所に届ける書類を、でんでんに言われた場所に見つけ今しも自転車に乗ろうとしている。でんでんは掲示板にポスターを貼っている。連続動作で、でんでんは交番前に置いていたゴミの袋を交番脇のゴミ入れに入れ、一回、空を見上げたあと、書類の最終点検をしている同僚を、やおら取り出した拳銃で背後から躊躇なく撃つ。ここに示されているのは「時間が停滞したままなのに」「唐突な椿事が同時に起こっている」変調だ。のっぺりしているのにそこに皺が走って褶曲が起こっているような要約

不能の時空。その時空を意識するとそこにいる人間が脱人間化する。その動力になっているのが、でんでんの仕種全般を侵食している奇妙な「間」だという点もみてとれるだろう。でんでんは同僚の死体を無感情に見下ろしたあと、交番奥へと戻り、おそらく同僚の死体の鎖骨付近にX字を描こうと果物ナイフを手にしてくる。だがそれをふたたび交番の奥へ置きに戻って、再度前面に出てきて同僚の死体を交番奥へと引きずりはじめる。全て感情のない散文的な動作ながら、誰にも邪魔されずにX字の切り込みを貫徹しようとのみ考える冷徹さが伝わってくる。それらがフィックスの長回しで捉えられるのだ。★12

3——中にあったものが外にある

観客が間宮＝萩原の催眠暗示に最も「罹患」するのが、病院勤務の内科医師・宮島＝洞口依子にそれが施されるくだりだろう。女医の洞口には男性患者のリンパ腺の腫れを調べるために躊躇なくズボン下ろしを依頼するシーンが、萩原には飛び降りが原因の捻挫を治療するため病院に収容されていると示すシーン（萩原を病院に連れていったのがでんでんだったと後に説明される）がそれぞれ前置されている。戸田を取調べた室内もがらんどう感が強かったが、この洞口の診察室も水色のタイルに壁を覆われた「別の空間」が診察室とアレゴリカルに見立てられている。それらしくするために診察台と机と若干の計測器が置かれ、たぶんもともとあった洗面スペースやシンクが利用されているだけなのだ。その広さにより、俳優の移動のスケールが大きくなり、「時間」がそこに付帯的に生産されることになる。

以下は長回し。まずは洞口と萩原の位置関係がそのまま捉えられる。洞口は診断書を書くため、丸椅子に座る萩原に背を向けている。これは洞口—萩原の体や視線の方向変化に強度をあたえるための演出的配慮。

外科的診断にはさほど問題がないと洞口は間宮に伝える。萩原の記憶障碍についても知っていて、精神科のある病院への、翌日からの転院をもとめている。そして興味本位からか訊く。以下二人の見つめ合ってのやりとり。「ねえ、昔のこと、どこまで憶えてるの?」「先生と喋ってる。それだけかな」「不安は?」「不安?何の不安?」「結構落ち着いてるね」。洞口は立ち上がり、蛇口のあるシンクの前まで行くが、このとき不穏な逆転が起こる。「不安はあんたのほうにある」。先にパンしていたカメラはフレーム内に洞口しか捉えておらず、その単純な孤独の形状により、彼女の映像的立脚が確かに不安になっているのだ。「え?」と怪訝になるものの(敬称抜きの「あんた」を聴き間違えと考えたのだろうか)、当初洞口は問題にしない。萩原の前に戻ってくる様子がパンで捉えられ、再び二人画面になる。洞口は診断書を完成させるためか萩原に背を向けているが、萩原のもとめた喫煙許可をここは禁煙と跳ね返したのち、「間をおいて」(=それは効果が浸透する時間を暗示する)「あたしのほうにある不安って何のこと?」と自問気味に言う。気をつけよう、一つの断言が別の人間に言い換えられて人称が「あんた」から「あたし」に変化、強圧性が除去されてしまっていることに、洞口自身気づいていないのだ。それに対し、間を置いて「忘れた」と萩原は言い、問題は「記憶障碍」に再還元されてしまう。

萩原は「水…」と言い、シンクの前に辿り着く。カメラはパンする。先のくだりではシンク前の洞口の一人画面が形成されたのに、今度は二人が離れた位置で互いに背を向け天秤皿のように釣り合っている。相互の「あいだ」の空白化こそが迫り来る破局の前段なのだ。萩原はそこにあったコップに蛇口から水を注ぐ。その音。洞口が振り向く。観客は緊張する。光のゆれや明滅で催眠暗示が突破口を開いたのなら、音もその機能をもつだろう。振り向くことは禁忌なのだ。オルフェが振り向いて冥府にいる妻エウリディケを塩の柱にしてしまったように。ちょろちょろという水音だけが流れ、それを離れた位置から洞口が振り返って見つめて

いる。関係性の緊張。蛇口を閉じる音。ここで萩原は決定的な科白を言うのだが、それは後述しよう。洞口は椅子を回し、体全体を萩原の方向に向けている。萩原が科白を言い終えた瞬間、水を湛えたコップを倒し、石とガラスの触れる鋭く硬い音がする。それまでの静かさを破る音量の大きさがそのままショック効果となる。

長回しが終わる。倒れたコップを手前に、水の流れだすゆかを奥行きに置いた小さなスケールの俯瞰縦構図。ゆかを水が伝い流れ、舌を伸ばしてゆくようなその水の動物的・霊的な運動性と、洞口のどこか意識の弱まった顔との切り返しが連続されてゆく。水の領域進展自体の不安。ふと萩原自身に眼を向けようとしても、萩原の「見ないで」の声に従うしかない。床を移動してゆく水を視ている洞口の俯きがち、夢想的・反省的・弱体的・催眠的な顔が捉えられる。「今度は先生の話、聞かせてよ」。その誘いに、もう洞口は抗うことができない。視覚にあって罹患の動因は、距離と光だった。聴覚にあっては間歇性と刺戟音が先行し、それを何らかの伸張が後押しするようだ。洞口が体験した「丸ごと」を、観客自身も緊張感を湛えたカッティング変転により体験している。洞口が罹患すれば、観客も同時に催眠暗示に罹るだろう。ここでは画面の視聴覚性、変転の呼吸、洞口の示す表情、それらが全て観客側の罹患の誘導要因になっている。『CURE』屈指のくだりのひとつだ。

「音」のほうが、「世界」構造の計測不能性をさらに深化させるのだ。なぜならそれは、視覚的表層性の根拠まで虫の息の「弱さ」でゆるがすためだ。このくだりで水音、コップの倒れる音は端緒として使われ、のちには水が領域伸長しているのに「その音がない」という聴覚上の異変こそが「音」になっている。音こそが矛盾を飲み込むのだ。カフカの表現を拾ってみよう。

巣穴の中は静寂でなければならない。もっとも、いま問題の雑音は比較的、罪のない部類のもので、戻ってきたときその時点で音がすでに存在していたことは確かなのだが、私は気づかず、巣穴にまた、すっかり馴染んでからようやく聞こえ始めた。それは自分の仕事を日々怠らぬ住居所有者の耳にのみ聞こえる音なのだ。しかもそうした音の常として、絶え間なく聞こえているかというと、そんなことはなくて、大きな休みが間に入る。それは明らかに気流がせかれるための現象だろう。★13

時折、雑音は消えた、と思うのは、けっこう長く音が止まることがあるからで、それにまた、自らの血の流れる音が休みなく耳の奥で響くので摩擦音が聞き逃されることもしばしばあって、そうすると音の休み二回分が一つに繋がってしまい、暫くの間は、もうこれを限りに雑音は止まった、と信じ込んでしまうのだ。★14

世界のさまざまな声が、より静かに、よりまばらになるということ。★15

音が、弱音化(ミュート)というかたちで世界に浸透し世界を弱体化させてゆくのならば、音のひとつである言葉も、妙にそのやさしい口調で親密化し人を無能力に貶める。萩原は画面オフのまま「今度は先生の話、聞かせてよ」と切り出し、「女のくせに」どうして医者になったの、と洞口のコンプレックス＝傷口に入り込んでゆく。誘導訊問のような「記憶」の掘り起こし。「女のくせに」というセクハラ紛いの言辞に一瞬疑問をもった洞口が顔を上げると、カットが転換され、突然間近に近づき終わっている萩原が洞口の頭を静かに抑え込み、その顔を「回想モード」にふさわしい下向きに固定する。洞口はされるがままになって、医学生時

代、死体解剖時に初めての男性の裸体を、死体としてしか直面できなかった体験の疎外などを蘇らされてゆく。そこにメスを初めて使ったときの感触が無理やり接続される。この「急接近」は、さきのカット変換での急接近＝ホラー的衝撃と相同だ。距離が「盗まれる」のと同様に、体験にあったはずの間歇も盗まれて無化されているのだ。それが人知れぬところで「別の生き物」として生きている、時空間の奇怪な伸縮運動を確定させる。何より、話が催眠暗示の核心――「人を斬る」方向へ不気味に収斂しだしている。

むろんこのくだりでは、萩原による洞口の対象化は一定でゆるぎなく、「直前」が即座に蒸散してしまうような記憶の障碍などかけらも見当たらない（その後刑事高部＝役所と対するときの萩原も同様だ）。けれどもどこまで鎖骨周辺のX字の切り裂きが洞口の内面で強迫化されているのかわからない。彼女は萩原からコップの水をぴしゃっと顔に投げかけられ、意識を戻したようにみえるが、どこか呆然としたままだ。萩原が診察室を去っていったあと通常の仕事に復する様子でいた彼女は、ふとタイルの壁に墨汁らしきものでX字がいつの間にか大書されているのにも気づくが、驚愕の表情すらみせず冷静にそれを雑巾で拭き取ってゆく。どんなに「今」のくだりを思い出してみてもタイル壁にX字の書かれる流れの「余裕」などなかった。先の砂丘のシーンで言及したように「今」「さっき」など時間内に存在しないのだ。じっさい萩原の暗示誘惑は長回しを中心とした撮影に伴って連続し、洞口の顔にコップの水が浴びせかけられた瞬間には十全に完了していたのだから、その後、描写省略があってそこに壁へのX字書きがあったと考えるのも散文的で間が抜けすぎている。それは文字通り「いつの間にか」「現象化された」X字にほかならない。つまりここでも時空間の整合性が「盗まれている」歪みが忽然と現前化されていたのだ。

さて、前言したようにこれら洞口への催眠暗示のくだりで割愛した重要な萩原の科白があった（萩原がシンク前でコップを倒す直前の科白だ）。それは――

先生、俺の話、聞いてくれる？　前は俺の「中」にあったものが、今ぜんぶ「外」にある。だから先生の「中」にあるものが俺には見えるんだよねえ。その代わり、俺自身は空っぽになった。

この科白のもつ、多方向的な放射力について考察しないわけにはゆかない。科白が湛える論理性を砕いて捉えればこうなるだろう。――以前は個体に「内部」があった。ところがなぜかその内部の構成物は一切蒸散し、その蒸散の範囲が外延にひろく内部化される一様性を組織したが、むしろそれはすでに単なる「外部」と呼ぶにふさわしいものかもしれない。いずれにせよ個の範囲は拡張拡散し、稀薄化しエーテル化し、その視野を獲得すると、見聞できる他者の全てが内部の現象として把握できるようにさえなる（「神」！）。単なる離人ではないのだ。ところがそうした「代行＝代理的飛躍」は逆説を伴う。イマージュのベルクソン的全般化・任意化・多点化は、主体の空虚を前提とすると事後的に逆証されてしまうのだ（「神殺し」！）――。

『CURE』の主題がまさにこの科白に凝縮されている。まずはすでにみてきたように、間宮＝萩原の催眠暗示は、彼が目の前にした他者を媒介にした殺人、それを間歇的に促す。それぞれの当事者は萩原を「代行」する構図で、これを教唆犯―実行犯の関係性と要約しても間違いではないが、問題は教唆犯の位置に「空虚」が措定されていることだ。代行し・代行させることが権力の発生にほかならないが、『CURE』公開の九七年に先立つ九五年、日本国内はオウム真理教による地下鉄サリン事件、山梨県・上九一色村のサティアン群の強制捜査、さらには教祖・麻原彰晃の逮捕で騒然となっていた。オウムが起こした犯罪は全て中心の麻原が教唆し、その実行犯が多様に分布している。理科系エリートまでをも空中浮遊と解脱で洗脳した麻原に不可解な「動物磁気」を感じるのは、半盲で風采のあがらないその麻原が俗物性にまみれた「空虚」そのものとみ

えた反動からだろう。この中心の空虚は明らかに『CURE』の作劇構造に転写されていて、それで本作を「オウム以後の恐怖映画」とみる妥当性が生まれた。[★16] 同時に「中心の空虚」はロラン・バルトが、中心に皇居のある東京の構造として喝破したものでもあり、日本そのものの構造とも深く関わっている。[★17]

むろん（イカサマ賭博とともに）催眠術による世界支配は、フリッツ・ラング『ドクトル・マブゼ』（一九二二）のマブゼ博士の野望だった。子供っぽいながら活劇性に富んだこの作品はセルフシリーズ化され、さらに陰鬱なラング『怪人マブゼ博士（マブゼ博士の遺言）』（一九三二）を呼ぶ。この作品ではすでに瀕死で正体のないマブゼ博士からその担当医バウム医師への「継承」（これが『CURE』の主題なのはいうまでもない）が起こる。ところが権力維持のため、マブゼの死後も、マブゼの「声」はそのカーテン越しの人影とともに顕現しつづけ、結局はそれが音声再生装置と張りぼてだったことが露呈される。この作品は明らかに『CURE』の感触に、とりわけ役所が萩原を廃墟内に葬り去るときのオーディオ装置／ヴィジュアル装置の「囲繞状況」に、酷似している。[★18] ところが黒沢の『CURE』の映画的発想源がラング「マブゼ」シリーズだろうことはゆるぎないように思える。ところがやがて黒沢がラングに意外に恬淡だったことが判明する。[★19]

話を戻すと、空無は『CURE』の場合、間宮＝萩原だけの属性ではない。たとえば取調室や診察室や萩原の閉じ込められた閉鎖病室や最終的に萩原―役所の闘争の起こる廃墟、後日譚として新たに始まる惨劇性が暗示されるファミレスの空間にまで空無は連動的に組織されているが、その淵源として示されたのが本作の冒頭シーン、やがて刑事・高部の妻・文江＝中川安奈と判明する女が精神科医の治療を受ける診察室だった。さまざまに挿入されるのちのシーンでわかるように、彼女は萩原の「分身」として記憶障碍を病んでいる。『青髭公』の物語を初見と言ったり、結末を憶えていると言ったり不安定な彼女は、やがて外出の途中で、過去と未来を失う「今」の渦中に置かれ、忽然と自分の居場所を認識できなくなったりするが、その全て

に萩原とはちがい描写の切なさも加味されていて、夫・高部＝役所の繊細な庇護対象となっているのがわかる(これまでの書き方では伝わりにくかっただろうが、『CURE』は高部＝役所と間宮＝萩原の二元映画で、萩原に仕込まれた催眠暗示の実際に対して、役所はX字連続殺人の捜査、犯罪学者佐久間＝うじきへの相談や、うじきとの共同の実行犯取調べ、さらには妻・文江との生活描写により、萩原と同時に作品内に中心化されている)。連日の捜査で役所の帰宅時間は遅い。その帰宅時のほぼ全てで、洗濯槽が空《カラ》のまま作動されている。それは中川の奇異な強迫行動を示していて、苛立ちながらその作動を停める役所の反射を招いている。ところがこの中川が起点となった「空虚の鳴動」が作品の通奏低音となり、萩原の催眠暗示、場所の空洞性の連続が付帯する恰好になっているのだから、空虚な中川に配剤されているのは初期駆動ということもできる。「空虚の鳴動」、その音は、先に引いたカフカの、音に対する神経質な文章と連絡する。銃声など幾つかの衝撃音があるが、『CURE』の音は空の洗濯機の作動音ではなく、それが停められるときの消音、その妖しい余波を基調としている。それこそが連動をよぶのだ。ラストシーンのファミレスが営業中であることを示す様々な小さな物音がその最終形だ。

さらに先の萩原の科白には問題がある。それは約言すれば、蒸散した個体がかつて外部として把握していた外延を、おのれの内属範囲として捉え返す「代行」認識を示唆していた。そのとき内部／外部の境界がねじれ、しかもそのねじれに自己再帰性までもが貫通している衝撃が加わる。自己再帰性により均衡された「事前の内部」「事後の内部」がともに殺伐と外部化するのだ。あるいは外部が外部をみる非人称的な自己再帰視線をいってもいい。これは「個体に使嗾される悪」「個体によって実行される悪」、この二つの位相関係に相似で、悪を思考／志向することは本質的に離人的な乖離まで伴ってしまう。『CURE』の奥底で猛威をふるっているのもこの乖離だが、これについてもカフカの援用が可能になる。

悪は君の唇に変身し、君の歯によって自分を噛ませる。★20

悪は善のことを知っているが、善は悪のことを知らない。★21

悪の手に乗って自分自身を信じ込ませられないこと――そうすれば悪に対して、なにかと秘密をもつこともできるはずなのだが。★22

ひとたび悪をわが身に受け入れてしまうと、悪はもはや自分の言うことを信じろとは要求しなくなる。★23

お前が悪を自分のなかに受け入れる下心は、お前のではなく、悪のそれである。★24

4――編集の暴発

公衆トイレの男性側の空間で――女医・宮島＝洞口依子が、すでに大量の血を流して死んでいる被害者の鎖骨あたりのX字の切り裂き痕をめくりあげている、『羊たちの沈黙』(ジョナサン・デミ監督、一九九〇)的に凄惨な描写が挿入されたあと、警官・大井田＝でんでんと接触があった不審な人物として病院内に繋留されている間宮＝萩原の存在が浮上する。役所たちは病院へ急行、そうして作品の「一元」がとうとう邂逅、一元化する。役所は布巾が干されている病院の地下的な倉庫(その暗さと空洞性がありえない)で「誰かがいる」気配に気づき、出てきなさいというが、「声」と、おそらくは煙草の光だけの存在に稀薄化している萩原のもとになか

なか辿り着けない。行き迷う姿が捉えられるが、そこには奥行き軸を往復する空間の過剰な迷宮化が伴われている(客観的にはなぜ役所が萩原を即座に見つけられないのかがわからない)。暗闇と煙草の火の利用、さらには「誰?」「俺、ここがどこだかわからないんだ」という発語はこれまでの萩原の催眠暗示にあったもので、すぐさま観客は、役所もまた「罹患」するのではないかと恐れるはずだが、すでに犯人の手法を推測している役所は萩原のつくりだすリズムに乗らない。萩原は拘束され、とりあえず重要参考人として取調べが始まる(この段階で萩原の指紋も花岡=戸田の家から採取されている)。

結論部に至る前に、三つのくだりを抽出しよう。萩原の身体を検分すると、その右肩に最近できた大きな火傷痕がある。巨大な円状の熱いものがそこに触れたらしい。そこから該当物のある工場が探され、それでバイト採用時の履歴書から萩原の居住地が割り出される。記憶に障碍をもつ(らしい)萩原にふさわしい身元判明だった。詳細を極めた『黒沢清の映画術』のフィルモグラフィでは案内役の諏訪太朗は「アパート管理人」となっているが、とうていそこはアパートにはみえない。産業廃棄物が堆く捨てられた空き地の奥にみえる外形。狭く錯雑とした通路の幾つかを抜け、開口部から外部に達した独立地に、廃墟というにふさわしい石造家屋の入口がある。中は広い。天井板を半透明のビニール幕が覆い、電気の通らぬ暗い室内は、それでも住人が心理学科の院生だったとあかしする書籍が本棚に並んでいる。心理学関係の本の背表紙を、移動する役所のライターの火が次々と照らすが、暗闇、焰、背表紙の文字の取合せが蠱惑的だ。干からびた弁当や、吸殻満載、一旦水をかけられ乾いて固まった灰皿もうかびあがる。やがて実在書物『パリのメスマー　大革命と動物磁気催眠術』(ロバート・ダーントン著、稲生永訳、平凡社、一九八七)など、メスメリズムの首魁メスマー(メスメル)を扱った書物がその表紙で強調される。窓は紙か何かで覆われて光量が減殺され、その紙も黄ばんでいる。やがて役所は萩原が執筆中だった「動物磁気とその心理作用についての考察」という論文を発見す

る。表紙に「間宮邦彦」というフルネームの署名。角張りながら平たく潰れたその字体が執筆者の律儀さとともに異常な粘着性まで仄めかす。[★25] 奥にある扉をあけると空洞性の高い空間がひらける。トイレと浴槽がともにあるのだからそれはユニットバスだが、通常家庭のそれと比べ申し分なく広い。浴槽は欧風だが、墨汁並みの廃液がいまだ残って不気味だ。その浴槽脇に縦に立っている何かがある。覆っている毛布をどけると現れたのは両腕と両脚をそれぞれX字に交錯させた、おそらくは小猿のミイラ。粘土状とも乾物ともみえる出所不明、呪術的な代物で、眼を凝らすとその鎖骨周辺もX字に裂かれている。そこではXが三乗されているのだ。

初動の検分を終えてクルマに戻った役所は、携帯電話でうじきに萩原の身元判明を伝えたのち、「メスマー」についても訊ねる。その車中で挿入映像の暴発が起こる。間歇的、瞬間的に挿入されてゆくのは、「萩原のアパートの敷地、籠に飼育された猿や鶏や兎を前屈みに見つめている役所」「内の一つの小猿」「自宅の食卓に座っている妻の文江＝洗面所から向けられた開口部越しのショット」「猿のミイラ」。それぞれの挿入時間は一秒にも満たないから、それは観客の無意識を支配するサブミリナル効果に近づいているともいえる。問題はいま見聞した諸映像のなかにたった一つ「妻＝中川安奈の映像」が不意に侵入していることだ。これだけが帰属先がない。同時性によって招来されたか、他のフラッシュバックに対しフラッシュフォワードを形成しているのか、判断の根拠が成立しないのだ。「編集の暴発」が生起しているためだ。いずれにせよ、生体の猿と死体の猿に挟まれた妻の姿は不吉をおぼえさせる。それで役所はクルマを自宅に急行させる。路上中央にクルマを停めたまま（それがありえないとすると、クルマの運転席にいる役所へのショットで、ずっと助手席の誰かが無言のまま周到にフレームアウトされていたことになり、この「気づき」も恐怖を醸成する——実は萩原のアパート部屋のガサ入れの始まる冒頭では役所ともう一人の刑事が現場に近づく姿が瞬時捉えられていた——つまり役所が一車線道路の中央にク

ルマを停めたのは「気が動顛していたからだ」という心理主義的解釈は、観客が注意深ければ一切峻拒される）自宅へ駆けつける。ダイニングキッチンには縊死を遂げ、すでに唇や頰の血の気を失った中川安奈がぶら下がっている（髪の毛の乱れと、ゆっくり回る童女性のアンバランスが「美しい」）。むろん記憶障碍に悩んでいたのだから、中川には自死の理由があった。仕事にかまけ、手厚く庇護できなかった役所にも責任がある。頭を抱え、膝を折り、叫喚を嚙み殺す役所。やがて声なき嗚咽で「美しく」顔がゆがみはじめる。表情変化がそのまま画面の基底材になっている合致感が見事だ（男優の「泣き」演技で最高の部類だろう）。と、そのとき——画面がリバースに切り替わり、フードプロセッサーを作動させながら理解できない挙動を昼間からしている夫に顔を向け、むしろ平穏な口調で「どうしたの？」と訊く中川の日常の姿が捉えられる。全ては妄想だった。これが第一のくだり。

第二のくだりは、うじきの権限で署内から閉鎖病室に隔離された萩原に、役所が周囲の制止を振り切って訊問に行く局面。セットなのだろうか、閉鎖病室の造形が素晴らしい。コンクリート打ちっぱなしめいた壁。ベッドと机のある主要空間では奥行きの壁に横長の矩形を穿たれた窓二つが光源になっている。それが人物の逆光環境をつくりだすのだが、それ以外にキーライトが天井から人物のいない奥行きのゆかを偏って照らしているのか、ゆかからの高さをしるす画面の中心部だけが暗い。画面構造の中心が陥没している恰好なのだ。入口ドアから見た右側面方向には扉なしの開口部があり、そこにトイレと椅子と恐らくシャワーのある小部屋が穿たれていて、天井の丸電球が光源となっている（だからこの隔離病室の全体はL型をしていることになる）。小部屋の椅子にだらんと座っている奥行きの萩原に向かって直立する役所の後ろ姿が映し出されると、画面中央に分布している役所のコートの背中がやはり暗い。

萩原は「間宮邦彦」「メスマー」の名前を出されても顔色を変えないし、記憶障碍の様相を貫く。「俺は調書を作って正式にお前を逮捕し、殺人教唆でお前を送検する。それで終わりだ」と、自分自身への無関心を「装

う」萩原に嚙み含めるように宣言し、溜息をつきながらメイン空間の椅子に役所は腰を下ろす。手前の役所の顔は画面左へ向き、奥行きの萩原の顔はやや上向きになって、ふたつの顔がここでは同調していない。ところが唐突に萩原は、「あんた、奥さんが死んでる姿を想像したろ?」と切りだす。役所の妻が精神を病んでいると監視役の刑事がうっかり萩原に口を滑らせたとのちに判明するのだが、このくだりの直前にあった役所の内心の詳細については「神」しか知ることができない。それを知っている萩原の気味悪さによって、前のくだりの「夢オチ」に近い収束が、とつぜん収束ではなくなるのだ。各シーンは磁力を伴って、アレゴリカルな関係性を張り詰め、軋んでいる。萩原は立ち上がり、画面手前まで歩いていって机にある缶コーヒーのわずかな残りを口に含みつつ、役所の「女房」についての詳しい情報をもっている利点を活かし、刑事職の多忙のなか記憶に障碍をもつ「女房」を自宅看護する者の苦衷を、挑発的な物言いで引き出そうとする。役所は催眠暗示の方法をずっと聞き出そうとしているから話がとうぜん嚙み合わない。萩原は空間を自在に動き、長回しのカメラは位置補正を目立たせずにおこなっている。萩原が投げた空き缶が床にぶつかる音、萩原が筆記具を机にぶつける音など、自然さを保たれた文脈で音が重なってゆくが、先に洞口依子への催眠暗示の方法を見ている観客は、役所が暗示に「罹患」するのではないかという不安をおぼえているだろう。何よりも画面は暗いし、他の暗示犠牲者同様、役所が「自分語り」をしだす危機が直前に迫っているのだ。ついに萩原がライター(しかし、なぜあるのだ?)を点火し、「見ろ」と促すが、役所は萩原主導のリズムを与えず、即座にライターをはたき落とす。ところが「ああ、そうだよ! 女房は俺の重荷だ。お前に言われなくてもわかってんだよ、そんなことは!」と「自分語り」を始め、萩原の暗示材料のうちの「半分」が出現することになる。

役所は自らの人生そのものへの不平まで叫び、頭を抱えだす。ところがその自分語りが激越で連続的だから、萩原に介入の余地をあたえない。「俺は女房を許す。だがお前たちは許さない」という役所の言葉に、萩

原は凄いじゃない、と笑うしかない。「面白いか、俺の話。よし、今度はお前の番だ。たっぷり喋ってもらうぞ」と役所が萩原を見据えて語ったとき、すでに役所自身が、萩原の主導してきた催眠暗示者の場所にいる。これは「代行」で済まされる問題なのか。しかし役所のアップショットになっても、これまでの法則から外れ、萩原へのショットがなく、「切り返し」が起こらない。すると役所は萩原の技法を模倣しだす。「どうした？　ライターがないと喋れないのか？　ほら」と、点火したジッポ型ライターを机の上に立てる。火は点いたまま。ここでようやく切り返しが起こり、心底讃嘆したような萩原の言葉と表情が画面に刻まれる。この状態のまま膠着に入り、二人が無言のまま見つめ合うと、俄かに遠い雨音が響きだし、画面が暗くなってくる。かつて無線連絡機の緑光の点滅を見終えた警官でんでんが画面手前、ピントの合わないオブスキュアの位置に窮屈に置かれたのと同様の事態が起こる。画面手前の役所の顔は仰角のカメラからピント外で見上げられ、奥行きの天井からは黒いシミをつくって雨漏りが滴ってくるのだ（CG処理）。速さと強さを増した水滴の連鎖は、ライターの火を消す。火と水の融合。役所は点火ではなく消滅を確実に見る。雨漏り音に耳朶を刺戟されながら。さらに水滴を見る。水滴はやがて水溜まりをつくり、机の下のゆかにまで濁った水の領分が増大してゆく。それすら見ている。それは洞口依子が体験したのと同じ暗示要素だ。むろん火は戸田昌宏やでんでんに暗示をかけた要素だったから、一連では催眠暗示の「道具」らしきものが全て導入されていることになる。このとき萩原の顔に切り返され、呪文と慰安が混ざり合った言葉が発せられる。「その水があんたをラクにする。気持ち、空っぽだ。生まれ変われ、俺みたいに」。

役所が萩原の催眠暗示に罹ったのだとすれば、作中、この局面しかない。これまでの萩原の催眠暗示の細部が複合されているのだ。ところが役所への萩原の働きかけがすでにそれじたい催眠暗示的だし、場の主導権は役所―萩原で交代を繰り返すし、点火ではなく火の消滅が契機になっているし、催眠暗示の「地」の上に

は「別の何か」も半分程度、編入されているのだ。出来上がったものは、面積的な半分というより濃度的な半分というべきかもしれない。たしかに作品では最終的に、とうとう多忙のため入院させてしまった中川安奈の死が、病院の渡り廊下、車椅子とそれを押す人間を欠いたフレームによる移動形態のまま、瞬間的なインサートで提示される。その鎖骨あたりがX字で残酷に切り裂かれているのだから、犯行に及んだ者は消去法で推測すれば役所でしかありえない。またラストのファミレスのシーンでウェイトレスが、エキストラ出演している塩田明彦の背後でナイフを取りだすのも、役所に催眠暗示をかけられたためで、役所は催眠暗示を罹患したどころか、萩原を「継承」してしまったと考えるのが筋だ。

ところが結論は出ない。おそらく黒沢作品でとりわけカット数の多いこの映画は、編集は物語捏造の陰謀にすぎないという見識に基づいて、瞬間的な編集に全面的な信憑をもとから与えていないのだ。その極致が文江＝中川の縊死の幻の像だった。となると、X字を刻印された中川の死も虚偽だし、ラストシーンのウェイトレスの不穏な行動も、役所とは何も関わらぬところで起こっている偶然事にすぎないかもしれない。いずれにせよ、役所が催眠暗示に罹患したかどうか、その真偽判断は宙に吊られる。その淵源がこの役所―萩原の場面にはあった。そこではこれまでの催眠暗示の「逆方向」「半分」が周到に組織されていたのだ。このことの居心地の悪さが判断を宙吊りにし、作品後半では観客の罹患さえ不安定な半分の状態にとどめ置かれる。じつは『CURE』の卓抜さはそこにある。

5――判断は幾重にも留保される

第三のくだり。そこでは佐久間＝うじきつよしの「完全罹患」が素晴らしい語りで間接的に示される。便宜

のためアルファベットを振っておこう。

A　うじきは一九世紀末に撮影されたと推測されるフィルム断片をビデオに起こしたものを、自宅で役所にみせる。日本髪、和服の女性(ヒステリー患者で「村川スズ」という名だとのちに語られる)の前で、催眠術師が横切り、画面左から差し出されたシルエットの右手がX字を描き、暗示をかけているようにみえる。撮影時期は日本の民俗をリュミエール社が撮影した時期と近接していて、ハイキーによって明部が白く跳ぶこと、低解像なこと、カメラワークがフィックスであること、さらにはフィルムの劣化により雨降りが起こっていることなど、映像の質感はリュミエール社作品同様の「古色」を見事に帯びている。その後、古い警察資料を博捜したというつじきは、当該の村川スズが一八九八年、息子の首筋を十文字に切って殺した廉で逮捕された旨、伝える。緊張が走る。つまり萩原が創出したように思えた催眠暗示の方法が古来からの呪術だった可能性があるのだ。役所の質問に、うじきの分析は続く。シルエットのみならず後ろ姿で、しかも頭部がフレームから切られているカメラの前の男は、匿名性を意図していた。なぜなら当時、催眠術は「霊術」のたぐいとされ、その疑似科学性が弾圧の対象だったからだと。うじきは弾圧された者たちへの思いを遥かにしたのか、遠い眼を過去へ投げかけ、感傷に耽っているようにみえる。

B　萩原の背中の火傷痕の原因となった工場設備の熱い金属。そのあと萩原の住居の本格的な家宅捜査が描写される(このとき、先の役所によるガサ入れで、編集上、どう判断すべきか宙に浮いていた、猿などの檻のある位置が、パンニングの連続性により解決される)。専門知識のあるうじきも加わっている。『邪教』と題されたカバーなしの古書が拾い上げられる。中を検分すると、開かれた扉頁は「第四部　メスメリアン」となっていて、一頁ひらくと、メスメリズムの浸透に尽力した第一人者とおぼしい「伯楽陶二郎」の楕円形にトリ

ミングされた肖像写真が冒頭に掲載されている。名の脇には生没年表示が「(?～1898)」とあって、没年が先の村川スズの犯行年と一致しているのが奇妙な符合だ。ここから日本での、メスメリズムと催眠暗示のひそかな並行が印象されてくる。ホラー感覚はひとつの意匠に凝縮されている。写真の伯楽陶二郎の顔が、ハイキーによる跳びを超えた真っ白状態(のっぺらぼう状態)になっていたことだった。これは「語りえぬもの」の白地化だろう。脱落によって姿を現した空無には、恐怖をおぼえざるをえない。

C　突然、ジャンプカット。うじきは強風のなか、巨大な木造廃墟の前に立ちすくんでいる。しかも窓には、うじきを窺うはっきりしない人影があって、おぼろに把握される、髪油で撫でつけられた横分けという髪型の一致から、それは「ありえない」伯楽陶二郎ではないかという悪い予感が兆しだす。うじきを襲っているのは、「一致」の連鎖が破局的だというフロイトふうの恐怖哲学だ。それにしても木造廃墟の威風自体=「マテリアル・サスペンス」が怖い。[★26] ただしこのくだりでこの建物が出現するのは「編集の暴発=フライング」だった。じつは「ここ」は、のちの役所が、萩原が逃げ込んでいると直観し、対決の場となるところで(役所もまた、ここでのうじき同様に、ロング位置から建物に毅然と対峙する)、萩原がまだ監禁病室から逃走していないこの段階では、この建物はフラッシュフォワード的出現とよぶしかない。敢然とうじきが建物に入ると、そこはのちに役所が入り込んだときのような廃墟ではなく、療養所の実質が伴われている。中を行くうち、「なぜか」萩原の監禁病室に行き着く。その監禁病室のある警察病院はすでに作中に外観を映されていて、木造の巨大な廃墟とは異なっていた。だからうじきは、存在しない空間を彷徨していることになる。病室は無人。ところが萩原のアパート浴室にあった猿のミイラが、浴槽の前の台座に架けられている。その中を役所がスローモーション、風に髪をゆっくりなびかせ難詰の表情で、うじきに迫ってくる。ありえない配剤が一所に集められ、迷宮がつくられているのだ。

このシーンにサウンドブリッジで「佐久間、佐久間」と、役所の呼びかけの声が入り、我に返ったうじきが捉えられる。場所は、村川スズの記録映像を役所に見せた時点のうじきの部屋に変わっている（Aからの連続時）。回帰が起こった結果、あいだにあったB、Cの叙述要素が全て潰れる。無に帰すのだ。そうではないのなら、とりわけCの流れは萩原によりうじきの想像のなかに転写されたと考えるほかない。このとき役所が萩原は結局何者なんだと訊く。うじきは「伝道師——世の中に知識を広めるための」となぜか肯定的な規定をし、ふとした自分の言葉の暴走を、照れ笑いで紛らわす。疲れた、今日はこれくらいにしようと、うじきが鞄をもって寝室に行ったとき、電気が点けられ、その壁の様相があらわになる。そこには、かつての洞口の診察室同様、X字の大書があった。ただし鑿状のもので壁の塗装をえぐってのものらしい。役所にX字を「何だそれ？」と咎められたうじきは、「何かの参考になると思ってな」とごまかし、慌てて字の輪郭を不明瞭にするよう擦りだすが、パニックが見て取れる。そのあとの構図が凄い。壁の中のありえない視点から構えられたカメラは、壁をこする眼前のうじきの顔（画面の半分を覆っている）をこれまた窮屈な構図のピント外しで捉えながら、余白の奥行きでピントの来ている「確かな」役所に、こういわせるのだ——「お前、間宮に会ったな」。以上、間接的な展開で示された、うじきの完全罹患により、『CURE』の恐怖はふたたび定着する。前段の、映像の不安定な流れこそが、この恐怖の倍加に貢献している。そうして観客は「空無の揺れ」「鳴動連鎖」をともにしたのだ。

こののち、映画は萩原の病室脱走をしるし、なぜか役所は、萩原の居所を確信し、木造建築の廃墟へと赴き、そこで最終対決が起こる。まるで死にたがり屋がそのまま死ぬような萩原の最期には「治療」の趣が付帯し、同時にそこで萩原↓役所の、王位継承の印象がまとわりつく。そこにも、「伯楽陶二郎」「パイプ式蓄音機から流れる謎の音声」という「エンブレム」がある。それで作品は解決しない。前言したような、中川安奈

の死を暗示するインサート、さらには奇妙なファミレスシーンが後続されるのだが、詳細を語ることは控えておこう。言及したいことは別にある。

もともと、格言つきのアレゴリーは、格言を実質化するために、いま自らのしている譬え話に、読者を「罹患」させる必要があった。罹患とはアレゴリーの要請でもあるのだ。ところが黒沢脚本のうちでも最も緻密なこの『CURE』には何度繰り返し観ても解決しない判断留保事項がちりばめられている。そのことにより、最初あれほど快調だった罹患の進展に齟齬が起き、同調的な催眠暗示を待ち望んでいた観客は、「罹患」を寸止めされ、不安のなかに宙吊りさせられたまま放置されるのだ。列挙的に整理してみよう。

○間宮＝萩原の記憶障碍は「まだら」状態なのか、それとも詐病なのか？
○間宮の催眠術で対象にX字の刻印を暗示する詳細はついに描かれなかったが、それは映画のもつ悪意が秘匿しているのか？　あるいはX字は意識下における伝染なのか？
○間宮の隔離病室、ライターの火が天井からの雨だれで消えたときに、役所は本当に萩原からの催眠暗示に罹患したのか？
○取調べに立ち会う刑事・高部はもともと催眠暗示の施術者で、間宮からの具体的な施術がなくても、その動物磁気をもらうことで自らの催眠暗示を完成できたのではないか？
○メスメリズムと催眠暗示の相互関係が匂わされているが、それは本当に相互性をもつのか？
○うじきが近づくとき木造廃墟の窓にみえた人影は、時空を超えた「伯楽陶二郎」だったのか？　またその木造廃墟は伯楽陶二郎の磁力圏だったのか？
○間宮殺しは、高部＝役所による、治らない者への解決、すなわち「治療」だったのか？

○間宮から高部に「継承」が起こったのか？　そうなると伯楽陶二郎→間宮→高部と、三代の継承が起こったのか？　さらなる中間項はないのか？
○最終的に鎖骨周辺にX字を刻まれて絶命した中川安奈は、消去法でゆくなら役所に殺されたと考えるほかないが、その推論に暴発性はないのか？　恐怖を推論することは、推論自体に恐怖が先験されていることを逆照射するのではないか？
○ラストのファミレスでナイフをもつウェイトレスは、本当に役所からの催眠暗示を受けたのか？　これから惨劇が起きる手前で映画の語りが終わったのか？
○高部によるウェイトレスに対しての催眠暗示の具体描写はないし、おそらく具体的な催眠暗示もなされていない。となると、高部の動物磁気は、間宮より強大なのか？
○中川安奈の一件やラストの一件を考えると高部には負性が集中してくるが、ならば高部を演じたこの映画の魅惑的な役所に同調することは間違いなのか？　あるいは悪への憧憬を作品は使嗾しているのか？

これらのことはたぶん決して解決をみない「留保」事項となるだろう。王位継承というアレゴリカルな物語を全体にもつ『CURE』は、その細部にあっては罹患を主題にしているが、その位相は変化する。「完全な罹患」から「留保つきの罹患」に。これには、「留保つきのアレゴリー」があるという確信が裏打ちされていないか。「外部から外部への自己再帰的な非人称視線」という作品の世界観の根幹には、人間的感覚への留保が降りている。これを逆手にとり、「内部から内部への自己再帰的な非人称視線」を想定しても、「留保つきアレゴリー」が出来するだろう。もともと格言のないカフカのアレゴリーは、リアル極まりないながら、その無媒介性、その出所のいかがわしさにより、留保がつく。好例を摘記してみよう。世界一短い小説のひとつ

と言われ、全体は三段落で構成されているが、第二段落を割愛しよう。非人称主体が主語になることで内部性への感覚がリアルに鍛えられながら、同時にモノが主人公の寓話などありえないと留保が起こり、読者は不安のなかに宙吊りされるはずだ。

橋

私は橋だった。冷たく硬直して深い谷にかかっていた。こちらの端につま先を、向こうの端に両手を突きたてて、ポロポロ崩れていく土にしがみついていた。風にあおられ裾がはためく。下では鱒の棲む渓谷がとどろいていた。こんな山奥に、はたして誰が迷いこんでくるだろう。私はまだ地図にも記されていない橋なのだ——だから待っていた。待つ以外に何ができる。一度かけられたら最後、落下することなしには橋はどこまでも橋でしかない。

〔…〕

彼はやって来た。杖の先っぽの鉄の尖りで私をつついた。その杖で私の上衣の裾を撫でつけた。さらには私のざんばら髪に杖を突きたて、おそらくキョロキョロあたりを見廻していたのだろうが、その間ずっと突きたてたまま放置していた。彼は山や谷のことを考えていたのだ。その想いによりそうように、私が思いをはせた矢先——ヒョイと両足でからだの真中に跳びのってきた。私はおもわず悲鳴をあげた。誰だろう？　子供か、幻影《まぼろし》か、追い剥ぎか、自殺者か、誘惑者か、破壊者か？　私は知りたかった。そこでいそいで寝返りを打った——なんと、橋が寝返りを打つ！　とたんに落下した。私は一瞬のうちにバラバラになり、いつもは渓流の中からのどかに角《つの》を突き出している岩の尖りに刺しつらぬかれ

た。★27

「内部」とは廃墟なのだ。谷にかかった木の吊り橋でも、間宮＝萩原聖人でもそれは変わらない。間宮は外部を指向したが、空無のまま、内部性をとどめた。最後にベンヤミンも引こう。

バロックのアレゴリーは屍体を外側だけから見ている。ボードレールはこれを内側からも見る。★28

［註］

★01――《映画はぜんぶ恐怖映画だった。どんな喜劇も、何かしら恐ろしいものに見えた》（二章前掲『悪魔にゆだねよ』三四〇頁）と、汎―恐怖主義を黒沢同様に綴った大和屋竺は、井川耕一郎、高橋洋によるインタビューで「映像の物神性」についてこう語っている。《モラルでもって行くと映画は細々としたものになる。僕はそうじゃない。蝦は何か。馬は何か。猿は何か。これです。オブジェティックなもの、要するに無意識が見たもの、そういうものについてしか言えないというのが映画だな。》（「大和屋竺インタビュー」、「映画王」4号、映画王社、一九九〇、四九頁）。

★02――黒沢清・篠崎誠『恐怖の映画史』（青土社、二〇〇三年、一二三頁）

★03――鈍器による頭部への殴打を直截に見せる暴力描写は、さらに黒沢『カリスマ』（一九九九）で増殖する。動きの即物性に音の即物性が伴う、省略なしの単純構造に、怖気が生ずる。カッティングしないことで速度感が減殺される不備を生じないため、黒沢映画では暴力主体の「感情のなさ」「躊躇のなさ」が必須となる。もう一人、九〇年代日本の暴力映画の雄、北野武は、その初期には暴力＝ヒットの瞬間がカッティング渦中に消滅することが多かった。「暴力の気配」→「暴力の事後」というふうにカットが連結されたのだ。しかしここで直截性の役割を担ったのが、カッティングの暴発的なリズムそのものだった。よって黒沢と北野は、暴力描写の方向性が似ているようにみえて異なっていた。

★04――「距離を介在させた膚接」「その磁気的な気味悪さ」こそが、間宮＝萩原聖人が『ＣＵＲＥ』でもたらす空間性の本質だが、そうなるとこの「ＣＵＲＥ（治療）」の文字が役所の片頰の輪郭を掠めるように縦にレイアウトされるのにも主題的な意図があると見なさざるを

えない。

★05――大島渚『帰って来たヨッパライ』(一九六八)の砂丘を舞台にした冒頭シーンが想起される。かけがえのない地上の一刻にしか映画は撮影されないという事実が間接的に示されるのだ。ただし『CURE』の砂上の雲の影の「動き」は不気味なものの生起ともつながっている。

★06――これについては序章前掲・川崎『黒沢清と〈断続〉の映画』が仔細に分析している(八七~九三頁)ので、ここでは記述しない。

★07――同様の質問を考えてみる。「白ってどんな色?」。それに対する論理的な答は、じつは「それは、白という色だ」でしかないのだが、人はその禁句性を回避するために「清潔感あふれる色」とか「初恋の色」とか虚偽を語りだす。そうして生ずるのが、デリダが倦厭した暗喩(隠喩)だ(ジャック・デリダ「白い神話」『哲学の余白』下、藤本一勇訳、法政大学出版局、二〇〇八、八五~一七一頁)。黒沢『蛇の道』で哀川翔が数学教室の黒板に記した「=」は、この虚偽的な暗喩生産を逃れ、ぎりぎりのところで危うく「並列と差異」の生産装置にとどまっている。重要なのは同一性や類似性を装う虚偽ではなく、敢然と表明される差異のほうだ。

★08――中島義道の時間論の諸作にこの観点がちりばめられる。たとえば『「時間」を哲学する』(講談社現代新書、一九九六)を参照。

★09――同様のことは、黒沢『散歩する侵略者』での侵略者(宇宙人)と一般人の会話でも起こる。

★10――宇波彰『ラカン的思考』(作品社、二〇一七、五六頁)

★11――ジョルジュ・ディディ=ユベルマンのいう「包まれて落ちたもの」「時間の襤褸布」「路上の排水溝にわだかまっている襤褸布状のもの」などと明らかな連絡がある。ディディ=ユベルマン『ニンファ・モデルナ――包まれて落ちたものについて』(森元庸介訳、平凡社、二〇一三)参照。

★12――でんでんの凄みはさらにシーンを挟んで増幅される。取調べシーンがそれだ(奇妙なことにこの一連では、役所の自宅にあるべき空の洗濯機の作動音が通奏低音のように全体を弱く裏打ちしている)。明らかにリチャード・フライシャー『絞殺魔』(一九六八)クライマックスの取調べシーンが部分踏襲されている。『絞殺魔』ではヘンリー・フォンダの検事が、鏡と録音機だけのある、白く殺風景な取調室の中で、連続殺人の記憶が混乱している殺人者=トニー・カーチスの供述を引き出してゆくが、二人は相互に室内を動き、しかも部屋の「角《すみ》」が追い詰められた身体の危機を醸成する。基調の白を裏切るように、フォンダの言葉に促されカーチスの記憶が映像としてフラッシュバックされてくるが、それはときに矛盾をさまざまなかたちでしるし、ゾッとする「暴発」まで繰り返す。フラッシュバックを嫌う黒沢清はでんでんの取調べシーンで回想を織り込まない。それなのに、同僚を殺した動機を「あいつが憎かった」「理由は色々」と曖昧に語りだすでんでんに、すでに内在的で静かな暴発が刻印されている。当初、役所に正対峙して座るでんでんの後頭部から背骨に縦の影が走っているのが凄い。やがて催眠暗示を施した人間がいるのではないかと、うじき、の

ちには役所がでんでんの前にペンライトの赤い光を明滅させはじめると、彼は不安に苦しみだす。後ずさってでんでんがまず部屋の「一角」に座りこみ、誰かに会っただろうと言われる誰かには名前がない、とやっとのことで反駁、訊問の強迫を解かれたのちは、今度は取調室の別の「一角」で、咽喉の乾きを癒すためのコーヒーを受け取る。ひとしきり元の椅子に座ってコーヒーを飲み、また部屋の「一角」に戻ったでんでんはマドラーを手にする。ほとんど夢遊病者化した奇妙な軽さ。やがて彼は無害状態のまま行為を「暴発」させる。ドア脇の「一角」に、取調べに立ち会っている刑事(でんでんの様子を見るために彼は「じっとしていろ」という咄嗟の指示を受けた)を奇妙な前後運動で追い詰めたでんでんは、刑事の制服の首から胸の上方にかけて、右、左と、マドラーでX字をゆっくり、深く刻みこむように「書く」のだった。うじきに「今のは?」と問われ、やったことを自覚できず、困惑する。これらでんでんの動きには、何かをするまでに迂回的中途が幾つも穴を開いていて、停滞から何か魔的なものの滲みだす気配がある。以上を綜合すると、このでんでんの取調べシーンは、『絞殺魔』のカーチスの取調べシーンと印象が相似となるだろう。ちなみに黒沢清のリチャード・フライシャーに対する見解がまとめて読めるのは、「『CURE』とアメリカ映画を比較する」のうちの『絞殺魔』の項(前掲『恐怖の映画史』二六八〜二七一頁)と、蓮實重彥との対談「リチャード・フライシャー追悼」(序章前掲『恐怖の対談』一九七〜二二九頁)。

★13——フランツ・カフカ〈巣造り〉(序章前掲『カフカ・セレクションII』二五〇〜二五一頁)

★14——同二六四〜二六五頁

★15——二章前掲フランツ・カフカ『夢・アフォリズム・詩』九三頁

★16——先駆的にその指摘をしたのが筆者だった。阿部嘉昭「「オウム」以後の恐怖映画——黒沢清『CURE』」「図書新聞」一九九七年十二月二十日付(のち『日本映画が存在する』青土社、二〇〇〇、に所収)

★17——ロラン・バルト『表徴の帝国』(宗左近訳、ちくま学芸文庫、一九九六)

★18——前掲・川崎『黒沢清と〈断絶〉の映画』はこの点につき、ジョナサン・クレーリー、ミシェル・シオン、トム・ガニングの論説も援用しながら、詳細な分析をおこなっている(六七〜七九頁)。

★19——大寺眞輔による黒沢インタビュー「クラシックから遠く離れて」(大寺眞輔編『現代映画講義』青土社、二〇〇五、七〜二九頁)。そこで黒沢はラング的画面の「黒い影の魅惑」だけを語ろうとして、TV放映で観たラングの西部劇『地獄への逆襲』(一九四〇)のみに、当初、話を限定させようとしていた。

★20——前掲『夢・アフォリズム・詩』九四頁

★21——同九九頁

★22――同一五五〜一五六頁
★23――同一五九頁
★24――同一五九頁
★25――書字の様態により異常性が強化されるというのはJホラー的ディテールの定番だろう。その最も悪辣な達成例が、黒沢の教え子でもあった清水崇の『呪怨』(OV、一九九九)にあった。「小林くん」への「伽倻子」の思いが綴られた残存日記の気味悪さについては、阿部嘉昭『実戦サブカルチャー講義』(河出書房新社、二〇〇二)の一九二頁を参照。
★26――鈴木了二は一章前掲『建築映画』で《『CURE』に数秒間だけ固定ショットで登場する二階建ての木造の建物。かつては療養所であったらしい建物が廃墟と化している。画面一杯に建物を大きくバーンと映し出す揺るぎのない構図。「遠さ」と同時に「間近さ」を感じさせてくれる望遠レンズによるフラットな映像。屋根は切り妻であるが庇が少しもなく巨大で、シンプルこのうえない建築の原型を思わせるシルエット。継ぎ接ぎだらけでありながらも、全体としては厚いタペストリーのような質感を持つ板張りの外壁。》とその細部を讃嘆の気持ちを籠めて描写している(二五二頁)。これを受け鈴木によるインタビューのなかで黒沢清は、建物の現物は《茨城県霞ケ浦の近くの病院のなかの療養施設だった建物》で、《建物の前に百メートルほども引いてとれるスペースのあったことが、嬉しかった》と述懐している(三〇三〜三〇四頁)。
★27――「橋」(『カフカ短篇集』池内紀訳、岩波文庫、一九八七、二一九〜二二〇頁、ルビ省略あり)
★28――ヴァルター・ベンヤミン「セントラルパーク」久保哲司訳(一章前掲『ベンヤミン・コレクション1』四〇五頁)

第四章——選択と世界——『カリスマ』

1——世界の法則を回復せよ

いまだにアレゴリカルな評論として日本では金字塔の位置にある花田清輝『復興期の精神』中に、哲学者スピノザについて考察した随筆「ブリダンの驢馬」が収められている。スピノザの成果——「ルネッサンスと宗教改革」「マキャベリズムとカルヴィニズム」「ブルジョワ的エゴイズムとブルジョワ的ヒューマニズム」、これら二項の「統一」に関し、花田は本当にそれが自由な解決だったのかと、例のごとく半畳を入れる。日本中が玉砕戦へ向け一丸となっていた第二次世界大戦下に書かれた文章とは俄かに信じがたいダンディな博覧強記だが、花田の示すアレゴリーはつねに「別のもの」への志向をひらいている。この場合は、書かれた時制からして、東洋と西洋の「統一」が問題視されているだろう[★01](時代が下って読まれれば、これはたとえば「資本主義と共産主義の統一」「アヴァンギャルドとドキュメンタリーの統一」などさらに関数的に変化する)。ただしここで問題にしたいのは、スピノザ観の是非ではなく、花田が「ブリダンの驢馬」で記した、そのとりわけアレゴリカルな結語のほうだ。

〔…〕まったく人口に膾炙していない「ブリダンの驢馬」というのがある。——ブリダンはいった、驢馬には自発的な選択能力がないから、水槽と秣《まぐさ》桶との間におかれると、どちらを先に手をつけていいものかと迷ってしまい、やがて立往生して、餓死するにいたる、と。スピノザはこの比喩を愛していたとみえ、それは初期の『形而上学的思想』のなかにおいても、後期の『倫理学』のなかにおいても繰返されている。然るに不思議なことに、かれは、いつもの鹿爪らしい調子で、この同一の比喩を使用しな

がら、前者においては、自由意志の存在を証明し、後者においては、その不在を基礎づけているのだ。私はいまかれの言葉を長々と掲げながら、その論理的な矛盾を指摘してみたり、その自由意志論の発展を跡づけてみたりする余裕はないが――しかし、私の解釈に苦しむ点は、意志の自由について は疑いをいだくにいたったスピノザが、「ブリダンの驢馬」の仮定の正当さについては、どうして一生涯、露ほどに疑ってみようとはしなかったかということだ。実際、驢馬をそういう生の可能性の状態においてみるがいい。一瞬の躊躇もなく、かれは猛然と水をのみ、秣を食うであろう。或いは秣を食い、水をのむであろう。私は確信する、断じてかれは立往生することはないであろう、餓死することはないであろう、と。★02

AかBか――(それらが等距離にあるとして)水槽か秣桶か――これは驢馬にとって「選択」の命題など形成しないと花田はいうのだ。動物学的リアリズムなどこの際どうでもいい。眼前に現れる選択肢をどの順によってでも構わないからふてぶてしく併呑する、ただそれだけで、(世界の)時間が生成される――これが肝要だろう。偶然かもしれないが、この問題をさらに精緻に主題化したのが、黒沢映画のなかでも『蜘蛛の瞳』と匹敵するほどアレゴリカルな『カリスマ』だった。

『カリスマ』の構想は早い。東京の学生映画出身者が自らの企画と映画観を生き生きとまくしたてた同人誌「映画王」、その3号に、黒沢が「企画会議カリスマ」を寄せたのは、映画完成のほぼ十年近く前の一九九〇年だった。九〇年代前半までの黒沢の評論はときにアレゴリーが顔を覗かせとても愉しいのだが、★03 この「企画会議カリスマ」でも、監督がふと思いついた企画「カリスマ」について、何が何でも話題性の増幅を図りたいプロデューサー(P)、凡庸な資本家(S)、シネフィルで面倒な助監督(AD)、さらには優柔不断で適当なノリ

だけの監督(D)自身が、企画について討議を交わす。書法は大胆にも戯曲(シナリオ)形式。そのなかで企画『カリスマ』は諸意見の交錯にしたがい、以下のように次々語り直される。

D 〔…〕森のまん中に草原があり、そこだけ何故か樹が生えておらず、小高い丘になっている。そしてその頂上に一本、巨大な広葉樹がそそり立っている訳だ。〔…〕さて、その一本の広葉樹をめぐって二人の男が対立している。ひとりは樹を伐ろうとする男、もうひとりは樹を守ろうとする男だ。この状況下に東京から主人公がやって来る。彼は知らぬ内に対立に巻き込まれ、ある時は伐る側、ある時は守る側につきながら、最終的には森の闘争に彼自身が勝利して終わる、と。★04

D ならばこの設定はどうだ。その樹は特殊な樹で、周囲の生態系を乱している。つまり、他の樹がどんどん枯れていっているのだな。そこで、良心ある植物学者がこれを伐ろうとする。ところが迷信深い村人がそれを妨害する。どうだ、立派なエコロジー問題になるじゃないか。★05

S みなさん、こんなのはどうでしょう。やって来た主人公は最初樹のことも森のことも何も知らないニュートラルな存在なのです。ただ、伐ろうとする人と守る人それぞれに教育され、次第にエコロジーを学習してゆく。彼は最後、遂に伐るでも守るでもない新たな思考を獲得するに至る、と。★06

P 何を撃つの?

D それは勿論——樹だよ。その巨木を撃ち倒すのだ。

〔…〕

P　するとつまり、彼は最後にはとうとうその樹をやっつけてしまうのだな。伐る側の勝利ということになりはしまいか。

D　甘い。王の権利を神格化するために、あえて王を殺すという理屈がある。王を殺した彼は以後その王の言葉を語る巫女となって森を支配することになる。

AD　彼こそが神であり、悪魔である、と。

D　つまり——カリスマだ。★07

語られたことは、細部に微妙な違いはあるが、のちに完成した『カリスマ』と一貫性をもち、さらに作品に隠されている主題も露わになっている点に驚かされる。それとシナリオ執筆段階の黒沢が、「一本の樹」か「森全体か」の選択、それを無効化するために「二代目カリスマ＝贋かもしれないカリスマ」を導入し、脚本をより精緻化したのだとも気づかされる。むろん「企画会議カリスマ」のなかにカリスマの定義についての「選択」的なゆれがある。あるいは「王殺し＝王位継承」という隠された主題は、『CURE』と共通している。そしてここでもカフカとの親近性が浮き上がってくる。ヤノーホに語られた「森」についてのカフカの言葉。

怖レル者ハ、森ニ入ッチャイケナイ〔チェコ語の諺。虎穴に入らずんば虎児を得ず、ほどの意〕。シカシ僕タチハミンナ森ニイル。誰モガソレゾレ違ッテイテ、ソレゾレノ場所ニイル。固定した座標の原点はただひとつしかない。それは自己自身の不備ということです。そこから、人は出発せねばなりません。★08

映画『カリスマ』は、塩野谷正幸扮する「部長」への短いショットのあと、その塩野谷が、疲弊のあまり長椅子で就寝している役所広司扮する刑事・藪池を起こす、ロング気味の視界を用意する。仕事がうまく回転していない役所に、塩野谷は休暇をとるよう促す。同ポジションからのショットはひとつシチュエーションを挟んで反復され、そこでは再び長椅子に寝ている役所を起こし、塩野谷が遺憾の色彩を漂わせ「事件」の結果を伝える様子が冷徹に描写される。

刑事を主役に据えることの多い黒沢映画では、巨大な廃屋空間をそのまま署内の広い通路に仕立て替えた『叫』(二〇〇六)を筆頭に、警察空間を「見立て」によっていかに異化するかが空間演出の眼目となるが、『カリスマ』での警察空間の召喚は、刑事を主役にしているのにこれら一箇所しかない。しかも共通するショットは画角が限定され、廊下からそれがT字に触れあう廊下までが開口部を介在して捉えられるだけのフィックスで、交わされる科白から彼らのいる場所が署内と判断できるものの、「警察的事物」が皆無なその空間は、実際はどこで撮られているかわからない代物だった。「見立て」。任意空間を科白により警察内だと色づけするこのやりかたは、低予算を宿命づけられた学生映画の方法を想わせる。

ともあれ開口部を奥行きに置いたスタチックで暗いこの入れ子視界を踏み台にして、映画はすぐさまフィルムノワールの空間として用意された無際限な「森」へと跳躍する。そのためにはこの二つの「署内」ショットに挟まれた別の空間が要る。役所が連絡を受けて急行する現場。そこでは代議士を人質にとった事件が起こっているが、一瞬の破局は、凝視されず、外延的なカメラワークの擦過によりあっけなく提示される。この外延線が新たに森をよびだすといっていい。しかもそこで中心化されるのは、古い団地内の一階の一室で代議士のこめかみに脅迫的に銃をつきつけている犯人が、その一室に入り込んだ役所に渡すメッセージ——その文言のほうだった。それは無造作に出納帳に書かれ、無造作に破られて役所に渡された。その後、文言

がアップになった。《世界の法則を回復せよ》。

その内容を手許で確認しているとみえた役所が突然、犯人に向け銃を構える。一方、犯人は慌てて銃をゆかに落とす。明らかに役所は犯人に発砲する余裕があった。ところが犯人のメッセージ「世界の法則を回復せよ」が何かの作用をしたのか、発砲がなされない。それで拾い上げた銃を再び代議士に向けさせる機会を犯人に与えた。役所が「メッセージは伝える」と一室を辞去するときカメラは外からガラス越しに覗き込むポジションに変わり、警察がその入口を固める態勢をつくりあげるより「前に」、左に(破局を見越したかのように非人間的に)横移動して、犯人が代議士を撃つさまを捉える。その音が別の刑事たちの乱入を招き、犯人は数発撃たれたのだった。全ては窓越しの光景として小さく見えた。

いずれにせよ——森を彷徨する刑事・藪池＝役所の不可思議な連れ合いとなる、樹木カリスマの守護者・桐山＝池内博之までこのメッセージのヴァリエーションとして森の法則を語るのだから、「世界の法則を回復せよ」の真意や広がりを吟味しないわけにはゆかない。実際の黒沢は「「回復」すべき、「世界の法則」とはどんなものなのでしょう」という大寺眞輔・安井豊の問いにこう答えている。


よく憶えていないのですが、とり立てて深い意味はなく、当時、どうしても世界という言葉を使いたかったんだと思います。世間だと俗すぎるし、社会だと偏りすぎていて、日本だと断然狭い、というので、自分たちが住んでいる場所は世界であると考えるようになっていました。★09

これに似たメッセージは黒沢の他の作品にもある。『蜘蛛の瞳』での大杉漣の「全体を考えろ」がそれだし、最初、刑事・吉岡＝役所を真犯人にするよう追い詰める連続殺人(特徴は地上での被害者の溺死)が勃発している

ようにみえた『叫』では、息子を溺死させた医師・佐久間＝中村育二もこれに関連するような科白を言う。[★10]
もちろん「世界の法則を回復せよ」には濃厚にカフカの匂いがする。とうぜんカフカの箴言のうちでも最も人口に膾炙しただろう「君と世界の戦いでは、世界に支援せよ」(加藤典洋の書名にそのまま引用された往年の訳文)[★11]がまずうかぶ。カフカの箴言によれば《お前は練習問題だ。どこをみても生徒はいない》[★12]のだから、「君＝お前」と名指される二人称＝自分自身は試練のなかで常に孤立無援で、しかも誤謬が前提されている。だから「お前」が「世界」と軋轢を生じたときには無前提に世界のほうが支援対象となり、それで離人的な自己無化が起こる。これがカフカの怖さだ。「世界法則の回復」と「自己法則の解除」が対をなす。だからこれらのあいだの「戦い」も、同じもの同士の戦いとなって位相的には潰れてしまう。《精神の戦いにおいて、自と他を分けることの無意味》[★13]。「世界」に言及するカフカの箴言にはおよそそんな峻烈さが連続する。《いまこの世界と戦おうとすれば、わたしは世界と、その決定的な特徴、つまりその移ろい易さにおいて戦わねばならない》[★14]。「同一性」の中身は「自己と自己」だから刻々が移ろうのだ。自己と自己は殺伐と感じるまでに一定だろう。《世界の不均衡とは、ありがたいことに、数字の不均衡にすぎないように思われる》[★15]。移ろい易さの見解は「悪」と結びつき、過渡性を決定する。カフカにいわせれば、それこそが仮象なのだ。《悪は、特定の〈過渡的状況〉における人間の意識の放射である。本質的に感覚の世界が仮象であるのではなく、われわれの目には当然、感覚的世界と映る、その世界の悪が仮象なのである》[★16]。
前述した「署内」の二度目の空間では、寝ていた刑事・藪池を、部長が起こしたあと、こんなやりとりがなされる――部長「病院から連絡があった。二人とも死亡したそうだ。犯人も人質も」。藪池「そうですか…」。部長「お前、どうして犯人を撃たなかった？　よりによって犠牲になったのは代議士だ」。藪池「〝両方〟を助けようと思っただけです」。部長「頭のおかしい男を助けてどうする？」。藪池「〝両方〟が助かるべきだと、あ

のときは思いました。うまく言えません」。部長「それが世界の法則か」——。問題は複雑化している。対立するAとBとのどちらを選択するかがもはや問題ではなく、1「AとBのどちらかを選択する偏狭な行動」と、2「選択をせず、両方ともに生かす解決」とがすでに天秤にかけられているのだ。ここには論理の併呑がみられる。花田でなければ蓮實重彦の名を出せばいい。以前に出した例でいえば、「「AよりBのほうが凡庸だ」という物言い自体が凡庸だ」がこの併呑にあたる。ただしこの併呑的選択命題により、「世界」の様相がどのように変化するかは、さらなるのちに考えることにしよう。

2——狂った語り、過剰命名

以下、『カリスマ』の特異な語りにふれるため、映画の流れの説明につき、物語区分だけをつなぐ書き方を意図的にしてみる。「休暇をとらされ、部下の刑事の運転するクルマの中で、あてどなく任意的な場所への下車を望む藪池（＊「企画会議カリスマ」での「刑事がふらりと森にやってくる」という曖昧な設定はそうして導かれる）」→「森の只中の道で役所が下車すると（部下の運転するクルマはあっさりと立ち去る）、間近にあった錆びたバス停の時間表の金属板が道路に落ちて音を立てる（これが以後の倒木連鎖の前兆となる）」→「僻地に来たものの目的のない藪池は深夜の森を彷徨し、間伐地に乗り捨てられている廃車を認め、ドアが開くのでその中を臨時の寝所とする」→「藪池が寝ているクルマの窓の向こうに怪しげな人影（＊作品を一回見とおすとそのシルエットの輪郭が神保妹＝洞口依子のものと判断される）が近づき、クルマに放火する」→「死んだかと思われた藪池は這う這うの体で逃げ延びており、金属パイプの足場で囲まれた樹木カリスマのもとまで来て気絶する」→「夜明け、その藪池の両脚を取って丘の稜線を引きずってゆく何者か（のちにそれが桐山＝池内博之と判明する）」→「森林調査隊が

斜面で大規模に地質や樹木の捜査をしている渦中で、官吏の坪井＝大鷹明良と、現地隊長の中曾根＝大杉漣のあいだにやりとりがあり、三日前に植えた樹の苗木さえ即座に枯れる、と森の窮状が明かされる〔このときロングで何の人為も介さない最初の倒木〔自然現象〕があり、倒れた樹に近づいた中曾根は「どうなってるんだ、この森は？」と怪訝を示す〕→「作業員屯所〔そこは窓ガラスが破れ、窓柵の錆び切った廃屋にしかみえない〕に戻った中曾根隊長は、いつの間にか藪池をそこに保護している」。

以上、シーン展開を逐一追いながら意図的に物語の「結節」のみをしるし、カメラワークやカッティングの説明を省いたが、感覚されるのはこの書き方でもわかるとおり、語りの異様な速度だ。叙述に前提や説明、同時にフォロースルーすらなく、あたかも「渦中」と「結果」だけが、抒情を絶縁したシーンつなぎで、ごつごつと切り詰められているような感覚がある。『カリスマ』ではほぼ全篇にわたりこうした語りの方法が堅持されるので、長回しが切り返しに変貌する編集的異変を繰り返した『CURE』のような蠱惑がない。説経節の狂った語りのようだ。これは何か。カット尻とカット頭、カット間の関係項をも切り取った結果、ジャンプカットの連続となったゴダール『勝手にしやがれ』が参照されているのだろうか。「アレゴリー」に着目すれば、たとえばベンヤミンの以下のような文言もみえる。

アレゴリーには多数の謎はあるが、いかなる神秘もない。謎は一つの断片であって、その断片は、それにぴったり合う他の断片と結びついて、一つの全体をなす。★17

このベンヤミンの言葉はアレゴリー「空間」について言われたものだが、これをアレゴリー「時間」へと転用すると、事実の結果だけを結んで、べつの骨組を時間に露呈させる『カリスマ』の語りの形式が得られるので

はないか。アレゴリー断片が連鎖することで、時間軸に「アレゴリーのアレゴリー」が組織されだしているといってもいい。十年近くの雌伏の中で発想が肥大し作品が長尺化するのを未然に防ぐ黒沢の脚本が用意され、映画そのままの撮影がいわば総集篇の撮影へと圧縮されたともいえるかもしれない。とくに藪池＝役所の行動が森の一点から一点へと間歇的に飛躍しながら、その点線状態は役柄の科白にも共通し、短い単位の飛躍を盛り込んで、効率性以上の内部空白を気づけば孕んでいる。幾つかのアクションがあり、幾つかの殺しすら作中にはあるのだが、全体が静謐な均衡をなぜか保つので、この狂った語り★18はあまり目立たないのだ。あるいはこの作品ではクルマの移動はすべて唐突で速く、しかも断片化されているが、作品各所における速さのこうした蔓延は、その一定性によって、それとは真反対の停滞をしるしづけるといってもいいだろう。のちに述べる、「カリスマ」に関わる諸見解の衝突もまた、同断だ。

　藪池＝役所はどの勢力にも就かず、あてどなく森を彷徨する。貼られたタイルに装飾性の雰囲気が残り、吹き抜けのエントランスに大理石製とおぼしい巨大な滑り台のある廃ホテルに寝泊まりすれば、就寝中、夢幻から登場したような桐山＝池内に魂を抜かれそうになったりする（確かに初出時にはホテルとして現れたそこは、のちに池内によって療養所跡地と言い替えられ、三年前に物故した院長を「大人《たいじん》」と崇める彼は院長の遺志を継いで一本の樹木の延命に腐心し、同時に認知症を患っている院長未亡人の世話もしている）。森では毒キノコの危険も顧みずにキノコを拾い歩いて口にし、その採取場所が中曾根＝大杉から興味をもたれたりもする。やがて金属製の作業足場に囲繞されて何かおもちゃのようにもみえる、野原に一本だけある貧弱な白っぽい樹木（枯木とみえて、幾つかの細い枝の先に若干の葉が残存している）、その病相の進行を止める池内の作業を、池内が大杉たちと敵対すると知りつつ、手伝うようにもなる。けれども作業は「何かしているように見える」労働の形骸、というべきかもしれない。周辺の土壌を掘り起こして栄養剤を入れ、足場に上り、枯れ枝の剪定や、生気を失ってい

る樹皮の細部に薬剤を綿棒状のもので丁寧に塗布しているが、樹一本だけのことなのでプロならばさほどの手間ともみえない。いずれにせよ交情めいたものが人物間に生まれそうになりながら、どこかで感情を拒否し、やがては「カリスマ」をめぐる観念の闘いが、そのまま人物間の闘いへと写像されるだけの狭隘を作品が描きだすことになる。とりわけのち役所に眷恋することになる神保妹＝洞口依子の扱いなど惨いもので、ガーリーなハーフコートとロングブーツ姿の彼女は、森を舞台にした数か所のロングショットで、役所に近づこうとして繰り返し弾《はじ》き返される動きを、表情を欠いた俯瞰角度で描かれたりもする。こうしてともすれば痩せそうになる作品の立脚を、充実へと送り返しているのが何かも、のちに考察することにしよう。

「感情のなさ」を最もあかしするのは、植物学者・神保姉＝風吹ジュンが登場する場面だろう。庇護している樹木にやる水を汲むため沢へ来た役所は、そこで虎挾み型の動物用トラップに脛を嚙まれる。風吹の運転するクルマが森のなかを唐突に通りかかり、その虎挾みを下車した風吹が解除する。偶然の恵みだ。まくりあげたズボンの脛から傷口のみえる役所は地面に腰を下ろしているが、風吹に支えられ、身を起こされる。二人の顔が近づくと、フィルモグラフィ順をもはや無視してその作品を反復的に観ている黒沢ファンは、TVドラマながら劇場公開もされた素晴らしい『降霊』（一九九九）をこの二人の取合せに想起するはずだ。振り返れば『降霊』で夫婦役だったこの二人は、「感情」たっぷりに「選択」のドラマを演じきったのだった。録音技師の役所は自然音を機材に採取するうち、持ち置いていたトランクケースのなかに予期せぬものを容れてしまう。変態的な誘拐犯から逃れるため女児がそのなかに偶然隠れたのだ。役所は知らずにその女児をトランクごと持ち帰り、自宅車庫に数日間放置している。いっぽう妻の風吹は霊視能力の持ち主で、警察の調査にもひそかに協力している。それで行方不明になっている当該の女児の居場所を霊視してくれと依頼され、霊視を開始すると、その子が間近の自宅車庫にいることが感覚されて混乱する。ところが発見救出したその

子を手当するうち、性格の歪んだその子は頓死してしまう。殺人の嫌疑は必至。警察に通報するための電話は最初不通となり、そこで「選択」が起こる。その子を遠くに埋葬し、その場所を言い当てることで大々的に自らの霊視能力を喧伝しようと策を練るのだ。夫の役所は、妻の野望を止めることができず、埋葬を手伝う。霊視能力という特殊な題材だが、ここにあるのは黒沢にしては珍しく正当な心理サスペンスだ。卓抜でJホラー的な恐怖表象も加え、刑事を前に、風吹が自作自演のパフォーマンスをおこなうときにサスペンスは最大振幅を迎える。精神分析はアレゴリーを峻拒するが、精神分析に近い、霊視能力のような擬似科学は「心理アレゴリー」を嬉しそうに飲み込むということを、黒沢清は『降霊』(一九九九)で見事に理解していた。[★19]野心と悪と怯えの分立そのものがアレゴリカルな図柄なのだ。その図柄から感情のアレゴリーが美しく暴発する。

ところが擬似科学の妖しさではなく、「植物のノワールな暴力」を扱う『カリスマ』では、むしろ「感情のなさ」がアレゴリー成立の要件となる。結果、画面に並んだだけで相互感情が燃え上がりそうな役所と風吹は、この作品では、二人の最後のくだりにあっても、アレゴリーの残滓をほんのわずか、くすぶらせるだけにすぎないし、含みをもっても二人は終始丁寧に互いに接していた。

池内は何千年後までの延命を願うくだんの樹木を「カリスマ」と名づけていたが(毒素により運営の注意を途轍もなく長く要求するこの樹は原発に似ている)、この「カリスマ」につき、科学的根拠が一見あるように思える見解を語るのがやがて植物学の大学教授と判明する神保姉=風吹だった。前段は、「カリスマ」とその周囲の計測撮影へ、人手不足を理由に藪池を同行させた坪井=大鷹の「(この樹は)盗人萩の一種ではないか」という言葉。さらには、森には「生きようとする樹の力」と「(周囲を)殺そうとする樹の力」がせめぎあっているという役所の述懐に、風吹がその二つの力は同じ力だとやわらかく喝破したくだりもある。「カリスマ」を守ろうとし

ている桐山＝池内と、それを土壌から除去しようとしている坪井たちとのあいだで衝突が繰り返されている、それは「カリスマ」自体が魅力的だからではないかという役所の言葉を聞いた風吹はとうとう次のようにいう。「カリスマね。そういう俗称もありますけど、学名は違いますわね。〔…〕あの樹は亡くなった病院の院長が大陸からもちこんだもので、ちょっと変わった種でしてね」。役所「どういう樹なんですか？」。風吹「一種の〝怪物〟です――極めて悪質な害をもたらす。藪池さんはあの樹の周囲の森が枯れ始めているのに気づいてますよね。その原因はあの樹、カリスマにあるんです。生態系ってわかります？　自然のなかで生物が循環してゆくサイクルのことをいうんですが、その観点からいってあのカリスマは非常に危険な存在だと言えるでしょう。森全体の話から始めましょうか。このあたりの森林はもともとブナの占有度が高い、専門用語でいう〈極相〉とよばれる状態にありました。美しくって、それだけで完璧な森って言えるでしょう。そういう森だったんですよ、本来は。ところがですよ、あそこにあのカリスマが移植されてからは、急にあの森が枯れ始めた。通常、あれほど急速に森が死滅することはありません。その原因は、あのカリスマの根から分泌される毒素にあるんです。カリスマは自分が生きてゆくためには手段を選びません。一見弱々しいふりをしつつ、他の植物に毒を盛り、自分だけはびこってゆこう――そう考えているんですよ。ただ奇妙なのは、ほかの植物があのカリスマを拒絶するどころか、まるで惹かれるようにして、それに接近して、若い順に倒れてゆく――そういう点ですね。まるで麻薬でも打たれているかのように。藪池さん、あれはそういう恐ろしい樹なんですよ、このままにしておけばあの樹一本を残して森全体が枯れてしまう。どっちを選ぶか、そろそろ選択しなければならない時が来ていると、そう私は考えますね」。役所「両方とも生かす方法はないんでしょうか？」。風吹「両方？」。役所「森も、カリスマも、両方です」。風吹「無理ですね。ありません」。

風吹の言葉（作中、最も長い連語だ）に観客の注意を促すため、この神保姉妹の家の居間での二人のやりとり

に対し黒沢は、角度を変えながらも、オーソドックスな切り返しを用いている。風吹の言葉は、一見植物学的な専門知見に包まれているが、さまざまに乱反射する寓言なのを聴き誤る者はいないだろう。カリスマが利己的な暴力主体であることを超え、若い世代に破滅を希求させる煽動者だということ。『CURE』に引き続きまたもやオウム=麻原的な怪物性の示唆がある。少なくともカリスマはネオファシズムと連絡している。また対峙する価値、「ブナ林=落葉広葉樹林」第一主義には、宮崎駿『となりのトトロ』(一九八八)の準拠した中尾佐助の「照葉樹林文化論」の余波が認められるだろう。伝統回帰=汎アジア性=無境界性がその骨格だ。「世界の法則を回復せよ」はここに接続されてしまうのか。一方で列島圏の統一性を大陸圏が搔き乱すとする排外主義もうすく感じられる。ただし最も注目に値するのは、樹木カリスマが「一見弱々しく」みえても、周囲を殲滅しきる暴力性を深く秘めているという点だ。むしろ「一見弱々しいこと」が暴力主体の本質とまで示唆されていないか。弱いものが歴史=時間をつくる。ただしここには「過剰命名」の問題がある。おどろおどろしい「カリスマ」の「俗称」は本当に正当なのか(「カリスマ」はむろん虚構の樹だが、その正式な学名がついに風吹から伝えられなかった点も留意すべきだ——じつは「ないもの」に荘厳化が伴われているのだ)。ベンヤミンは記す。

人間たちの言語においては、事物は過剰に命名されている。人間の言語が事物の言語に対してもつ関係のなかには、近似的に「過剰命名」と言い表せるものが混じりこんでいる。それはつまり、すべての悲しみの、そして(事物の側から見た)すべての沈黙のきわめて深く言語的原因をなす、過剰命名である。★20

過剰命名そのものが悲しみ=沈黙への侵犯であるかぎり、それは唯一の命名権保持者=神、その僭称まで人間に付帯させるということ。ならばあらゆる過剰命名のなかで、「カリスマ」という過剰命名は命名の再帰

的本質を不当拡張させているのだ。

3──「活劇」の開始

風吹と役所が接触したことに不機嫌を隠さない池内は次のように言う。そこから映画『カリスマ』の湛える複雑な価値対立が生じる。「選択」の可能性がそうして乱れきるのだ。これらは『カリスマ』の科白劇の側面を示す。ともあれ、廃墟の壁を這う木漏れ日が、自然はこちら側にあると主張するようで、美しくもバロック的に不穏だ（真の廃墟とは石材への植物の侵食なのだ）。池内は作業をする役所に寄ってきては離れ、一定しない位置で語り続け、カメラはそれを追う。

「おい、神保に何〔を〕教育された？　森全体のことを考えろ、あの樹は化け物だ、そんなとこか。違うな、全部全部違う。それは人間が勝手に考えた理屈だろ？　森は戦場だ。色んな植物が生きたり死んだりしている。もしカリスマが一本だけ残って他の樹が全部枯れたとしても、それが「法則」なら仕方ないことだろう。強いものが勝つ、それがここの法則だ。俺はそういうほうが好きだ。森全体を救ってどうする？　人間の役に立つのか？　のんびり山歩きでもするのか？　なんだそれは…。みんな結局、人間のことしか考えてない。勝手なんだよ。無茶苦茶なんだ。俺の目的は森の法則を回復させることだ。それはたぶん世界の法則かもしれない。わかるか？　それには軍隊が要る。だからあんたが必要なんだ。あれ？　それともあんた、単に自由が欲しくてこの森に来たのか？〔…〕自由は一種の病気だぞ。本当に健康な人間が望むのは、服従することだ。わかるよな、刑事なら？」。

池内の言うことは、後半、「軍隊」「服従」などの用語を招き、ネオファシスト風に聴こえるが、展開に不連

続性を孕み、蚕食によって意味の空白がちりばめられているのに注意を要するだろう。もともとの彼のカリスマ守護ぶりを念頭に置けば、服従は「神への服従」であり、軍隊も「神の軍隊」なのだ。よってそれは崇高な革命志向をも印象づける。風吹の言葉が権力からの「排除」を使嗾する神話的暴力に属するなら、池内の言葉は革命に創造的言語を並走させた神的暴力のようにも響くから[★21]、『カリスマ』の「選択命題」が厄介なのだ。

風吹 vs 池内の対立図式をさらに攪乱するのが、神保妹＝洞口依子だ。そのまま役所は、山岳の気配濃い池の畔の井戸へ薬を注入する、風吹の仕事を手伝っていたが、その仕事を引き継ぐ洞口を手伝うくだりで意外なことを聞く。洞口「ここの水って森全体に行き渡っているんですよ〔…〕。〔薬剤缶を棒で掬いあげて役所に示し〕ねえ、これ何だと思います？」。役所「地質を改良する薬品だって聞いたけど」。洞口「毒ですよ、毒」。役所「え？」。洞口「もちろん植物にとっての、ね。姉さん、この一年、ずっとこれを入れ続けてるんですよ」。役所「どうして？」。洞口「この森を全部枯らしてやろうって考えてる。本来の生態系を回復させるにはそれしか手がないんだって。だから森の植物がどんどん枯れていってるのね。狂っているんです。姉さんの言うこと、真に受けないほうがいいですよ」。もし洞口の言うことを「真に受ける」のなら、風吹の目指しているのは、無慈悲でありながらも、二段階革命論ということになる。

革命論の「分布」はのち、黒沢清の映画では『アカルイミライ』の問題となる。親友にして守護者・浅野忠信からの「行け」というアレゴリカルな命題＝遺志を継いだオダギリジョーは、猛毒をもつアカクラゲ（光に照らされて水槽をスカートのへムラインのように漂う姿は、この作品で唯一「女性的」なものだった）の飼育も託されるが、やがて住む老朽アパートのゆかから地下に誤ってぶちまけてしまう。オダギリは浅野の実父・藤竜也の廃品リサイクル工場[★22]で働いている。するとやがて地下がどう通じ合っていたのか（「水」が境界の多孔性と彼方への浸透の媒介になる点は、恐怖映画の『叫』でも同じ）、川にアカクラゲが氾濫し世間が大騒ぎになる。「毒」の非限定的な蔓延

は、生き物のかたちが違うから意識にのぼりにくいが、「カリスマ」と同じなのだ。ところがアカクラゲはやがて河口へと下り、毒による世界の転覆をその場では放棄して、彼方へと再定位してしまう。その一方で、オダギリと一時期犯罪を共にした若年集団は、ゲバラのTシャツをまとい、表参道を軍隊行進するように闊歩している。このとき革命主体はどこに「分布」しているのか。遠さのなかに身を輝かせているだろうアカクラゲの群れか、一時期はアカクラゲ増殖の筋道をつけたオダギリか、アカクラゲの秘蹟を知らずに表参道を闊歩する若年集団か。『アカルイミライ』はラストでその三層を、解決しないアレゴリーとして提示して終わる。その構造もまた『カリスマ』と似ている。

話を戻すと、対立図式の攪乱要因は洞口だけではない。大鷹―大杉率いる作業員たちを、腹蔵ある植物ブローカーとして猫島＝松重豊が統括すると、成員が新たに加わったのか、全体が一挙に「軍隊」化してくるのだ。銃すら保持しだした彼らは暴力的に「カリスマ」を収奪しようとする。ここから映画『カリスマ』が待機していた「活劇」が開始される。錯綜はあるが、運動は単純だ。方向性の違う者たちのあいだで「リレー」がおこなわれるにすぎない。しかも前言どおり、ロングショットで示されるその変転は、余情のないごつごつしたアクション渦中、それのみのアレゴリー連鎖としてつながれてゆく。だからこれもまた矢印で筆記できる。「「カリスマ」の場所を松重の配下ひとりが、前に置いた椅子に座って占拠している」→「役所、池内がそこを急襲するが、松重たちに追われ逃走」→「「カリスマ」は土壌から引き抜かれる」→「その「カリスマ」を荷台で運ぶ小型トラックが役所の銃で撃たれ、車体の影に松重の配下たちが身を隠す隙に、「カリスマ」は池内に奪われ、逃走を開始する」→「池内が「カリスマ」のもとあった場所に戻り、トラックから降り、破壊された足場パイプの散乱状態を確認していると、背後から有無を言わさず洞口が、スコップで池内の後頭部を連続的に殴打する〔その即物性が怖い――この即物性は、松重配下の「軍人」たちが裏切り者とおぼしき成員を地面に仰向けに固定し、そ

の頭部を無媒介に、巨大で重い槌でごんごん打つときの恐怖に接続される)」→「洞口が「カリスマ」を積載する荷台に上ると、リアウィンドウ越しに運転席に向かう風吹が捉えられる」→「トラック、発進」→「(ジャンプカット)池内が駆けつけると「カリスマ」は油をかけられて土のうえで炎上しており(トラックは乗り捨てられている)、消火はならず、一切は手遅れ」。早すぎる語りは、しかし運動方向の錯綜により、運動自体を減殺され、「停滞」を同時出来させているのが素晴らしい。これはA(アクション)とS(シチュエーション)のアフォーダンス的相互干渉を考察したドゥルーズの「行動イメージ」についての分析を喚起させる。ドゥルーズのいうように、言語的比喩が「動き」そのものに関わる余地が生ずるのだ。

> 行動イメージを貫いて循環するそうした新たなアトラクティヴなイメージ、アトラクションのイメージは、フィギュール〔…〕である。というのも、〔ピエール・〕フォンタニエが十九世紀の初めに「言葉の綾《フィギュール》」の大きな分類を試みたのだが、そのとき彼が言葉の綾と呼んだものは四つの形式で提示されるからである。第一のケースは、本来の意味での転義《トゥロプ》。すなわち、比喩的な意味で用いられる語が他の語の代わりになること(隠喩、換喩、提喩)。第二のケースは、本来の意味ではない転義、すなわち比喩的な意味をもつものは語の集まりや命題であること(寓意、擬人法等々)。第三のケースでは、たしかに置き換えが存在するのだが、厳密に字義通りの意味の範囲内で語が交換されたり変換されたりすること(倒置法はそのような技法の一つである)。最後のケースは、語のいかなる変更も経由しない思考のフィギュールである(熟慮、譲歩、延引、活喩法、等々)。わたしたちは、わたしたちの分析のこの水準では、映画と言語活動との連関や、イメージと語との連関に関する一般的問題はいかなるものも提起しない。わたしたちはただ、映画イメージにはそれ固有のフィギュールがあり、これは映画のイメージに固有の手

段によってフォンタニエの以上の四つのタイプに対応しているということのみ確認しておこう。★23

映画『カリスマ』の基本が「世界の法則を回復せよ」あるいは「植物の暴力」さらには「過剰命名」にまつわる科白劇だという点はすでに明らかだと思うが、そうした前提を跳躍台にして起こる「活劇」も、活劇自体であるにも関わらず、言語遊戯的だといえるだろう。いま説明した一連は、意味的には神保姉妹が「カリスマ」に火をかけたとすれば済む。そうするとそのあいだに刺繡されている「過剰」を何ととるか。ドゥルーズに倣ってフォンタニエを導入できるのだ。一言でいえる。それは「暗喩なき転義」だ。ドゥルーズは、アクションの生起によりアクションを含むシチュエーションが変わり、その新たなシチュエーションによって新たなアクションが生起するような空間を小形式の空間とよび、その範例を溝口健二『祇園の姉妹』(一九三六)などにもとめているが、いま述べた『カリスマ』のくだりは、一見、「カリスマ」という神性の樹をめぐる攻防であるかぎり、シチュエーションがアクションを喚起する大形式の局面とみえながら、シチュエーションの「無」が温存されることで小形式への回帰が起こった場面といえるかもしれない。ここでは主題ではなく、諸運動の異なる方向のもつ等質性だけが、音楽のように残るにすぎない。★24 これが今述べた一連の「遅/速」の弁別を無効化させる原因ともなる。

4――第二のカリスマ、あるがまま

燃え尽きるしかない「カリスマ」を前にして、悄然と膝を付く池内のそばに役所も辿り着く。そこでCGが大胆に導入される。突然の無音化。役所の背後の空、画面左上に、水中に墨汁を流したように、あるいは煙

状にもみえる密集した緑が広がる気配がある。役所は気づいて振り返る。「第二のカリスマ」が幻想された瞬間だ。このときの役所の後頭部と、緑の静かな爆発とが織りなすレイアウト★25が素晴らしい。それは空隙の模様化なのだ。しかも蝟集された緑の、渦を巻く色素は、しだいに細かく秩序立って分節化され、植物的詳細を形成する動勢をみせる（一瞬のことだが）。一旦、見上げる役所側に切り返され、再度リヴァースショット（ロング）となったとき、植物は地平から巨木として立ち、太い幹とこんもりした葉の部分がすでにキノコの形状まで象徴的に帯びている。高速時間のもとに置けば、あらゆる植物の成長は「爆発」だが、その爆発が原爆イメージ＝きのこ雲と結ばれるのだ（「カリスマ」への数千年単位のケアの必要が原発と同じだと前言した）。もちろんここには、『となりのトトロ』でさつきとメイの姉妹がトトロにもらって庭の畑に蒔いた木の実が、月夜に大爆発するように高速で脈々と成長した、あの夢のシーンへの意識もあるだろう。

　役所は実際、「カリスマ」かもしれない樹をもう一本、見つける。幹が極端に太く、しかも根元近くで複雑に幹分かれして、あっただろう上部が朽ち落ちている、形状にごつごつした鋭い突端の目立つ、ゴシック的ともいえる巨大な枯木だ。先の「カリスマ」と較べれば風格の優位は歴然としているが、その枯木の再生作業に池内を立ち会わせても、彼の興味を引くことはない。風吹ジュンに見せても、「ただの枯木であって、カリスマではない」と学術的に否定される。それでもその枯木が数千年の生を復活させる可能性を信じて、役所はその再生措置にいそしむようになる。彼の真意が何なのかは、いろいろ語られた科白を綜合するとわかってくる。周囲を壊滅させる一本の怪物の樹をとるか、森全体をとるかは、樹々の「あるがまま」にまかせればいい。一本の樹の死か、森全体の維持かは「あるがまま」の時間がつくりだすのだと達観すること。これは平凡な選択だが、もともと平凡さは樹木それぞれにわたっているもので、一本の怪物の樹、森全体という概念が奇怪な抽象にすぎない。だからこそ、「カリスマかもしれず」「そうでないかもしれない」この平凡な枯

木に、あるがままの再生を施そうと賭けているのだ。そう洞口に語る役所の表情は達観を経て、妙に明るい。彼は二者択一の選択命題をそのように克服したのだ。ところが役所がケアする以上、そのケアに価値がつく。「新しいカリスマ」の過剰命名も施される。植物ブローカーの猫島＝松重豊がその樹を一千万円で譲れと交渉してくる。松重は記号性に支配されているが、実在しかみない役所は相手にしない。ほしいのなら好きにすればいい――それも「あるがまま」ということだろう。それで一千万のカネは、洞口がちゃっかり頂いてゆく。

一千万のカネを得た洞口は、何とか大杉たちの追跡を逃れ、疲弊しきった状態で、池内のいる廃ホテルに横たわっている。これから人物たちを襲うのは、ブニュエル『皆殺しの天使』と同じような、「なぜかそこ（この場合は森）から出られない」という呪縛だ。諸力が錯綜したそれだけのことで、舞台となった森にはすでに磁力が張られているのかもしれない。乾ききった洞口は、水を池内に所望し、安楽椅子に深くのけぞって座っているが、やおら池内のもちだした日本刀により、その鳩尾を背もたれの裏まで貫かれる（この「串刺し」にはトビー・フーパー『スペースバンパイア』（一九八五）クライマックスからの影響があるかもしれない）。棚ぼたで一千万を得たと確認した池内は院長未亡人を車椅子に乗せ、森を出ようとする。役所とすれちがう。池内の最後のメッセージは、〔平凡さを再生し、一本vs全体の図式を超脱した〕「あんたがカリスマだ」というもの。わかるようでわからない寓意連鎖がこの『カリスマ』なのだから、気にする必要はない。二人の背後にある巨大なパラボラアンテナの円型並置がレイアウト的に素晴らしいが、これもまたCGによるレイアウトなのだろうか。ところがやがてその池内が「森から出られない」呪縛に陥り、院長未亡人を放棄して、トラックの荷台に乗る「軍隊」に一千万やるから、と森からの脱出行を依頼するが、それも相手にされない。「森から出られない」呪縛はその前、一人ぬけをしようとする大杉漣をも襲っていた。彼は餓死寸前で森のなかを匍匐前進していた。

寓意＝アレゴリーによって動く物語では真相がわからない。解釈可能性が「選択」されるということでもあるが、物語進行の濃度が高すぎて、「世界」が判断不能になったということでもある。風吹はなぜか、役所が「第二のカリスマかもしれない樹の発見」を告げたあとから怯えきっていた。それが本当に第二のカリスマという可能性もあるだろうが、カリスマの候補が任意に無限出現する事実に恐怖しているのかもしれないし、あるいは平凡こそがカリスマの要件だという真実の提示に恐慌しているのかもしれない。[★26] いずれにせよ、一本のカリスマvs森全体という「安定した」対立構図に、「両方」「平凡」「あるがまま」という視点を役所が導入してから、真の攪乱が生じ、「あるがまま」の無秩序が生起し、それが「回復された世界の法則」となりつつあるのだ。ついに「第二のカリスマかもしれない平凡な枯木」のもとに駆けつけた風吹は、チェーンソーで樹幹各所に裂け目を入れ、そこに持ち寄った圧縮空気ボンベを入れ、樹全体を完膚なきまでに爆砕しようとしている。「あるがまま」しかもう視野に置かない役所は安楽椅子に座り、彼女の追い詰められた作業を悠然とみている。だが「あるがまま」は翻心を起こす。役所は風吹を無理やり抱え上げ、彼女を樹から離れたところに投げ落とす。「そんなにこの樹が憎いですか？　ただの枯木なのに」。それから彼は「あるがままに」枯木に向かい銃弾を撃つ。一発、二発、三発——四発目でボンベが破砕され、樹全体が大爆発を起こして崩れた。

この瞬間に、大和屋竺『荒野のダッチワイフ』の冒頭で、殺し屋ショウが依頼人・仲の腕試しの依頼で、枝に立てかけたポケットウィスキーの瓶ではなく、十三発の弾丸連射で木全体を崩したハードボイルドシーンを想う者がいるかもしれない。部分の否定は全体の否定なのだ。また、枯木の残骸を、冬枯れの草原をともにしるした光景は西部劇の何かに由来しているだろうし、もともとコート姿で森を歩く刑事の役所広司は、その歩きにより森全体をノワール空間にし、迷路的な緑に潜在する黒を暴き立てていた。その流儀はコーエン兄弟『ミラーズ・クロッシング』（一九九〇）にも活用されていたのだ。そういえば、深夜の屯所、寝床を二

列の幾何学状態で並べた暗い空間で、「軍隊」が順に不気味に起き上がってゆくさまには、増村保造『赤い天使』(一九六六)の1シーンを想起した。ほかにもきっと本作には映画史的引用が目白押しだろう。ともあれ前述した『となりのトトロ』『皆殺しの天使』をふくめ、過剰な寓話、それゆえの磁力的停滞をしるす本作が、細部の引用で脱同定的にざわめいているのは確かだ。そのゆらぎにより、とりわけ本作が美しく感じられるのだ。

役所は呆然とする風吹に告げる。「たぶんこれからが始まりです。僕は行きます。いろいろお世話になりました」。そうしてその場から去ってゆく。その際、爆破した枯木から若芽がひこばえているのを見る。その樹のものなのか、別の樹からのものなのか。それに触れようとすると、とつぜん松重が現れ、後ろから押さえつけた風吹に銃をつきつけ役所を脅す。「触るな。それは俺のものだ」。もはや「希望」が取引対象なのだろうか。松重は言う、「その若芽を注意ぶかく抜け。その前にお前の保持している拳銃を投げろ」と。二者択一という問題を超越している役所は、「あるがまま」という「世界の法則」をその身体に充塡されている。だから彼は有無をいわさず、風吹に銃を向けている松重を撃ってしまう。作品冒頭の、犯人と代議士の「両方」を死なせてしまった失態は、そうして超越されたのだ。役所は松重を止血し、自分の森からの立ち去りに、気を失っている松重を同行させようとする。キャスター付き買い物カートに松重を背中合わせに括り、それを引いて森をゆく役所へのショットも、全くのジャンプカットで示される。風吹は、枯木に残った若芽を自由にしてくれと言われ、近づいてゆく。泣き笑いというべき複雑な表情をうかべているが、彼女がどう処分するのかは作中で描写されない。

ラスト、松重を引いている役所は眺望のいい山の突端に立つ。夜風が役所の前髪を美しくゆらめかせている。役所は携帯電話で「部長」に電話をかける。「お前、何やった?」という部長の問いに答えず、自信に満ちた顔で「今から戻ります」とのみ伝える。その眼から見えた光景は、何だったか。遠い街全体が夜の暗闇のな

かで炎上し、焔をあげていた。おそらく本作のディテールとともにひそかに並行していた「世界の終末」を暗示する光景だろうが、その街に急行する爆撃機か偵察機が三機、画面上方を擦過する。爆音、間近を飛ぶので画面出現した当初は巨大な機影。遠火事を含めたそれらはすべてCGによる「配剤」だが、これまたレイアウトが素晴らしい。終末光景なのに、ロマンチックなハリウッド・エンディングさえ髣髴させるのだ。これも何かの引用ではないかと思うのだが、筆者にはわからない。

最後に、今一度「選択」の問題に立ち帰ろう。選択が起源に関わるということを立証したいのだ。まず前提としてカフカ的アレゴリーを考えよう。それは、「発端＝起源」と、「格言化手前の渦中」のあいだの「永遠の中途」として出現する。そのありようこそがリアルで、同時に二重化の印象をあたえるのだ。★27 起源は、動いており画定できず、かつ再帰的だ。ベンヤミンはこう記している。

根源において志向されるのは、発生したものの生成ではなく、むしろ、生成と消滅から発生してくるものなのである。根源は生成の川のなかに渦としてあり、生成の材料をみずからの律動のなかへ巻き込んでしまう。事実的なもの、剝き出しのあからさまな姿のなかに、根源的なものが認識されることは決してない。★28

段階1　AかBかを選択できるという世界は、もともとアレゴリカルに二分されている。選択肢は世界に穿たれた開口部となる。

段階2　ところがP＝「AかBかを選択できるとする世界観」vs Q「全体をあるがままに受け入れるという世界観」――その対決は、A、B、全体のQ、それら三項による混淆、多重化、重層決定化を招き、諸

段階が「A vs B」「B vs Q」「(A+B) vs Q」をバラバラに動かし、そのすべての局面を多重化させてしまう。これを「アレゴリーによる熾烈な再アレゴリー化」といってもよい。
段階3　上の次第で、「起源はあるのに、不可能化される」。これと命題「世界の法則を回復せよ」が関わりあう。命題中に「回復」の語があるかぎり、「往時」が志向され、変革概念は回復概念へと縮減され、結果、起源は本性的に贋となる。ところが贋であることが対象化に適していて、それに理想化まで上乗せされてしまう。これを時間の問題からみると、時間が中間化されたということにほかならない。厄介なことに、これもまたアレゴリーの本質なのだ。よってこのアポリアの縛りからは脱却できない。「あるがまま」という解答は存在しないのだ、世界が開口部にあふれているかぎり。
段階4　ところが「選択」とは黒沢映画の主人公にかならずあたえられる試練で、そのことで行動が描写される契機を「映画」につくりあげる。そこから「活劇」の単位が生ずる。よって、「世界の法則を回復せよ」は映画的には「活劇の復権」を枠取りできる。

［註］

★01——大室幹雄は味読熟読に値する花田清輝論『『鳥獣戯話』試論』を書いている。アレゴリーの本質、「AニナゾラエテBヲ語ル」のAが独立迷彩化する花田的危機を分析しているのだ。いわく——《〔…〕AニナゾラエテBヲ語ルという最も素朴なアレゴリーの公式から彼もまた出発している〔…〕。／寓話語り花田清輝にあってAは歴然と泰西の文化であった。そこから第二の公式が現われる。なぞらえるものはなぞらえられるものより劣小であるということ、BハAニ劣ル、すなわち、日本の歴史もしくは文化の現実はヨーロッパの精神文化に対して矮小もしくは劣弱である、というのである。〔…〕花田の図柄の独創性は、その正真のペダントリーのゆえに、Bに卓越するAにしたところで、それ自体が嗤うべき矛盾やらおぞましい醜悪やら見惚れるばかりの善美やらの集積にすぎないことを心得ていた一事にある。〔…〕そこで公式の第三、寓話語りにとっては、AモBモ関数デアル。》（大室幹雄『アレゴリーの墜落』〔新曜社、一九八五、五頁〕）。

★02——『花田清輝著作集Ⅰ』(未來社、一九六四、一五一〜一五二頁)

★03——とりわけ傑作が「識者に聞く——ゴダール篇」(初出「ユリイカ」八三年五月号)だろう。蓮實重彦「破局的スローモーション」と同様の趣旨が、冗談めかしながら書かれているのが注目される。《ある人が風邪をひきました。病院に行く途中で牛がモウと鳴き、チョウが飛びたちました。さて、この人の病気は何でしょう。/風邪です。/正しい。まったく正しい。だがしかし、今ここに登場してきた牛や蝶達は、いったいどうなってしまったのだろう。/さあ。/男が風邪であることは分かっている。もうそれははっきりそうなのだからな。例えばこれが六〇年代のゴダールだ。そして、七〇年以降のゴダールとは、この牛や蝶達のことだったのだ。》(序章前掲『映像のカリスマ』五四頁)。

★04——同二六七〜二六八頁

★05——同二六九頁

★06——同二七一頁

★07——同二七二〜二七三頁

★08——序章前掲『増補版カフカとの対話』二七五頁。カタカナ表記はチェコ語で語られた部分を示す。

★09——一章前掲『黒沢清の映画術』二一六頁

★10——廃墟からの投身自殺に失敗した医師・佐久間は、刑事・吉岡の取調べを受ける。やりとりされる科白を途中まで摘記しよう。《吉岡「佐久間さん、あなたは息子の勇介君を殺害した。これは間違いないですね?」/佐久間「はい」/吉岡「動機は何です?」/佐久間「動機は——ひと言でいえば、手に負えなくなったということです。勇介は中学までは良い子でした。でも、高校に入って少し経ったぐらいから、手に負えなくなりました。原因はわかりません。たぶん、私の育て方が失敗したんです」/吉岡「だとしても、何も殺す必要はなかったんじゃないですか?」/佐久間「いいえ、〝全部同じ〟の状態に戻すには、それしか思いつきませんでした」》。掲出最後の佐久間の科白にある「〝全部同じ〟の状態に戻す」に、「世界の法則を回復せよ」と似た感覚がある。同定性に守られていた旧秩序こそが世界に本来あった様相で、それが、世界が断片化した今、回復を希求されているのだ。ただし先の掲出直後のやりとりで、この佐久間=中村育二の観念は矮小化されてしまう(映画『叫』にはそのような失態が幾つかある)。《吉岡「〝同じの状態〟ってどういうことです?」/佐久間「私が負っている、息子への責任を無しにするということです」》。これでは世界哲学ではなく、利己性しか発露されない。

★11——二章前掲、カフカ『夢・アフォリズム・詩』の吉田仙太郎訳では《お前と世界の決闘に際しては、世界に介添えせよ。》となっている(一七〇頁)。

★12――前掲『夢・アフォリズム・詩』一五七頁

★13――同八七頁

★14――同一三三頁

★15――同一六六頁

★16――同一八四～一八五頁

★17――序章前掲『パサージュ論II』三二一頁

★18――語りが暴発性を帯びて早まるのは、黒沢作品中『地獄の警備員』にじつは似ている。同作で描かれる「会社」が異常なのは、冒頭、ポーターよろしくビルディングのエントランス前にいる警備員・間宮＝田辺博之が、越権を甚だしく与えられ、会社のリアリティを逸脱している点に始まっている。彼はエントランス前でヒロインの久野真紀子を誰何し、独断でビルの中に入れるか否かの差配権をもつ。こうした前提により、「物語」が社屋に入り、邪恋で行動の曲がった長軀の警備員・富士丸＝松重豊に、社屋内での暴力的な専横が許されることになる。しかも『地獄の警備員』では次々に社員を亡き者にする「語りの暴発連鎖」が「劇伴音楽の暴発延長」に裏打ちされ、強度をもつアナクロニズムが奔流している。

★19――この点について、アンガス・フレッチャーはこう記す。《〔…〕科学と芸術のいずれもが、ある種の「サイコマキア」に起源をもっている。／しかし、われわれはときに、まさにこの理由でアレゴリーを美学的に正当化する。というのも、アレゴリーは、すべての心理学的運動のなかでももっとも影響力のある精神分析学と密接な並行関係にあるからだ。真の精神分析学的理論は、フロイト派が見るように、アレゴリーを回避する。なぜなら、精神分析学の理論はつねに、人間が実際に何をするか、そして人間は実際に何を経験したかに関する行動理論および発達理論に立ち返るからである。しかし、この科学的方法からほんの少し離れると、魔術めいた擬似科学的方法がある。》（アンガス・フレッチャー『アレゴリー――ある象徴的モードの理論』伊藤誓訳、白水社、二〇一七、四三七頁）。

★20――ヴァルター・ベンヤミン「言語一般および人間の言語について」浅井健二郎訳（一章前掲『ベンヤミン・コレクション1』三四頁）

★21――ヴァルター・ベンヤミン「暴力批判論」（『ドイツ悲劇の根源』下、浅井健二郎訳、ちくま学芸文庫、一九九九、二二七～二七九頁）

★22――黒沢清の作品は、どうしてその細部がカフカのみならず、ベンヤミンとも照応してしまうのだろう。ベンヤミンには次の断言がある。《屑屋は人間の集団をもっとも挑発的に表現する人物である。》（前掲『パサージュ論II』二八五頁）。

★23――ジル・ドゥルーズ『シネマ1＊運動イメージ』（財津理ほか訳、法政大学出版局、二〇〇八、三三〇頁）

★24――関連するドゥルーズの一節を引こう。《小形式の空間が「小さい」のは、ただそのプロセスにおいてであり、小形式の空間はやはり

広大無辺なものであって、その広大無辺さは、その空間を合成する諸断片の連結に由来し、〔…〕また徐々にしか形成されてゆかない等質性に由来するのである》(同前、三三八頁)。

★25——「レイアウト」の素晴らしさは、CGを使わない単純な超常現象の描写でも、この時期からの黒沢映画に頻繁に出現する。一例をあげれば『降霊』、幼女の亡霊を恐れる役所・風吹が自宅から離れ、ホテルに一泊したあとの朝食シーン。テラスのある開放的なレストランでパン食をとる眼前の風吹の右肩の後ろから、幼女の右腕だけが手前に伸びていると驚愕する役所の主観ショットがあるのだが(役所はその衝撃を、妻を安心させるため語らない)、幼女の顔と体を巧みに風吹の背後に隠したとはいえ、心霊写真的に風吹の肩に幼女の腕の伸びている、そのありえないレイアウト効果に唸らされる。しかもそれがおずおずと風吹の背後へ引き戻されるのだ。

★26——むろんこの視点は、「悪の陳腐さ」について考察したハンナ・アーレント『〔新版〕エルサレムのアイヒマン——悪の陳腐さについての報告』(大久保和郎訳、みすず書房、二〇一七)と連絡する。

★27——このありようによって、カフカ小説の細部は意味が確定せず、混乱を来たすが、その混乱がなぜか静謐と結びつく特異性をもつ。たとえば鼠の歌姫ヨゼフィーネの歌がうまいかどうかにも鼠の側から複雑な留保がつけられ、反転が繰り返される。《われわれはまったく非音楽的なのだ。どうして、われわれがヨゼフィーネの歌を理解する、あるいは——ヨゼフィーネはわれわれのこの「理解する」ということを否定しているのだから——少なくとも理解すると思っている、という事態になったのか。最も単純な答えはこうだろう。彼女の歌の美しさがあまりにもすごいので、どんなに鈍い感覚でもその美しさには抵抗できないのだ、と。しかし、この答えは満足のゆくものではない。もし本当にそうだとすると、彼女の歌を前にして何よりもます、そしていつだって、これは並外れたものだという感情を抱くにちがいない〔…〕。しかしわたしの考えるところでは、まさにそうではないのだ。〔…〕》(「歌姫ヨゼフィーネ、あるいは鼠の族」『カフカ・セレクションIII　異形／寓意』平野嘉彦編、浅井健二郎訳、ちくま文庫、二〇〇八、九一〜九二頁)。

★28——ヴァルター・ベンヤミン『ドイツ悲劇の根源』上(浅井健二郎訳、ちくま学芸文庫、一九九九、六〇〜六一頁)。原語、ルビを省略。

第五章——転写と反復の機械——『LOFT』

1——人工身体、マルチ画面

本題の『LOFT』に入る前に、黒沢清のフィルモグラフィのなかで「機械映画」＝「映画機械」としてもうひとつのピークをなす『ドッペルゲンガー』について、まず振り返っておこう。論点を絞る——ここでは、なぜ、脊髄損傷による半身不随者の運動を補助する人工身体、それを開発する企業内技術者・早崎＝役所広司が、自らの分身(ドッペルゲンガー)を、おのれの意識内はおろか、周囲の人間の感覚世界にもはっきりと招来させるに至ったかを突破口にしてゆく。

形状から入ると、この人工身体は大雑把には車椅子型といえる。★01 利用者はそこに「座って」搭乗する。頭部以下は身体部位を動かせないその利用者には、まず指先に至るまで関節運動を自在におこなう機械状の両アームが用意される。身体全体の移動はむろん車椅子部分が受けもつ。前進、後退、回転。映画のほぼ始めのほうでその理想形が、企業からのCGを駆使したPR映像として提示されると、滑らかな合成樹脂に全体をスマートに覆われた、利便性の高い、未来型の「円滑運動体」が強調される。ところが実際の企業内研究室で開発途上の機械は、アームの金属を剝き出しにされた不恰好さに終始する。頭部を欠損させた形状完成前のロボットのようだ。半身不随者の代わりに車椅子部分に乗った研究補助者たちは、首(「盆の窪」の部分)に付けたセンサーに感知させる「意識」(脳波)によって人工身体全体を作動させるのだが、生卵を取り、それを器に割り入れるにしても、その成功がおぼつかない。これは意識と人工身体との連動が不完全だという事実を示す以外に、何か人工身体そのものに「美的な欠陥」があるためではないだろうか。

人工身体はなるほど、その車椅子と両アームにより半身不随者に「自由な」運動を志向させるが(煙草を取り出し、口に咥えさせ、ライターで煙草に火をつける、など)、半身不随者を擬された被験者の身体そのものは車椅子

のうえに「拘束」されている。結果、その人工身体と実際の身体は、いかなる局面でも「自由と拘束」、その二律背反を、作動に苦しげに軋ませているといえる。しかもここでは「自由と拘束」、その背反は、拷問のように相互密着性を解除されることがない。

黒沢映画では「拘束」を前提とした映画的な機械性がのちに出現する。『ダゲレオタイプの女』で、ダゲールの初期写真技術を踏襲し、ノスタルジックな抒情的肖像を現代社会に向け「生産」する、ゴシック的・威圧的に増幅されたダゲレオタイプ式写真機がそれだ。何か木材の層が蛇腹状にみえるその巨大な写真機（それは撮影機であるとともに、そのなかに数メートルの高さの現像板＝湿板を挟みこんでいる）の前に、長時間露光のため被写体の動きを徹底的に抑圧する、エロティックな身体拘束具が配備され、そこに被写体が固定される。この撮影機―被写体の関係性そのものを全体と捉えると、機械性は「一対」「距離」を前提に、転写と増幅をおこなう有産的な内部関係として成立している。[★02] いわば「独身者の機械」のように上部／下部の二層があるのだ。対して、『ドッペルゲンガー』で早崎＝役所広司の開発する人工身体は、自在性を展開する機械部分が、半身不随者に擬される被験者の身体を、指示母体として仰ぐよう装いながら、固着という具体的な力によって終始、それを属領化している。ハンディキャップをもつ者の利便が目指されているという条件は不変ながら、使用構造の密着性にも変化がなく、ダゲレオタイプ写真機のように像を遊離させることで機械が美に貢献する不埒な逆転がないのだ。つまりここでは機械性の本義――自動性と予測不能性、あるいは恐怖が等閑視されている。

人工身体にとっての実際の身体が、あるいは実際の身体にとっての人工身体が、分身＝ドッペルゲンガーの位置に収まる点に注意しよう。「別の身体が間近に抱えられている」。ところがその「身体の抱え」には発展がないのだ。おそらく心理的には、ジキル博士に当たる役所＝早崎は、開発の停滞を焦慮し、ハイド氏に当

たるドッペルゲンガーを実体として生起させたが、仕事から分岐される象徴性を加味するなら、早崎は、自らの開発する人工身体が構造内部にもつ密着─分身関係から、分身性のみを解き放ちたい希求があった。別のもの＝アレゴリーの外在化、分離。それは実際に実現され、このときにドッペルゲンガーの本来ゆらめかせている不気味さ(フロイトの分析したもの)[03]が、いわば原初から復活したといえるだろう。

作品そのものを振り返れば、ドッペルゲンガーという奇異な存在を観客に納得させる過程は、以下のように構成されている。この納得の過程はフロイト「不気味なもの」から移植されたものかもしれない。○由佳＝永作博美の弟・隆志＝鈴木英介がすでに自殺して死んでいるのに永作の前に現れている冒頭のエピソード(隆志の自殺は、永作の友人にして役所の研究補助員・高野＝佐藤仁美によって、「ドッペルゲンガーを見たから」と説明されるが、論理的に捉えれば画面上、鈴木英介はドッペルゲンガーではなく、すべて実体性のある〔たとえばパソコンのキーボードを打ち、殴打され、埋葬される〕「幽霊」としてしか出現していない)。○ファミレスにいる役所(『CURE』のラストが召喚されている)がテーブルからナイフをゆかに落とし、それを拾い上げようとしたときふと低い姿勢のまま振り返ると、離れたテーブルに自分そっくりの後ろ姿の男がいる。○勤め先の地下駐車場窓口で管理人に、預けたクルマのキーを所望すると、すでに役所自身に渡したといわれ、怪訝に思って自分のクルマに近づくと、ドアの鍵穴に自分のキーが刺さったままになっている。○縦構図で示された自分の住居の奥行きに不穏な気配を感じた役所がそこへ行くと、一旦は何も発見できないが、窓辺に行き、振り返るとドッペルゲンガーがいる。[04]○再び地下駐車場で、既に役所自身にキーを渡したと管理人からいわれた役所が自分のクルマの場所にクルマがないと発見する。○レストランの椅子で、仰向けた顔に濡れ手拭いを乗せ疲れ切っている役所の真後ろの席に役所のドッペルゲンガーが座り、気配に気味悪くなった本物の役所がそそくさと店を出る(このときは顔を手拭いで隠す、あるいは後ろ姿の方便によって、役所以外に同一衣裳、同一髪型、同一背格好の吹き替えが使われて

いる)。○役所が家に帰ると、ドッペルゲンガーが「先回りして」いよいよ本格的に部屋のなかにいる(「先回り」はクルマをドッペルゲンガーが使っているから当然だが、その当然が作品のクライマックスでは「当然でなくなる」)。役所「君は誰だ?・」。ドッペルゲンガー「俺はお前だよ」。ここでいよいよ三分割を主体にした『ドッペルゲンガー』でのマルチ画面の導入が開始される。

『ドッペルゲンガー』のマルチ画面と、リチャード・フライシャー『絞殺魔』のマルチ場面とを比較考察するのは、むろん解釈の常道だ。★05 フライシャー『絞殺魔』では、後ろ姿や暗闇や遠景などでまだトニー・カーチスが演じていると判明しないボストン絞殺魔アルバート・デサルヴォが言葉巧みに、部屋に一人でいる対象に近づき、少女から老婆までを次々凌辱して死に至らしめる様子が四分割のマルチ画面(「田」の字を形成する)で反復的に描写される。分割の内実は、マスターショット(アパートの部屋の位置など全体の状況)、作用者、被作用者、そのどちらかの部分などで、四分割の一要素が黒画面になることも辞さない。通常は編集によって分割整序される各パートが、無媒介なマルチとしてすべて同時に投げ出されている乱調と、マルチ画面そのものが湛える科学的客観性(監視性)が同居している点、しかも犯行が着々と進行する過程が、作用者/被作用者双方の側から完全把握されてしまう点に異様なサスペンスがある。

それに対し『ドッペルゲンガー』は「中間性」というべきものを縦の三分割主体のマルチ画面に案配する。のちに『LOFT』のくだりで詳述するが、撮影現場には監督の演出意図を汲んで構え、操作されるAカメラと、オペレーターの恣意によって撮影されるビデオカメラ=Bカメラが、どちらが主従となるか決定されないまま同時共存していて、ときに二つのカメラは微妙な視差しか形成しないまで画角を接近させてゆく。それが三画面のうちの一つの画柄となる場合が多いのだろう。むろんこのマルチ画面の導入は、吹き替えではなく、共に確実に役所広司が演じているとわかる本体とドッペルゲンガーの顔を、分割されているとはいえ

同時的に画面の現在へ出現させるための方策だが、「四」ではなく、「三」の数値設定はとても戦略的だった。たとえば「本物の役所」「その本物の役所の左肩が入り、ドッペルゲンガーの右肩が入る二者の曖昧な中間」「ドッペルゲンガーの役所」が三分割で構成されれば、本物と偽物の二元対照よりもさらに、「曖昧な中間域」の不測のざわめきが観客の意識の中心に定位される。三分割は視差のズレのなかで曖昧に重なりあっているのだ。それで、どちらが本物かという闘争ではなく、どちらであっても構わない「中間性の支配」へと、作品の終結部が導かれてゆくことにもなる。

人工身体という対象物から離れた次元で、この分割画面こそが、映画組成上の『ドッペルゲンガー』の「機械性」だった。『ドッペルゲンガー』というこの映画機械は、本体とドッペルゲンガー、その善悪の価値対立を攪拌する運動性（自動性）により「機械となっている」。洗濯機かフードプロセッサーのようなものだ。その前提として、本体とドッペルゲンガーでは、「ちがうものの並置」が「同じもののたまたまの分立」に通う迷彩化が進行してゆく必要がある。その論理的必然として、マルチ画面が導入されている。通常の一画面の映画性に対し、「縮小されたものの足し算で同じ全体に近づく」マルチ画面は、分裂・縮小・偽りの全体化、それら諸段階を露悪的に可視化させた、気味悪い「映画のアレゴリー」だ。その三分割のなかに役所広司の顔が、「1＋1＋（1と0の中間）＋…」の加算式で分立的に存在しているとすると、最初の「1」と「1」の関係性が相互にドッペルゲンガー的であるのに対し、実数的「1＋1」とその後の確定不能な「（1と0の中間）＋…」の関係性が、実数認知を内破させるホムンクルス型のドッペルゲンガーを孕むことになる。『ドッペルゲンガー』という「映画機械」は、自らに内属させたこの微差により自己崩壊してゆく。こうした自己崩壊こそが、機械に期待される作動性なのだが、それを三分割マルチ画面の「統一不能状態」（それは決して1にならないし、2にもならない）があらかじめ明示しているのだ。むろんこの統一不能状態は同時にアレゴリカルだ。真のアレゴリー

も、語られた物語とその後に期待される格言が、格言の不成立により、統一的な一対とならない。

「哲学」的には、本物の早崎＝役所と、ドッペルゲンガーの役所が交わす会話に、近似性ゆえの葛藤がどうしるされるかが焦点となる。ドッペルゲンガーがおこなった悪事は「全部俺の責任になる」と本物の役所がいえば、ドッペルゲンガーは不敵にもこう応じる。「お前〔＝本体〕が何をやっても、俺〔＝ドッペルゲンガー〕が捕まれば、お前は安全だろ？」。このやりとりは、主客分裂性そのものが脱主体的な悪をそこに連接させるとさまざまに記す、カフカの箴言を確かに想起させる。そうした分裂の上で、主体内の主－客は、分離不能のまま（人工身体／搭乗者の、主部／述部のように）「相互密着」しているのだ。《罪の原因となるものと、罪を認識するものとは、同一である》★06。対話はすべて領域膠着に関わり、悪を増強させてゆく。《悪の手段のひとつは、対話である》★07。この経緯に「機械性」があると感じられるのは、悪であれ何であれ、物事にほどこされる「連接」が、稼働を極め、資本主義に対する死の欲動にまで拡大してしまうドゥルーズ＝ガタリの「欲望機械」がここに仕込まれていると感じるゆえだろう★08。

本体の役所は、人工身体の動力が搭乗者の「意識」であることを忘れていない。だからドッペルゲンガーも「意識」次第では消えるはずだ。それでドッペルゲンガーの役所にこう言い放つ。「お前、もともとはこの世に存在しなかったよな？ 俺が「いなくなれ」と強く念じたら、お前はいなくなる。そうだろ？ 試してみるか。いなくなれ——消えろ！」。映画がかたどる時間進行そのものに悪意が介在しているこの映画では、つなぎのトリックで一旦、ドッペルゲンガーの役所は消える。ところがつなぎのトリックは即座に繰り返され、今度は本物の役所の真後ろにドッペルゲンガーの役所が再出現し、「それは無理だよ」と本物の役所を絶望させるに充分な宣告が加えられる。「消滅」は黒沢映画ではさまざまに表象されてきた★09。ただし引用した本体の役所の科白は、リラダンの寓意的恐怖短篇「ヴェラ」（『残酷物語』中の一篇）、その名科白の逆元とも捉えら

れる。「ああ、今、思ひだせば！一体おれはどうしたのだらう。——お前は死んでゐるのだ！」[★10]。美しい幼妻ヴェラが夭折したのちも、ダトール伯爵は召使とともにヴェラが生きている芝居をし、たとえば空席になっている食卓のヴェラの席に語りかけていたが、その信念が実り、とうとうヴェラはその像を顕現させる。その奇蹟を噛みしめたのも束の間、引用したダトール伯爵の慨嘆が発せられるや否や、ヴェラの像の消滅はおろか、信念で死者は蘇るという幻影を育んでいた館全体が崩壊するのだ。

2——「空間矛盾」の連接

本体の役所がドッペルゲンガーの役所に「消えろ！」と叫んだ場面が、トリッキーなマルチ画面から接続されていた点を思い起こそう。四囲を黒画面でめぐられたフレーム・イン・フレーム、そこに本体かドッペルゲンガーかわからない役所の顔がまず収められている。やがてそれが左右二つに遊離する。すると片側が本体、片側が分身となり、罵倒と揶揄と不平に汚れた対話を交わしあうのだが、なんと机がありライトのある二人の居場所が寸分違わず同じなのだった。つまり身体が常に占有できる地上の一つの場所が（身体は結局、それしかしない）、二つの実体によって同時分有されていることの幻惑が組織されるのだ。この二分割マルチ画面が分割を解かれ、通常の大きさの画面に昇格、つなぎのトリックと合成を組み入れながら、二人のやりとりを激化させ、最後には「早崎、そのうち俺とお前はまた一つになる」というドッペルゲンガーの託宣へと至る。ところがその予言性よりも、展開の途中で生じた「空間矛盾」の衝撃のほうが観客に残るのではないか。そうして『ドッペルゲンガー』の「映画機械」は、その作動の内実を、「空間矛盾の連接」に収斂させてゆくのだ。ほとんど時空のスラップスティック状態としかいえないその猛烈な展開に、笑うしかないと思いつつ、

その笑いは生起前に凍りつくだろう。この体感的な気味悪さと、ラストの展開が省略的で速すぎる点[★11]が、観客に未消化の印象を与え、劇場成績がふるわなかったのかもしれない。最後に便宜的にその「空間矛盾の連接」をメモ風に起こしておこう。前段は――役所のドッペルゲンガーが企業内研究室を暴動により壊滅させた廉で本体の役所が企業を放逐されたが、開発中の人工身体を自宅内に盗み入れ、やがてドッペルゲンガーが声をかけた得体の知れない若者・君島＝ユースケ・サンタマリアと、ドッペルゲンガーの話題で懇意になった由佳＝永作博美の助力を得て、人工身体の技術的完成を成し遂げたこと。しかもこの三人はユースケの提供した「機械イメージ」満載の廃工場内でドッペルゲンガーの役所の殺害・埋葬に成功している。あとはその人工身体を、新潟にあって同じく人工身体に興味をもつメディコム産業に売りつけるだけなのだが、会社時代、人工身体開発を推進した役所の同僚・村上＝柄本明が、横領を咎められ会社を馘首されたことも伏線となる。

○三人の新潟行は高速道路が使われず、「なぜか」舗装のない山道、幅の狭い農道など悪路が積極的に選択される。○人工身体を運ぶ、三人の乗るワゴン車が、路上に停められた柄本のクルマに行く手を塞がれるが（しかし柄本は「なぜ」役所たちが選ぶコースを予知できたのだろう）、役所、柄本を殴打で沈める。○山道の悪路を行くワゴン車内で人工身体がひどく揺れるので固定を強化しようと一旦クルマを停めるが、そこに先の柄本のクルマが追いつく。○ところが役所とユースケは（ひとりでは持ち上げることのできない）大きな樹の枝を自分たちのクルマと柄本のクルマの間に置き、一同、悠々と逃げ去る。○それでも人工身体がゆれるのでワゴン車を山道でゆっくり走行させていると過剰負荷のかかったエンジンが煙を吹く。それで冷却のため、役所とユースケが水汲みに走る。沢に懸かった吊り橋でユースケはこれまでの自分の「パートナー」という身分を「マネージャー」に替えてほしいと提案。その後、沢で水を汲んだあと、役所

が橋からユースケを深い川底へ突き落す。ユースケなしに一人で帰ってきた役所は、ワゴン車にいる永作に、ユースケには辞めてもらったと言明するが、永作が「なぜか」怪訝の表情を浮かべることがない。上機嫌の役所は、ドッペルゲンガーの符牒として描写されてきた口笛を吹く。○役所、別荘地（そこで野営しようとしていたと事後的にわかる）に停めたワゴン車に戻る。無人別荘から平然と食糧を盗んできたのだから、いよいよドッペルゲンガー疑惑が高まる。ところが車内の永作は殴打され気絶していて、役所も不意を襲われ、気絶させられる。下手人は「なぜか」生きていたユースケだった。ここで「徒歩」のユースケが、クルマの役所たち「なぜ」追いつけたのかと衝撃も走る。メビウスの輪を辿っているのか、クラインの壺に入り込んだのか。

○ユースケ、人工身体を乗せたワゴン車を奪い、発進させる。気絶から覚めた役所、永作が「走って」追うが、さすがに永作の追い足が鈍ってくる。役所は永作に「街道で待っていて」と告げ、一人で行方を追う。○「なぜか」役所がユースケ運転するワゴン車の行く手を「先回り」している。本体の役所の面持ちでフロントウィンドウの向こうの役所は、ユースケに先の突き落としの謝罪を乞うが、構わずユースケは轢く。○「なぜか」ユースケの運転するワゴン車の行く手を、柄本の運転するクルマが「先回り」している。柄本、高額で人工身体を買うと提案、それに乗ってみせるユースケ。「カネの入ったスーツケース＋柄本のクルマ」と「人工身体＋ワゴン車」の交換儀式。ところがワゴン車には作動用のキーが刺さっておらず、クレームをつけにきた柄本を金槌で殴打、気絶させ、柄本がこっそりもっていた拳銃も頂く。カネを得たユースケ、人工身体を乗せたワゴン車を発進させる。○役所、どこから調達したのか「なぜか」クルマを運転し、街道に待っていた永作を拾う。永作は、ユースケの運転するワゴン車がほんの少し前に目の前を走り去ったと証言、すると「徒歩」の永作が「なぜ」ワゴン車を「先回り」できたのか疑問が

生ずる。このとき役所は鼻梁を絆創膏で覆っていて、悪相化している。運転席の役所、「俺は今から思ったとおりにやる」と永作に宣言、ドッペルゲンガーの悪のモードで乱暴な運転をおこなう。○その役所のクルマの行く手を「なぜか」柄本が「先回り」している。今度は「なぜか」役所は柄本に親密さと惻隠を示し、クルマに乗せる。それで昔の純朴に戻れ、と柄本に説諭、「なぜか」ほだされた柄本は悔悛を誓い、出直すべく「なぜか」下車し、『カリスマ』の役所よろしく森の中を歩く。ところが街道に出た途端、トラックに轢かれて死ぬ様子が一瞬の(それゆえに残酷な)インサートで示される。○役所運転のクルマ、「なぜか」悠々と停車しているワゴン車に追いつき、「なぜか」近くにある廃墟に向かう。そうして階段のあるそこで、高低差を強調されたアンソニー・マン的な「役所 vs ユースケ」の死闘が始まる。

「なぜ」「なぜか」とつぎつぎ強調してわかるように、ナンセンスに近い「空間矛盾の連接」を一連のアクション場面はしるしつづけるが、問題は人物たちの「心情」にも矛盾でつながれた変転がかたどられている点だろう。とりわけ、役所はもう本体なのかドッペルゲンガーなのかが不分明だ。これらは『ドッペルゲンガー』という「映画機械」、その作動状況が「誤作動」の連続だということを示しているが、ここには「機械性の本質」＝「誤作動」という信念すらあるのかもしれない。これが、黒沢の教える映画美学校で、卒業制作として蠱惑的な犯罪サスペンス『怯える』(一九九八)を完成させ、抜擢されて『ドッペルゲンガー』の脚本を書いた古澤健の(彼はその後、見事な映画を連続させる職業監督となった)、オリジナルの思考なのかどうかはわからない。ナンセンスの波状攻撃は、「勝手にしやがれ!!」シリーズの黒沢に先祖返りしているようにもみえる。ただし最終シーン、人工身体を崖下に投下させるくだりで、自分の愛の対象が、本体の役所でもドッペルゲンガーの役所でも構わない——そんな達観の窺える永作博美の童顔で涼しい表情が、ナンセンスの猖獗を跳ね返す、作品の強烈な弾力部になっているのが素晴らしい。

3——独身者の機械へ

『LOFT』の話題に移る前に、「機械」について整理をしておこう。エルンスト・ブロッホは、機械についての端的な定義に、一九世紀後半に活躍したドイツの機械工学者、フランツ・リューローの言葉を援用する。

機械は全体としては、その機械的諸力により、一定の前提の下では作動せざるをえないように作られた、抵抗力をもつ物体の結合体である。★12

むろんブロッホ自身も註記するように、これは一九世紀的機械への定義で、機械とエロス＝死の奇怪な融合がまだここにはみられない。有機性が人体に直截に連接するような倒錯が出現していないためだ。引用文直前に実際ブロッホはこう書きつけている。《〔一九世紀的な〕巨大機械では身体器官との類似点は最後の最後まで追放されている。すでにバー、カム軸、ベアリング、ボールベアリング、車輪、歯車、伝動装置、その他機械の部品はすべて非有機体化の始まりだったが、その結合である労働の変圧器、すなわち機械ではいわんや然りである。実際、機械においては、単に有機体としての基準を示すガイドラインがねじ曲げられているだけではなく、もうひとつ別の破壊や圧力、すなわち物理学的ガイドライン自身からみた破壊や圧力も有機体の位置を変えているのである》★13。ところがここに機械のクラシカルな魅力がある。閉鎖性の内部に機関化があり、全体は目的のために「作動する」。人体の骨肉の代わりに、バーから歯車に至るまでの接続があ

り、構造は意図すれば明視できるのに、有機体でないために機械意志というべきものが実体化できないのだ。明視性レベルでの不如意が「作動する」から、それら機械作動は残酷や悲哀にも結びつきやすいだろう。

機械性作動が本質的にもつ残酷や悲哀は、機械性が有機化していない限り、二〇世紀に入っても当面続く。ところが機械は人間の有機性を対象にして、間接的に有機化する進展契機を迎える。このとき機械のおこなうことが代理労働からいわば哲学へと格上げされるのだ。仏シュルレアリストの周辺に育ったミシェル・カルージュが注目したのは、機械のもつアレゴリーの本質を剔抉し、しかもそれを黒い笑いで染め上げた(とりわけ暇になった囚人と、怠惰な兵士が織りなすやりとりが、ほとんど漫才芸人のコントにまで逸脱していって可笑しい)カフカの短篇「流刑地にて」だった。むろんそこに現れる処刑機械の細部、作動原理は妄想の産物だが、精確に記述すればするほどリアリズムとは次元の異なる「リアル」が不気味に揺曳しだすカフカ的文章の異質さに圧倒される。荒涼とした砂地で、「将校」がおこなおうとしている「囚人」の死刑執行、それを観察する義務の生じている「旅行家」がいる。将校は旅行家に処刑機械のシステムを以下のように説明する。

さてこの機械ですが、ごらんのとおり三つの部分からできております。それぞれがいつのまにやら、あだ名でよばれるようになりましてね。ちなみに申しますと、下のところは《ベッド》であります。上の部分は《製図屋》とよばれております。それから真中のブラブラしたのが《馬鍬》であります。〔…〕鉄の針がまぐわ状にとりつけてありまして、そのうえ全体がまぐわと同じように作動するのです。〔…〕《ベッド》にも《製図屋》にも、それぞれバッテリーがついております。《ベッド》のバッテリーはそれ自体を動かすためのものですが、《製図屋》のバッテリーは、下の《まぐわ》を動かすためのものでしてね。囚人を固定させると、《ベッド》が動き出すのです。ほんのわずかな動きですが上下左右によく動

きます。〔…〕《ベッド》の動きが《まぐわ》の動きと、ぴったり一致するようになっておりまして、まさしくこの《まぐわ》が判決を執行するのです。〔…〕われわれの判決は、とりたてて酷《きび》しいものではありません。当人が犯した罪を《まぐわ》でからだに書きこむのです。たとえばこの男の場合――〔…〕《上官を敬うべし！》とですね、からだに書きこむわけですよ。[★14]

「酷しいもの」ではないといいながら、この処刑機械はそのまま作動すれば確実に被執行者の失血死を長時間（十二時間）のうちに呼びこむ。ただし作品では、将校が囚人の代わりに処刑機械の価値を証明するため機械を作動させ、死を自らに与えてしまう「被執行者の変転」が仕込まれる。それはともかく――断頭台など「死を与えるもの」、「鉄の処女」など「苦痛を与えるもの」は、史上さまざまに存在したが、それらはみな「拡大された器具」にすぎなかった。「流刑地にて」のこの処刑機械がすぐれる点は、「判決」「転写＝印刷」「拷問」「（死刑）執行」を一度におこなう同時性・一致性にあるだろう。ここに、得体の知れぬ有機性の根拠がある。しかも機械自体は上から「製図屋」「馬鍬」「ベッド」の三層構造になっていて、これら「層」の相互距離、孤独、その後の意味的圧縮が全体運動の必須条件になっているのだ。むろん機械は被執行者と「離れながら」「融合する」。

カルージュが着目するのは、機械が孕む内在的距離が、機械と人間の間の距離自体に転位されるときの「独身者」の感触だ。《独身者の機械の神話における基本的な不変式とは、機械と人間の孤独のあいだの距離ないし相違である》[★15]。さらに「独身」については次のように記述する。《独身とは、結婚していないという単なる事象としてではなく特徴的な精神的な態度として見た場合、その根底にはある人間的感覚の喪失、女性との関与や交感の不可能性ということがある》[★16]。カルージュはカフカの処刑機械を精確に見定めている。それ

は囚人を処刑しなければならない、自らが処刑されてはならないという戒律を将校自身が破棄したときに機械がしるすむなしい自壊、それを分析している次のくだりなどに明白だろう。

> 戒律を破棄したのだから、神聖さとのつながりはなくなり、供儀も無用になる。意味を失った機械は調子が狂い、馬鍬はもはや刻字せず、製図屋は歯車を吐きだす。将校は従容として死んだが、その勇気にも救いはなかった。陶酔というのは、生け贄となったものが神聖な天啓に入りこむことである。書かれたものも、その秘密も、ともに無に帰してしまったために、秘密に入りこむという陶酔を知る可能性はすべてなくなった。〔処刑機械の発明者〕前司令官との「旧約」をすべて否定した将校は、いかなる神秘に参入することもなく死んだのだ。天啓というのは、神聖な文書と肉体上に施されたその神秘の刻字の二極が結びついて得られるのに、それも決定的に不可能になった。贖いの供儀はもはやなく、あるのは単に屠殺に終わる自殺だけだ。★17

カルージュが文学上の諸機械を横断する『独身者の機械』を書きあげる契機となったのは、カフカ「流刑地にて」の処刑機械と、マルセル・デュシャンの神秘と韜晦のオブジェ《大ガラス（正式名称：「彼女の独身者によって裸にされた花嫁、さえも」）》との構造的アナロジーに気づいたことだった（《大ガラス》の製作時期と「流刑地にて」の執筆時期はほぼ同時代）。カルージュの文章を引こう。

> デュシャンの機械もまた上下二段の部分からなる。上段には花嫁、下段には独身者たちがおり、どちらも中が機械仕掛けになっていて、それぞれの機械は連動する仕組みだ。この二つの領域は、ただ単

に並んでいるのでもなければ、造形的な対応関係によってひとつにされているのでもない。それぞれは機能的に結びついているのであって、たがいに機械的な影響をおよぼしあっている。したがって、デュシャンの作品は単なる絵《タブロー》ではなく、むしろ機械の模型なのだ。／上部左側を見ると、いわば「花嫁の骸骨」とも言える「雌の縊死体」がある。もう少し上の右側のあたりには、「銀河」と呼ばれている毛虫の脱け殻(『変身』のグレゴールを思わせる)が見え、「高所の掲示」を担っている。／図形としてみると、デュシャンの「雌の縊死体」は、置かれた場所といい、器具の角ばったかたちといい、独身者たちに向けて威嚇的に突きでている付属部分といい、カフカの「馬鍬」と直接対応しているように思われる。また「高所の掲示」も、線を描くことを連想させるし、カフカの「製図屋」の場所と一致している。★18

むろんデュシャンの《大ガラス》は上下二層間の干渉内容を最終的に韜晦しているため、独身者たちによる花嫁の凌辱も、可能性と不可能性の双方を分泌させることになる。これは、前司令官時代は着々と囚人を死刑執行してきた「流刑地にて」の処刑機械が、最後、将校をベッドに乗せるや最終的に自壊し、もともとあった可能性が不可能性へと変貌するのにも似ている。独身者性が前面化される限り、機械とのエロスは、可能性ではなく不可能性に傾斜し、ついにはエロスと死との弁別をなくさなければならないのだ。むろんカルージュはデュシャンとカフカの「機械発明」、その相違点も詳細に分析しているが、それはここでは割愛しよう。ただし先のカフカの処刑機械の引用部分にあったように、「天啓(イリューナシオン)」のような宗教語を無警戒に使ってしまうカルージュには、ドゥルーズ＝ガタリのような性急な否定をおこなう思考者から痛烈な批判が浴びせられることになる。《ミシェル・カルージュは、独身者の機械という用語を使って、文学作品のなかで記述されたいくつかの幻想的な機械を示しているが、そのなかに「流刑地にて」の機械がある。しかしカ

フカの機械(特にその《法則》)についての彼の解釈について行けない》。[★19]むろん彼らは、「生成」を武器にしての、機械に関わる覇権闘争をすでに意識しており、相対解釈を律儀に(否、独創的に、というべきだ)おこなうのみで、自ら機械同様の生成を志向しないカルージュなど、両断して構わないと考えたはずだ。実際、ドゥルーズ＝ガタリの「機械」は、「欲望機械」にしろ、そのあとの「戦争機械」にしろ、一九世紀的機械の閉鎖性を超え、脱領域性を機械属性に全面化させている。

むろんそこに二〇世紀後半の「機械」が意識されているが、それは間接的にインターネット論の先駆ともなった。それでもカルージュからドゥルーズ＝ガタリへの覇権移行に、進化論を見るのは愚かだろう。時間は無時間＝アナクロ化するときこそが時間なのだ。だからフィルモグラフィ上、カフカ＝デュシャン＝カルージュ的な「機械」を主題化した黒沢『LOFT』の前に、インターネット的機械の自動性恐怖を映像化した黒沢『回路』があることになる。

4――ミイラと幽霊の逆元関係

『LOFT』は、カフカ「流刑地にて」の処刑機械が同時化させた機械属性のひとつ「転写」、これがまさに起こりやすい映画的組成をしるしている。緑と泥水を主体にした「ミドリ沼」の映像を基底材にして(これがのちに作中にしるされる「ミドリ沼」の湖状の景観と異なる)、「L」「O」「F」「T」の文字が、線の延引、線の「回転」(アルファベット「O」)、線の曲折、これら三要素により、ゼロ状態から同時的にゆっくり生成されてゆくタイトル画面(タイトル文字の完成形はアルファベット相互が「密着」しあい、どこかハングルのようにみえる――そういえばこの映画の製作母体の一つに韓国資本が参入している)ののち、場面はヒロイン春名礼子＝中谷美紀の部屋に移る。ところ

が「部屋」といっても「二つの」部屋(一つは引越し後の中谷の仕事部屋＝おそらく茨城の郊外地にある／いま一つは引越し前の中谷の仕事部屋＝おそらく東京にある)でのショットが無媒介に接続されるのだ。初見の観客はその混乱にすら気づかないだろう。第一のショットでは中谷の後頭部の一部をナメた(手前に介在させた)構図で、卓上の鏡中にある、中谷の「左右反転した」顔が画面の中心に定位される。見下ろすために傾斜をさせたその鏡面のなかに、ほぼノーメイクの顔、やや重たげな瞼でしかも感情ゼロ度もしくは倦怠を帯びた、不用意さゆえに生々しく美しい顔があり、手は化粧コットンで顔を拭く運動をかたどっている。

中谷が鏡面を卓に伏せる運動の渦中でカットが変わると、彼女はパソコンを前に、のちに小説とわかる文章を、煙草を吸いながら執筆している。そのあとが、部分プリントアウト、手許での文章確認、四つ這いになっての激しい咳、水の補給、執筆再開、咳の末の嘔吐(のちに泥と称される吐瀉物はとろりとした液状で墨汁並みに黒い)といった諸局面をフィックス、パン、俯瞰など発想を変えた撮影で目まぐるしく連鎖させてゆくのだが、いずれも動作の半端な途中でカットが変わる著しい省略をかたどり(接続性のない接続)、切れ目なしの差異がふわふわ連続してゆく不安定な様相を帯びだす。これらショットのなかに、『ドッペルゲンガー』のマルチ画面のときに前言した「従」の位置にはないハンディなビデオカメラによるBショットがすでに混在しているのだろう(出処の異なるショットが織りあわされている不安定感がすでに存在している)。「飛躍」があるのに「微差」が刻々加算されているこの奇妙に矛盾した印象こそが、「男→女」「男→男」「女→女」「女→ミイラ」「女→幽霊」など、方向性の異なった「転写」を自在におこなうこの作品の不安定な(変貌容易な)素地となる。

本作で主題化される転写は複数的だから反復性を伴っているともいえるが、「「飛躍」があるのに「微差」が刻々加算されている」このありさま自体をドゥルーズ的には「反復の様相」ということもできる。『差異と反復』での文言が頭をよぎる。たとえば——《反復は、反復でないものによっては隠されることがなく、かえっ

てのおのれを偽装しながらおのれを形成するのであり、自分自身の幾度もの偽装に先立っては存在せず、こうして、おのれを形成しながら、裸の反復を構成し、そのなかに包み込まれてゆく★[20]》。あるいは差異について。《「強度の差異」という表現は、一種の同語反復である。強度とは、感覚されうるものの〔充足〕理由たる差異の形式である。一切の強度は差異的＝微分的な強度であり、〔媒介されていない〕それ自身における差異である★[21]》。

ところで転写方向として掲げたもののうち、「ミイラ」「幽霊」が、幻想＝リアルの審級が異なるため一つの映画では通常共存できない二項だという点を、念押ししておきたい。水と油。端的にミイラ（あるいはその動態化としてのゾンビ）は「体あって魂なきもの」、幽霊は「魂あって体なきもの」と規定できるだろうが、結果ミイラは怪奇映画に、幽霊は恐怖映画に主として動員されることになる。二つは逆元同士だといってもよい。この二つが同一映画へ導入されると、「一つ多いこと」がたえず観客の意識にのぼる。ドラマ的な葛藤には好都合となるかもしれないが、審級の異なる「リアル」がたえず「二重化」されている居心地の悪さを付帯させるはずだ（この二重性がカフカ的アレゴリーの醸しだす印象だと前言したことを思い出そう）。ところが禁じ手とみられるこの過剰性こそが、黒沢清の基本戦略なのだった。『CURE』での「記憶喪失」と「催眠術もしくは殺人代行」、本章で前言した『ドッペルゲンガー』での「役所広司のドッペルゲンガー」と「永作博美の弟・鈴木英介の幽霊性（それはドッペルゲンガーに誤って関連づけられる）」、あるいはのちの『リアル〜完全なる首長竜の日〜』（二〇一三）での、最新医療技術「センシング」をつかい意識不明の伴侶の意識内に入りこんだときの「当事者たちの、根拠の危うい映像」と「別次元でCG表現される迫力満載のセンシング映像内の首長竜の映像」の共存★[22]などはその代表例だろう。

都市伝説に幾度も登場することによっていまだに存在の信憑を得ている幽霊に対し、確かに「動くミイラ」

は「ミイラ映画」の流行時期からいっても古色蒼然とし、それが現在に通用するためには大規模な規定工事が必要になってくる。安達祐実(役名「水上亜矢」)が演ずる「幽霊」が暴力的な無媒介性で画面投入されるのに対し、研究者・豊川悦司がミドリ沼から引き上げ、体中の石灰岩の泥によって奇蹟的に外形を保った千年前のミイラ状態の女性には、幾度も信憑獲得のために、怪しげな説明が人物たちの発語により加算されてゆく。画面から引いてみよう。

はじめて挑む通俗的な恋愛小説の安定した執筆と気分転換のために、担当編集者(編集局長)・木島=西島秀俊の斡旋で、のどかな森林そばの木造、別荘然とした執筆場所を得た芥川賞受賞作家・中谷は、自分の居住地向かいにある建物に、深夜、何者かがシルバーシートにくるまれた物体(それは当然、死体を想起させる)をクルマから運び出して入れるのを見る。『LOFT』の事件性の発端ではこのようにヒッチコック『裏窓』(一九五四)が踏襲されている。やがて配電盤を直しにきた電気工・村杉蟬之介によりその向かいの建物が今は使われていない相模大学の研修所だと伝えられるが、その相模大学について、出版社勤務で旧友関係にある野々村=鈴木砂羽に訊ねると、野々村の話に意外な尾鰭がついてゆく。野々村「去年、相模大学の考古学グループがミイラを発見したんだって」/礼子「ミイラ?」/野々村「ウン、千年前のミイラ——ミドリ沼ってとこで——泥から引き上げられたんだって。しかも女性だって」。

その発見者として学会誌に掲載されている男(教授)・吉岡=豊川悦司の写真が夜中にシルバーシートにくるまれた何かを搬入した男と似ていたことで、この話題が終わらず、野々村は継続調査をおこなう。それで教育映画社勤務の村上=加藤晴彦が気にしている、「ミドリ沼のミイラ」とタイトルを貼られた古いロール缶のフィルムの試写がおこなわれることになる。戦前——昭和初期のものだという。試写場面へとすぐ飛躍が起こる。「5月15日」「5月16日」「5月17日」と手持ちの紙に書かれた日付がカチンコ的にインサートされ、毛

布に包まれた何かの経過観察を微速度撮影でおこなったそのフィルム内容に、フィルム劣化、パーフォレーション揺れなどがかたどられているほかは、さほどの変哲もない。ところが観客はすでに豊川悦司が「研修所」内の寝台に何かをシルバーシートにくるんで安置しているその状態が、記録映像のなか、毛布にくるまれて保存されている何かの状態と似ていることに気づいている。試写後のやりとり。野々村「何なんでしょうか、これ」／村上「さあ…　でもこれ、微速度撮影されていますね。あ、つまりコマ落としです」／野々村「コマ落とし?」／村上「ええ。たぶん一日中カメラを回して、それを三十秒ぐらいに短縮してるんですよ。まあ例えば何かを長時間観察したり、異常なことが起こらないか監視するときによく使われる技術なんですけどね」。その前のミイラ出現の時制が「去年」、ミイラとなった女性の在世時が「千年前」だったことから「昭和初期」という時制に奇異感が醸し出されるが、のち、吉岡＝豊川と、その大学の上司・日野＝大杉漣とのやりとりから、ミイラは「八十年前」にミドリ沼から引き上げられ、何らかの理由で再び沼へ戻されたのち、豊川が「去年」再度引き上げたものとわかってくる。「反復」が経緯に内在されていることになる。先取りしていうと、この「反復」は異常なズレを孕んで、作中に刻印されるのに注意が必要だ。「女Aが小説執筆のために仮住まいした古い木造の、別荘風の家に、今度は女Bが小説執筆という同じ目的のために仮住まいする」はまだ異常性がないものの、「男Aが一旦殺したはずの女を、今度は男Bが再度殺し、その死体の仰臥する室内の場所が前後で全く同じになる」「男Aが殺して埋葬した女を、男Bが掘り返し、今度は別の場所――ミドリ沼に水葬する」はあきらかに異常で、探索に値するドラマとなる。

試写の帰り、ロングの高層マンションの稜線を越えて西日のそそいでくる街なかの公園のベンチに座り、野々村＝鈴木と、礼子＝中谷は次のようなやりとりをする。話はミイラの核心を突きながら、何かフェミニンな話題にも奇妙にズレこむ。野々村「何を監視していたんだろう?」／礼子「わからない」〔＊ミイラ映画の鑑賞

経験のある観客は「動きだす惧れがあるからじゃないか」と独語するに決まっている」。どうして泥の中で腐敗しなかったのかな?」」／野々村「ある種の泥にはね、有機物を保存する作用があるみたいよ」／礼子「そうなの?」／野々村「うん。こないだちょっと調べてみたんだけど、千年前の女性は、自分を保つために大量の泥を飲む習慣があったんだって。真っ黒い泥を何リットルも飲むんだよ。もちろんそれが原因で病気になって死んだ人もいたみたいだし。…女ってさあ、プライドのためにそこまでしないといけないのかな?」」。

礼子＝中谷美紀と吉岡＝豊川悦司の交情成立についてはのちの段で説明するが、学生が研修に来るために、一旦向かいの中谷のところにミイラを預かってもらった豊川が学生退去後、再び自分の住まう研修所にミイラを戻す。このとき中谷が来訪して、最終的なミイラに関わる説明を豊川が開陳することになる。豊川「約千年前の女性です。服装からしてかなり身分の高い家柄の生れだと考えていいでしょう。推定二十歳前後、身長百五十五センチ、顔立ちは当時の女性としては端整なほうだといえる。腹部および肺に詰まった大量の石灰岩の泥が、千年にもわたって有機物の腐敗を防いだ。〔…〕ただ彼女の死についてははっきりしない。誤って沼に落ちたのか、それとも何かの生贄として泥に沈められたか」／中谷「自分からわざと大量の泥を飲み込んだという可能性はありますか?」」／豊川「つまり、一種の自殺ですか?」／中谷「ええ」／豊川「ありえます」／中谷「そうですか…」／豊川「永遠の若い肉体を手に入れるためなら、彼女はたぶん何でもやった——そう考えるのが、自然でしょう」。最後の豊川の断言のどこが「自然」なのかわからない点がミソだ。

ミイラはシルバーシートとそのさらなる下の覆いを剝ぎとられると、泥色に染まった布の重畳性として視覚的には意識されるかもしれない。その在世時期からして平安時代の官女か高貴な出の息女と考えていいだろう。すると布の正体は十二単衣ということになる(それは「彼女」が動きだすとはっきりそうみえるようになる)。ともあれその布がその下にある(かつての)肉体の物質感と分けがたく密着的に一体化されているのだ。すると

ミイラ性を転写されることになるこの映画の女性たち、礼子＝中谷と、亜矢＝安達が、ノースリーブ／長袖の区別はありながら揃って、たらりとしたラフなワンピースを着ている理由にも推測がつく。二人のワンピースはボディコンシャスではないが、それでも胴体の存在感がセパレート・コーディネイトとはちがう布の一体性によって「ミイラと同じく」増強されなければならないのだ。多く花柄を纏い、タンクトップ型のあしらいで裸の肩を露出させ、ときにカーディガンを重ね着する中谷美紀はそれでもミイラと異なる「生者の柔らかさ・しなやかさ」を、薄いワンピースを付けたそのモデル体型のエレガントな痩身に印象づける。一方、「幽霊」の安達は季節を超越しているから厚手のワンピースをやや重たげに着て、しかも生者から離れ、黒を加味されたドウラン（ファンデーション）と同調するような黒色をその着衣に一貫されている（しかも終始、裸足なのだ）。

5——転写の諸相

説明に煩雑な手続きを要する『ＬＯＦＴ』の「ミイラ」、その来歴を上記のように整理できれば、あとは映画機械『ＬＯＦＴ』の第一の機械性作動、「転写」についても列挙が可能だ。画柄の描写も組み入れてその細部を掲げてみよう。

○冒頭の中谷の鏡像ショットの逆位置、別荘風家屋の窓辺を組み込んだショット。化粧コットンで顔を拭いている鏡の前の中谷がやがて黒い泥を吐く。吐瀉物の流れはＣＧ合成されて、細いけれども何か美しい川のように見える。嘔吐の描写に嫌悪感を抱かせない黒沢の抑制が素晴らしい。この時点では鈴木砂羽との会話でミイラと泥の連関がいわれているから、当然、ここで「ミイラ→中谷」という方向の転写が

起こる。性急な観客は中谷がミイラに乗っ取られているとまで思うかもしれない。○やがて来る研修生の眼を避け、ミイラの隠匿場所に迷う豊川が森の間伐地のやや斜面となっているところにワゴン車を停めている。全体が斜めになった車体を方便にして、後部座席、シルバーシートで梱包された、それでも人体の気配のあるミイラがずるりと動く。動きからして人間がシルバーシートを纏っている詐術の感触が濃厚だ。クルマのそばには茶色く錆びた鉄柵があり、その一部をなす鉄柱に、「半分一致するように」画面初登場の安達祐実が黒ずくめ、Jホラーの幽霊の定番描写のように「いる」。豊川は恐怖の叫びをあげる。安達は以後も作中で、「見ることそのものを見させてしまう」体験の深みを観客に喚起しつづけるはずで、[★23]敬意に値する存在の仕方を画面に披露しているが、問題は観客が主観としてみたミイラの動きと、豊川の役柄・吉岡が主観としてみた安達が、それらの時差の僅かさにより脱論理的に癒合してしまうことだろう。この癒合表面に、「ミイラ→安達」という方向の転写が起こる。中谷、安達はともにミイラの転写面となるのだから、結果的には中谷＝安達という転写も起こるのだが、その転写はともに同じ境遇にあるかのように、別荘風の館で小説を書いたというのちの事実提示によってさらに補強もされる。○中谷は「なぜか」さほどの恐怖心も抱かずに、豊川からミイラを預かる。中谷の寝室奥の台に置かれているシルバーシートで梱包されたミイラからベッドの上で寝ている中谷の顔へとディゾルヴがなされる。これは端的に、画柄上の「ミイラ→中谷」の転写を表している。○小説執筆の遅延を焦慮する中谷は引越し先に残されていた先住者の手書き小説原稿を、パソコンを使い猛烈な勢いで転記打ちしだす。徹夜後の朝、画面手前、パソコンに向かう中谷、奥行きにミイラ。中谷は何かの気配を感じてミイラを振り返り、こう語る。「あたしを責めないでよ。あなたが千年かかって捨てられなかったもの（＊プライド）を、あたしは捨てるの」。ここでの転写の方向性は複雑だ。盗作の元＝残っていた小説の執筆者が亜矢＝安

達だと確定するのは作中ではのちのことだから、中谷がミイラに語りかけるのではなく、判明を先取りして安達に謝罪しているとこの場面で感じるのは、二度目以降の鑑賞者かもしれない。それでも事後的に、この場面では中谷の罪過の象徴に重なる位置で、「ミイラ→安達」の転写が起こっている。〇徹夜で転記打ちを仕上げた中谷はじかに版元に出向き、編集局長の西島に原稿を入れ、その帰途、自宅近くの森で困憊のあまり、たまたまあった椅子に座り、寝てしまう。ヘンな環界だ。彼女の上には赤白幔幕の布がパラソルなのか崩れかかっていて、ふと目覚めると、先に豊川に出現したのと同じ位置の鉄柱の陰にＪホラーモードの「黒い安達」が「いる」。ここからは黒沢の1カット主義の力技。布を支えていた柱が倒れる。カメラ、その崩壊に刺戟を受けたかのように不随意的なパンをおこない、わずかに安達への視差がずれる。ふたたびパンニングされカメラが元の画角を確保したその数秒の間に、安達の姿が消えている。鉄柱に安達の全身を隠す幅はない。実は画面手前右の土がわずかに盛り上がっているのが利用されている。おそらく安達は、カメラがパンする一瞬に身を伏せ切って、土の奥行きの陰に隠れているのだ。森のなか、何かを訴えかけようとしている安達を探し始める中谷。その流れで手前に中谷、奥行きに太い幹の樹のある縦構図となる。中谷が身をずらすと、その真後ろの精確な奥行きに「黒い安達」がいる。位置の「蝕」的一致。むろん一致は転写のヴァリエーションだ。中谷が近づくと、安達は幹の裏に隠れる（これがじつに「イヤな」動きで、安達はのちにもそんな動きをする——たとえば『叫』で幽霊だったヒロイン、葉月里緒奈にはそれが不可能だった）。中谷が幹の裏に辿りつくと安達の姿はない。そう思って、振り返る（これは黒沢映画で恐怖に苛まれる女性主体の基本動作）。間近な位置、唐突なタイミングで安達がいて、その顔が初めてピントの完全に来たアップとなる。瞠かれた巨きな眼、黒を加味されたファンデーション。転写がなされたあとのこの明白な対峙構造は何を意味するのか。安達、去ってゆく（そのあとのことは、湖の突

堤部分にしつらえられた、独身者的な浚渫機械を分析する際に記述する)。
○突堤の浚渫機械で、「吊られていた」コンセント状のオブジェが振り子のように揺れて後頭部を打撃、気絶した中谷を、「なぜか」その突堤に向かっていた豊川が抱えあげる。中谷の住む館。その階段を、中谷を「お姫様抱き」にして豊川が昇ってゆく。ミイラを中谷の部屋に隠す際も同じ「お姫様抱き」の動作を、同じ階段を昇る豊川がしていたと観客は当然記憶していて、ここで「ミイラ→中谷」の転写が再び起きる。○深夜、中谷の住まいに不法侵入していた西島。なんで家のなかにいられるのかという問いに西島は玄関があいていたと嘯くが、もう彼が「合鍵」をもっていることは確かだ(ここで鍵＝合鍵という同一物の関係性を媒介にして、西島→中谷の方向で小さな転写が生ずる)。部屋に入れる入れないの攻防があり、中谷はドアの内側に棚をずらし、俄かバリケードをつくって応戦する。その際に、棚から安達＝「水上亜矢」の学生証が落ちる。ドアの隙間から事態を察した西島は、その女がこの家の先住者で、小説家志望だったが、才能が真に開花せず、部屋を放り出して失踪したと告げる。どこまでが本当かわからないどころか、すでに学生証写真の安達は作中に幽霊として出現しているのだから、死んでいる(殺されている)公算が高い。西島は自分の編集局長の立場を強調するが中谷の拒絶の意志は固く、結局、西島はその場を去る。その帰りぎわ、中谷のいる部屋の窓ガラスに石を二回投擲する。恐怖に怯える中谷。様子を知って紳士然とした豊川が入ってくるが、中谷はそれをしも西島の再訪だと勘違いし、恐怖の叫びをあげ続ける。無理もない、部屋は暗闇で、窓の向こうからの照明光のみだし、西島と豊川の背恰好そのものが似ているのだ。ここで西島→豊川の「転写」が中谷を媒介に起きるが、偶発的にみえたこの転写はのち作中にドラマの核心を立ち上げる。「誰が安達を殺したか」「誰が安達を葬ったか」で、錯綜という、転写の第二事態がゆれだすのだが、これも今は詳述しない。あるいは、唐突に相愛状態になったかにみえる中谷

と豊川には、接吻や抱擁を基軸にした相互転写がロマンチックに起こっているが(ゲイリー芦屋の音楽の素晴らしさ)、これものちの段で扱うこととする。

それにしても——安達という子役顔の残存する不思議な印象を湛える女優を使った幽霊表象は、この作品で冴え返っている。それはむろん黒沢自身が「肝腎箇所の1ショット主義」の自覚を高め、同時に芦澤明子のフェミニンなカメラを得て撮影習熟の質が変わった点にも起因しているだろう(とはいえ、黒沢映画の歴代のカメラマンたちは、カッティングとカメラ運動を黒沢と討議することで、おそらく一生を代表する撮影をみなおこなっている——『ドレミファ娘の血は騒ぐ』などの瓜生敏彦、『CURE』の喜久村徳章、『蛇の道』の田村正毅、『カリスマ』の林淳一郎、『降霊』などの柴主高秀)。幽霊体の「黒い安達」が中谷の住まいの部屋に侵入するシーンを振り返ろう。この作品では「窓辺」が中谷の特権的な場所となる。彼女は二階窓から豊川の住まう向かいの研修所を見つめるか、眼前の恐怖に迫られて引き尻をなくし、窓を背負うかどちらかの状態を反復するのだ。最初、窓辺に中谷が佇んでいる。時刻は昼間。シルエットになった中谷の後ろ姿では栗色の黒髪が物質感を強め、僅かに妖気というべきものを発散している。むろん作中で「黒」の危ない動態を刻印するのは安達だが、中谷も負けていない。髪が黒の形象変化を美的かつ情感的にかたどるのだ。四つ這いの嘔吐姿勢で垂れる髪の情感に息を呑んだ観客は、以後も髪がほつれて雨に濡れる頬に貼りついたり、強風にゆれて無定形性をほしいままにしたり、西島に殺されそうになってスカートの翻りにより腿が露わになりそうな局面で、髪自体もそれに唱和するように恐怖を発散したりする運動の豊かさに感動を覚えるだろう。三幅対を形成するスタイリスト・梅山弘子、衣裳・塚本志穂、ヘアメイク・細川昌子の名は記憶されてよい。

その窓際の中谷が(例のごとく)振り返る。するとドアの開口部におそらく仰臥姿勢をとることで並んでいる二つの裸の足が見える——ショットA(このドアの開口部に示される足の位置が、のちの場面でも二回反復されるの

だ)。じっと見ている中谷。カメラ、彼女のバストサイズまで寄ってゆく。風の音がつけられているが、外に見える樹木は揺れていない。中谷が意を決し前進してゆくと、カメラは動きに従い後退移動してゆく。中谷の見た目にカットが変わり、不穏な足のほうに視野が近づいてゆく。やや角度が変わった瞬間、足の上部の黒いスカートが仄見え、足の持ち主が安達という判断が生ずる。近づく中谷。ヒッと声を漏らす。幽霊体の安達が立っている。しかしそれは一瞬のことだ。横からのショットに切り替わる。立ち止まる中谷。再び窓際に走り逃げるのをそのままパンで追う。ドアの開口部内側からのショットに変わる。中谷は縦構図、窓際のロング位置にいる。再び近づく。ショットAの瞬間インサート。また元のカメラ位置を取り戻したカメラにより、構図が前進する中谷のバストサイズにまで変化する。中谷の見た目——無人の部屋のインサート(エンプティショット)。再びカメラは中谷を追い、一旦中谷の顔が光の加減で完全なシルエットになり、さらに明かりのなかに入る。

以下が驚異的な長回し(1ショット)。問題の部屋に入る。カメラは中谷の後ろ姿を追う。一瞬画角がゆれるように変わり、左奥行きの姿見に安達の姿が映っている。カメラはそれを無視するように中谷の側にパン。さらに回り込む。位置が中谷の手前のポジションからに変化する。部屋に誰もいないと確認した中谷がそこを出る動きを後退移動で捉える。その際、画角が変わった一瞬、やはり左奥の姿見に安達の像が映っている。中谷、ついに気づく。振り返る。安達を見た(はず)。後ずさる中谷の後ろ姿を、カメラは後退移動で捉える。恐怖する中谷が窓辺に走りだす姿となってパンが用いられる。とうとう窓。中谷は窓を背負う。その窓の右上部から黒い長袖の手が伸びてくる。やがて上下転倒したというより横ざまの安達の顔まで覗く。これもイヤな動き。ここまでが長回しだったが、観客はすでに姿見のなかの安達を見ている。すると窓から手、やがて顔を出した安達が、空間の制約を超えて矛盾的に出現した恐怖に直撃されることになる。本当の

神出鬼没は空間の同定性を攪乱するから、やはり衝撃なのだ。真相は知られている。窓の外から手と顔を伸ばしていった安達は紛れもない本物だが、姿見の安達は、カメラ撮影し現像した画を等身大にまで拡大したカラーコピーを鏡面に貼りつけたものだった。ただしそこに曖昧にしかピントが来ていないので、観客はそれを実在として承認してしまい、その記憶が残っていて、しかも「カットが割られない」から、窓の外からの安達の出現が恐怖となったのだった。連続性の保持のなかに断絶を忍びこませ観客自身の認識に惑乱を鞭のように与えること——これが恐怖演出の際の、黒沢の「1ショット主義」の基本だろう。[★24]

ところで「Bカメラ採用主義」の最大効果は、上記長回しの直後を襲撃する。[★25] 窓を背負う中谷の上方に「黒い安達」が這うように顔まで覗かせるのだが(まるで蜘蛛だ)、その身が一瞬にして窓フレームの外に引き戻されることになる。その動きを描くだけならば長回しが継続されてもいいのに、その一瞬からBカメラの捉えた映像に接続される。それは本当に僅かな視差のちがいをかたどり、しかも瞬間というべき時間幅の「僅か」も「盗まれて」、安達が身を引く動作の開始からではなく、身を引いている途中からが入り込むのだ。結果、身を引くその動作に最小可知差異(あるいは無意識)の空白が穿たれる。認識が自らの中でズレた、刹那だけども深甚なこの脱臼感は、これら視差のズレ、接続の空白から生じていて、これがその前の長回しにおける神出鬼没感の恐怖と立て続けの波状攻撃になっている。この恐怖にまつわる黒沢—芦澤の感覚統治は、悪辣というべきだろう。

6——浚渫機械、門

さて、「転写」の諸局面を振り返るときに言及を割愛した、湖の突堤部分に作中存在している浚渫機械につ

いて、いよいよ分析しなければならない。実際にいくつかの浚渫がおこなわれたことも確かだが、この機械の真の用途は不明といっていい。ただ「形状」だけのある、謎めいた開放性のほうがむしろ前面化されており、その「構造」が因果関係のはっきりしない「殺人」や「終結」や「納得」を付帯させてゆくことになる。

最初に浚渫機械が登場するのは、最終的には夢オチとなる一連だ。まずはスモークに美しく荘厳された湖が映る。可視性ぎりぎりの――つまりはスラヴォイ・ジジェクがヒッチコック『鳥』の決定的な高速ズーミングに指摘したような[★26]――「観客の無意識にのみ刻印される急速な」パンニング。その果てにスモークのなか立ち尽くす中谷の姿が定位される。彼女の見た目というように、湖面に突き出ている突堤に、「門」のような外枠が見え、その線形性が強調されている。滑車を回しワイアーを動かし、何かを湖面から引き上げようとしている豊川の後ろ姿。手前、中谷ナメの構図で、それがさらに同軸上に接近する。スモークの滑る湖面が鏡面のようにもみえる。カットが変わり、湖面から石灰石の泥だらけのミイラが塗料を溶かしだすように浮上してくる。悲痛な表情で「やめて!」と連呼する中谷の姿が、ワイアーでミイラを引き上げる手前の豊川とつくりあげる夢幻的な縦構図、その短い挿入が美しい。ここでミイラが水を下に大量に垂らして「吊るされる」一瞬も加わる。この後、「悪夢」の恐ろしさに飛び上がるように起きる中谷の姿につながれてゆく。

吟味すべきポイントは三つだろう。まず「門」の形状をなす「マテリアル」は何か。実はこの浚渫機械はあたかもそれが幻想であるかのように、形状を作中で一定させていない。この最初の登場場面では門状の外枠は明らかに木材にみえるのに、鈴木了二は『建築映画』での黒沢清との対談で、以下のようなやりとりをしている(むろん美術スタッフへ浚渫機械につき監督の黒沢がどのような発注をしたかも興味深く明かされる)。

鈴木　『LOFT』にはゲイトのような装置が出てきます。映画のなかで、歴史を繋ぐ重要な役割をし

ます。湖の水面下に怖い過去があってこのゲイトの機械がそれを引き上げてしまう。この造形がなかなかいいですね。
黒沢　あり合わせのものを利用して作っています。僕の注文は湖から死体が引き上げられてくる装置が必要なので、湖に突き出ている作業台を作ってほしいということでした。これも予算が限られていたので、引き上げる機械以外は木材で作ってあります。
鈴木　えっ、てっきり鉄とばかり思っていました。
黒沢　そこは映画美術のごまかしの技術です。〔…〕ただ木を使うと曲線は出せません。美術部のスケッチを見て、「ここが曲線になっていると面白いですね」などと言うと、「監督、木で曲線を切り出すとコストが跳ね上がります」と言われてしまいます。このゲイトがほぼ直線の組み合わせなのはそういう理由からです。タダ同然な角材を使って、できうる限り奇妙なゲイトのようなものを作っています。
鈴木　いや、鉄よりも鉄っぽく見えますよ。★27

実際に「鉄よりも鉄っぽく見え」るのは、浚渫機械のこの後の形状変貌時に起こることだ。次に、鈴木も強調している機械＝装置の「門＝ゲイト」の形状。むろん黒沢映画の「カフカ性」から、カフカの短篇「掟の門〔掟の門前〕」の記憶までもがここに転写されるだろう。一人の男が掟の門前にやってくるが、門番がなかに入ることを禁ずる。門番を懐柔しようともしたが禁止はいつまでも続くようにも思えた。ついには男の生涯が終わろうとしている。門番の最後の言明。「ほかの誰ひとり、ここには入れない。この門は、おまえひとりのためのものだった。さあ、もうおれは行く。ここを閉めるぞ」。★28「掟」の通用範囲をめぐるアレゴリカルな

超・短篇だが、その短さもあって、ここには内容というよりもアレゴリーだけあるようにみえるのが震撼に値する。デリダはこの構造に鋭い見解を交錯させている。

テクストというものは門であり、門番がいま閉めたばかりの入口であるのかもしれない。〔…〕門という物を閉めることによって、門番はそのテクストを閉じたということになるのだろう。しかしながら、そのテクストは何かに対して閉まるというようなものではない。『掟の門前』という物語は、テクストとしての自らをしか語ってもいないし、記述してもいない。テクストはそうすることしかしていない、あるいはまたそうすることもしている。とはいえ、それはなんらかの自己指示的透明さによって保証された鏡像的な反射の裡で行なわれるのではなく、この点は強調しておくが、テクストの読解不能性の裡で行なわれるのである。〔…〕正確に表現しよう。われわれはテクストの前にいる。このテクストは、死に至るまでの絶え間ない差延以外にははっきりとしたことは何も言わず、物語自体を超えては同定し得るようないかなる内容も提示するわけでもなく、しかも厳密に触れることのできないものとしてとどまっている。[★29]

『LOFT』の浚渫機械も「いわくありげな」「空白」であり、その「空白」は『CURE』が連打したものと同じであり、同時にテクストを生成する潜勢力でもあった。それらが門の外枠がかたどる、湖面へとひらかれただけの「中身の空白」に集約されている。だからそこにみえているものが意味的過密なのか意味的空疎なのか、その弁別がままならない。とはいえ、「空白」そのものが、カフカ「流刑地にて」の処刑機械を招き寄せる。たとえばとある短い構図のなかで、門の上枠や滑車は、明らかな「上部」として「製図屋」を形成し、中ほ

どのワイアーや「吊るされたもの」は「馬鍬」となり、その下の豊川や湖面あるいは湖底が「ベッド」と見立てられる——そんなカルージュ「独身者の機械」特有の「三層」をつくりあげるのだ。むろん「吊るし」にはデュシャン《大ガラス》に示唆された「雌の縊死体」とのひそかな連動もある。黒沢映画のカフカ性に浸潤される者は、破局到来の予感に戦慄するほかない。

　豊川と浚渫機械、その関わりの真相を暗喩的に示したこの場面に対し、次の浚渫機械の登場シーンは、「物語」の幅をさらにもちはじめる。それは、前に記述した盗作原稿入稿後の中谷と「黒い安達」の対峙、そのあとに起こる。中谷は消えた安達を追う気色で森をさまよい、何かを掘り返した痕のある土の一角に注意を促され、ついに湖畔にやってくる。白い乳液を溶かしたような一面の霧。この気象条件により、銀から灰の色のシルエットでかたどられる、ほぼ正面からの浚渫機械の形状は、先の登場シーン（それは実は「夢」だった）から飛躍的に形状の密度を増しているのだ。意味的には「同じもの」が、現れとしては「ちがうもの」になっている、一種の融即状態[★30]が罠のように記されているというべきだろう。奥行きの門状の機械に至る、細い架橋のようにも見える突堤は霧に濡れ、光っている。何よりも遠くからは針金状に感じられる、門の枠から崩れ出し折れ曲がったポールの数々。潰れたパンタグラフのようなこれら「線の多方向性」は、デュシャン《大ガラス》への親近性を一挙に高めている。だから門の上枠と、門の底を、上部・下部と捉えると、そのあいだの空白を「雌の縊死体」が充塡しなければならないような使嗾が起こるのだ。むろん問題は「かたち」がそれをなす、ということだ。アレゴリーの一要素、「可視的エンブレム」がこれに関わっている点は自明だろう。[★31]やがて突堤を渡ろうとする中谷の足が止まる。門の中央部には、雌の縊死体の代わりに「黒い安達」がいる。目許が黒く潰れ、しかも離れた全身ショットなので、表情が具体的に摑めない。

　危機を煽る、弦楽的なノイズ音楽。安達は、機械の一部のように、つまりカルージュの筆が先走ったよう

に「啓示」をおこなう。体側から黒い長袖の右腕をゆっくりと開き、その腕を途中で止めて、「湖中に何かある」と、無言の指さしをするのだ。このとき幽体というべき安達の身体、ワンピースで包まれたその黒いシェイプが欠落してゆく。スカートの右膝あたりの裾の一部、裸足だった左の足首から下、右脇腹、左肩……これら侵食はCGによるものだが、空洞円筒状の鋭い金属縁で「かたち」を刳り貫いてゆくような変化の感触を伴っている。[★32] 中谷を手前、安達を奥行きに置いたロングの縦構図に切り替わり、中谷の後ろ姿がおもむろに近づいてゆくあいだにも、安達への侵食がとどまらない。ついにその頭部さえ消滅する。ところが同軸への接近が起こり、中谷の後ろ姿の腰から上の構図に接続させると、忽然と安達の姿が消えていて、危うく突堤の尖端を踏み外しそうになったところで中谷の「夢遊病歩行」が正気に戻される。

ようやく自分のいる場所(何もなく、同時に浚渫機械内でもある空間)を見回す余裕を中谷が得るが、このとき「なぜか」傍らの歯車が自動的な作動(誤作動)を開始し、湖底からワイアーにつながれた何かが引き上げられそうになる。行動原理は不明だが、中谷は「引き上げ」の阻止を企てる。移ってゆくワイアーを慌てて握りとめようとするがままならず、そばを囲っている墓石状のものの側面にあるレバーを下ろす。引き上げは止まる。それが浚渫機械全体とその下にいる中谷を俯瞰で捉える構図で示されたとき、鈴木了二がそのマテリアルの達成に驚愕した、門部分の「赤錆の鉄」の組み立てが強調される。ところが中谷は「雌の縊死体」の代わりに中間域に吊るされていたスイッチ状のものが振り子運動を開始したのを知らず、後頭部を強打され、気絶へ導かれる。そこから豊川が彼女を救出するくだりに後続される。

浚渫機械の次の見せ場はもうラストシーンだ。横から見た形状が強調されるが、やはり形状そのものが変貌していると感覚される。朝。湖面には朝霧が流れている。後述するが、西島が安達を埋葬し、それを一旦は豊川が掘り返したと豊川自身が記憶する場所には、何もなかった。けれども豊川が安達の死体を掘り起こ

して突堤の浚渫機械に運び、浚渫機能を逆回転させて安達を湖底に沈めたという悪夢も豊川を苛んでいる。不安の正体はいつも存在しない――この法則を立証するため相愛の仲となった中谷と豊川が突堤を渡り、浚渫機械を目指すのだ。だが横からロングで美しく捉えられた二人の姿は、心中の「道行き」場面のような、不吉な予感をも漂わせる。浚渫機械。「舵」を回す豊川。ワイアーにつながれて、湖底から木棺が引き上げられる。おびただしい水が落下している。引き上げて開くと中身はカラだった。狂喜する二人。不安にはやはり実体がなかった。木棺をふたたび湖中に沈め、熱烈な抱擁と接吻をする。二人のロングにみえる、森を従える湖の畔が、図像的にハッピーエンディングの予感を湛えている。朝の太陽がより高度を増した気配もある。このとき不安から解放された二人は「世界の涯まで行こう」と誓いあう。ゲイリー芦屋の音楽が高鳴って終わろうとする。弦楽器の優雅で繊細な響き。

ところが音楽はカットアウトする。一瞬、湖面越し、逆さになった「顔」がインサートされる。明らかに「人形」だ――それも安達の顔を模したものだ。ワイアーとともにその体が、反り返った「へ」の字の頂点の腹の部分を鉤で捕まえられ引き上げられると、刹那にして恐慌に達した豊川が、全てを避けるように身を反らし、声を上げ湖に落ち、沈んでゆく。正面からの滑稽なショット。それと上下対称形を描くように安達ともミイラともいえる体がワイアーに引かれて上昇するが、やがて動きが停止し、「吊るされ＝意味の縊死」が固定化される。それでも歯車や「舵」が回り続けていると中谷は確認する（矛盾だらけの機械運動の諸連関に注意しよう）。そうなることをあらかじめ納得していたような中谷の表情からカメラはゆっくりと後退、浚渫機械の一部と、ワイアーに吊るされた人形身体を中谷の背景に組み入れて暗転してゆく。これは何だと驚愕する観客も多いと思うが、構わず映画はエンドロールを開始してしまう。実はそのことでこそ唐突な豊川の水没が「彼の死」として確定されたのだ。恋愛模様を組み込んだこれほど優雅なホラーが、無理繰りで終わる逆説に

観客は直撃される。

映画機械『LOFT』はその最終景で、映画機械『ドッペルゲンガー』と通底する痙攣的ユーモアを叩き出した。実は最後のシーンで「作動」していたのはワイアーと「舵」の連関のみではなく、もっと多様な「諸機械」だという点を確認しておく必要があるだろうか。湖への落下、それがそのまま死を意味してしまうというその「意味づけ」は全く「機械作動的」だし、そのことを一瞬にして納得してしまう中谷の判断も同断だし、あるいはエンドロールが流れ出して「物語が終わった」と感動裡に得心してしまう観客もまたそうなのだ。浚渫機械の「門」は、その「からっぽ」の形状を際立たせつつ、デリダのいうように、《死に至るまでの絶え間ない差延以外にははっきりとしたことは何も言わず、物語自体を超えては同定し得るようないかなる内容も提示》しなかった。たんにテクストと形状が交わるための潜勢態のみをそこに形成していたのだ。だから曰くありげに「形状」をつくりあげている浚渫機械は、実際はその機械状の内実をもたない「ただの領域」として、空虚にのみ接続されていたという判断になる。そのことでその浚渫機械は「流刑地にて」の処刑機械、さらには《大ガラス》と本当の親近性をもっていたのだ。恐るべき機械性把握といわなくてはならない。

7――連打される機械状

振り返れば『LOFT』には、「機械状」が多様に重複していた。モノとして把握されるものにもそれが連続していた。先住者＝安達の遺していた古めかしいスーツケースは、それを開くと、中身の上のほうに針金のハンガーを満載させているが、そのことでその中身は例えばラジオを暴いたような、機械内部にみえる。重大な停電をしでかす、別荘脇の戸外にある配電盤は、いかにも黒沢映画らしい半透明ビニール幕により、そ

の荒廃状態を飾られているが、配電盤自体は機械性の中枢と受け取られるだろう。あるいは家屋内描写のなかで窓辺やドア開口部とともに異様に出現頻度の高いのが「階段」だが、踊り場があるものの、踏面と蹴上がりによって反復状に「形」をかたどられているそれは、悪運を咀嚼するための家屋内の象徴的な歯列であり、同時に砕きの機械運動を予感的に喚起させる「家屋機械」の褶曲部分といえるだろう。加藤晴彦が古いフィルムをかける映写機には「回転」が仕込まれていた。何よりも、ゴミの焼却機。まず中谷からの引越しゴミがそこに廃棄され焼かれる。ゴミは仕切りの金側板の移動により、「奥」へと押しやられた。スイッチも介在しない自動的作動のようなのだが、「なぜ」、たかがゴミ捨て場にそのような機械起動性が大袈裟に伴われているのかがわからない。その作動状況は、そこに物が捨てられるごとに全貌を露わにされてゆく。安達失踪事件の参考人として手配された西島のもとから、中谷は、安達を盗作して転記打ちした印刷入稿前の小説原稿を取り戻すが、それも焼かれる。さらには、全ての煩悶のもとだったミイラを、相愛の仲となった中谷・豊川が焼却炉に投棄する。そのときに投下物の発火状況が最もはっきりと記され、仕切り板が「ゴミ」を移動させた果てにある奥まった内部焼却炉の内実も、最も広い画角で描写される。もちろんこのときのミイラの自然発火は、トビー・フーパーの『スポンティニアス・コンバッション／人体自然発火』(一九九〇)と関連があるだろう。

安達失踪事件の重要参考人として行き場を失った西島が、中谷のいる別荘の場に行き、追いつめられて中谷と無理心中を企てる心理はよくわかる。それまで西島は状況説明をしたり、物語を単に推進させる科白を宛がわれたりの損な役回りに終始していたが、機械性との親和は、夜の突然の停電をもたらした配電盤を直してみせることで示されていた。そうした前段ゆえに西島は中谷との無理心中をおこなうため樹木に「機械」を形成することになる。そこでは「拷問」「殺し」「自殺」が相互「転写」によって「一致」する。具体的には中谷の

首を絞める縄は樹の上部の枝に回され、滑車を使い中谷の体全部を中空に「引き上げ」「吊るす」ことができ、滑車通過後、縄の別の端の「輪」によって西島が縊死できる構造だ。西島の体の重みが加わると、「吊られた」中谷が宙に浮き、二人は天秤のような拮抗を保つのだろう。それは「独身者の機械」のように上部と下部、あるいは右部と左部とに二層構造をなし、本作の浚渫機械とも「釣り合う」はずだったが、張り込んでいた刑事と警官たちの突入により、西島の無理心中計画が水泡に帰す。ところで西島がこの暴挙に出るタイミングが、この作品の最もロマンチックな名場面の直後なのだった。この急転直下にも「機械状」を感じないわけにはゆかない。

ということで気づくが、「機械状」といえば、中谷と豊川を閑却するわけにはゆかない。『降霊』のサスペンスフルな心理描写とともに『ＬＯＦＴ』での美男美女の相愛は、黒沢作品中、最もロマンチックな風合いを湛えていると感じられるだろうが、唐突さと奇妙な確信、さらには相互発語の飛躍まで伴う、中谷─豊川の奇妙な相愛「状況」は、まるで状況がコンファームされるまえに、機械的な作動の枠組みによって相愛性を事前決定されているようにさえみえるのだ。★33 彼らの相愛が機械状だとして、その「スイッチ」がどう入ったかはたぶん観客の記憶に過たず刻印されている。つまり『裏窓』のジェームス・スチュアート的な好奇心によって、向こう側、シルバーシートにくるまれた何かをクルマから深夜搬入した男への注視が開始されたとはいえ、具体的には、研修所の内部を窺う中谷が、曇った窓ごしに朧げな全身を透かし、窓に手をついて無防備に「こちら」を覗き込んだときに、豊川の掌が窓を挟んで中谷の掌へ、静かに抒情的にぴたりと重ねられる（しかも曇りガラスの向こうの中谷は一切気づかない──彼女の側からは窓が濁って全く中を見とおせないのだ）、恋愛映画的な美しく抑制的な詳細こそが、相愛記号作動のための「スイッチ」だったということだ。

自らが小説執筆のプレッシャーを抱え、西島の気味悪さに直面し、得体の知れない「黒い安達」さえみてい

るのに、豊川の不安をことあるごとに察知し、認識の改変を促す中谷は全く「愛のモード」なのだが、いつの間に拡大的にそうなったかを映画ははっきりさせていない。それでも相愛状態のロマンチックなピークならはっきりしている。自分が安達の死体を埋めた朧げな記憶に苛まれる豊川は、中谷の鼓舞により、深夜に埋葬場所とおもわれる森の中の土を二人で掘り起こすのだ。大雨、そして強風。強風はあきらかに、巨大扇風機という「機械」由来だ。それがこの場面の「情動」を異様に高めているのは間違いない。林の中、スコップで土を掘り起こす二人。豊川、笑い出し、掘った穴の斜面に背中をのけぞらす。豊川「失敗だな！（笑う）」／中谷「みたいですね」／豊川「何も出ない。衣服の切れ端も装身具も。完全な見込み違いだよ。でもこんなに気分のいい見込み違いは初めてだよ！」。豊川、穴から上にのぼり、中谷に手をさしのべる。中谷、引き上げられる。それから二人は昂揚をほしいままにし、抱擁し接吻する。ゲイリー芦屋のロマンチック音楽が最大限に高まる。

この「相愛のピーク」は全く細部が違うのに不思議な既視感がある。ダニエル・シュミット『ラ・パロマ』（一九七四）の伝説的な「山上のオペラ」シーンを思わすのだ。相愛成立のオペラを唄うイングリット・カーフェンとそれに唱和するペーター・カーン、それぞれの顔がオーバーラップで切り取られて山上の空に浮かび、そのあまりにキッチュな美しさに卒倒しそうになった観客も多いだろう。むろん『ラ・パロマ』は「死の決定不能性」を主題にした怪奇ロマンで、「安達はいつ死んだのか」「ミイラは果たして死んでいるのか」など同じく「死の決定不能性」を主題にした『ＬＯＦＴ』と深い共通項がある。要約すれば、『ラ・パロマ』はこんな物語だった。歌姫カーフェンが金持カーンに幽閉される。彼女は恋煩いで死ぬが、三年後の開封を託す遺書を残す。三年後カーンが開くと「墓を暴け」とあった。掘り起こされ、開かれる柩。彼女の顔は生者そのままの生気を湛えていた。カーンにはカーフェンを「殺す」ため亡骸をさらに切り刻む試練が託される。死者を殺

すこと。――そう、『ラ・パロマ』の物語は『LOFT』のそれの、まさに順列組み換えのようなのだった。黒沢が『LOFT』を発想する際の源泉となった一本とみていいだろう。

8――回想機械

さて、『LOFT』の記した「機械状」のうち、最も映画的なのは、作中の一箇所に無媒介に挿入された一つの回想シーンだろう。黒沢にはもともと回想シーンを倦厭するという伝説があり[★34]、その禁則は『CURE』より前の彼の初期の映画ではほぼ遵守されていた。『CURE』での、サブリミナル効果的で危ない回想映像連鎖に対し、その後黒沢がしるした、最も創意的なフラッシュバックが、これから記す一連となるだろう。そこでは無媒介性、内容信憑のゆれ、飛躍、内容のなかの「転写」と「一致」、さらにそのことがしるす機械状が、回想シーンそのものを統括し、それにより運動の始点と終点を「機械」的に一致させ、さらに機械的な「回転」も撒布、「フラッシュバックの運動＝機械の運動」「フラッシュバックの内実＝機械の内実」という逸脱さえ起こっている。つまりこれから記すフラッシュバックは、『LOFT』という映画機械の、映画機械的な入れ子でありながら、『LOFT』の映画法則自体を再帰的に示す自註＝紋中紋の機能[★35]を備えていることにもなる。

黒いコート姿の豊川が研修所に入ってくる。その前が、同じ豊川が埋葬場所かと気にしている土を、掘ろうかどうしようかと逡巡しているシーンで、豊川↓豊川とつながれることで、最初ここで始まったシーンが時間を遡ったと多くの観客は気づかないだろう。豊川のまとっている黒いコートにヒントはあるのだが。――フラッシュバックは無媒介に、突然始まった。窓辺に寄る豊川。向かいを見る。すると幽霊ではない生

者の安達が姿を現わす。ジャンプカット。向かいの家屋内。安達と西島が揉めている。安達にあるべき何かの権利を西島が蔑ろにしたらしく、ケータイ電話でどこかに訴えようとする安達の電話機をとって放り投げ、また安達が拾ってかけなおそうとする攻防が続く。安達は怒りに昂奮して、手あたり次第に西島にモノを投げつける。安達を抑えつけた西島。その背中。二人の体が勢いで回転すると西島が安達の首を絞めているとわかる。ドアの開口部の向こうにみえる光景。苦しむ安達の足がもがき、顔がオフになった状態で安達の咳き込みが響く。

（時間経過）窓辺で水を飲んでいる西島。外を窺うが気配なしと判断して窓を閉める。実は向かいから豊川が見ていた。室内、扉の開口部は別の角度から捉えられる。フローリングのゆかに仰臥して動かない安達。黒いワンピースをまとい裸足の両脚はやや開かれて伸びている。西島はビニールの黒いゴミ袋を一旦出すが、とても（死体が）入らないと考えて、家を出てゆく。出てゆく前、家なかを回るような回転を歩行がかたどる。早すぎると思われたタイミングで豊川が忍び込む。中を窺い歩きだすと、安達に気づく。カーテンに濾過された光が全体に金色で、それが安達のワンピースと豊川のスーツの黒をシックに印象づける。★36 安達に触れる豊川の手。安達の手がそれを摑む。最初、ごろりと体を苦しげに回転させた安達は、緩慢に豊川の逆側に這いはじめる。それから仰臥、発声する。「誰？」。まだ朦朧としている。二人込みの横からの構図。豊川「隣にいて、窓から君の姿が見えたから」。安達（上体を起こして）「あたし、まだ生きてるのね。［…］（起っ）放っておいてくれればよかったのに」。豊川「何が起こったのかは知らないが、危ないところだった。たまたま僕が発見したから」。ベッドに座る安達を追ってパン、豊川がフレームアウトする。「あなた、あたしを救いに来たの？」。画面そのものが九十度左回転する。つまり横長のフレームに身体の縦の立像が横向きに収まる。その中の豊川「そうだ」。その歩く姿がパンで捉えられる。画面が九十度回転しているから簡単な移動

を捉えるだけでも幻惑的になる。安達の声（オフ）「どうして？」。豊川（ベッドに座る――安達の姿が映らないのは豊川の体の左右が、九十度回転画面のために狭いから）「つらい目に遭ってるみたいだったから」。ここで九十度左回転画面から通常画面に復帰する。ベッドに座る安達（手前）と豊川。皮肉っぽく、やがてはふてぶてしく大声で笑う、どうやってあたしの魂を救うのか、と。嘲弄の意味がわからない。ともあれ二人の対峙が突然緊張感を高める。

以下のやりとりでは著しく会話内容が飛躍する。豊川「君は――誰だ？」／安達（近づいてくる）「誰でもいい」／豊川（恐怖を感じ、後ずさって再びベッドに腰が沈む）「僕が発見した女か？〔＊安達とミイラの一致〕」。安達、笑っている。（九十度左回転画面――二人の立像が縦に長い画面に狭いながら入ってしまう）ベッドに腰をついている豊川を安達、抱く。その頭髪を撫でる。しがみつく豊川。窓の向こう、ストロボが激しく明滅。通常画面へ復帰。豊川、安達のヤバさに気づき、安達から逃げ、部屋の隅の角を背にする。豊川の科白が激しく飛躍。「待っていたんだな、千年間も〔＊この転写の機能をもつ科白の作用で安達の存在がミイラに一致しだす〕」。安達、フレームインしてくる。「ええ、男を破滅させるために」。部屋の隅で引き場のない豊川に飛びつき、胸許を締めあげる。恐ろしい形相。豊川の体が沈んでゆく。豊川の頭部ナメ、安達のバストショット。「行こう、あたしと一緒に」「どこへ？」「（安達の顔が豊川に寄る）地獄へ」。

ストロボ光。唐突に形成逆転。豊川、安達の頭部を摑む。怒りの表情で、「死人が口をきくんじゃない」。安達を倒す。画面下部に安達の脳天、奥行きに豊川のバストショットのある窮屈な構図。ローアングルなので豊川がその手で安達に何をしているのかが画角上わからない。途中まで力を籠める表情をしていたが、はっと我に返り、しでかしたことの恐ろしさで安達から離れ始める。低い姿勢での後ずさり。画角変わる。というか、画角が、西島が安達の首を絞めていた時点と一致する。おずおずと立って後ずさる豊川の下、頭

が開口部フレームで隠れた安達の足の位置もまた、西島が首を絞めたときと一致している。西島が殺した安達が、豊川が殺した安達＝ミイラに精確に転写されている。そのことにより、機械運動が精確さの実現というレベルで完成している。ドアを開く音。豊川、安達から離れ、身を隠す。シルバーシートをもった西島が入ってくる。扉の開口部から、西島が安達の体を回転させて、シルバーシートに包む作業。彼は安達が、自分がさきに殺したままの状態だと信じきっている。以下、回想される西島による埋葬シーンについては描写を割愛する（豊川はそれも物陰から窺っている）。

「ひとつめの出来事の結果（西島のおこなったこと）」が「ふたつめの出来事の結果（豊川のおこなったこと）」と全く同じになることのことを機械状反復という。これは回想自体が機械状反復と関連していることを示すだろう。もっといえば、回想そのものが、反復機械なのだ。その反復機械のなかに、記したような「回転」「転写」「飛躍」などの機械運動が満載されている。いずれにせよ、ここでの結果の一致が二つのレベルで豊川を混乱させた。一つは当然の帰結だ。安達は自分が殺したのではないのか。それが埋葬場所を掘り起こしたのかあるいは水葬にまで発展したのかで豊川をさらに混乱に導く。ともあれそうして『ＬＯＦＴ』という高度な映画機械は、西島を豊川に転写したのだった。その恐怖は結果的にいうと中谷が豊川に転写した愛よりも、強度がまさったことになる。

［註］

★01——車椅子型であるこのことから、『ドッペルゲンガー』は車椅子を駆使したロバート・アルドリッチ監督『何がジェーンに起ったか？』（一九六二）の記憶を召喚する余地も出てくる。とりわけ悪いほうの役所広司＝ドッペルゲンガーが戯れに車椅子を回転させながら悪態をつくシーンは、妹ベティ・デイヴィスによって下半身不随のまま階段の上の部屋に幽閉され、いよいよ孤立無援の状態を決定づけられて絶望のあまり自分の座っている車椅子を姉ジョーン・クロフォードが回転させる『何がジェーンに起ったか？』の俯瞰

ショットを髣髴させる。となると、当該シーンの役所にあるのも、実は絶望ではないのか。

★02——これについてはのち、ミシェル・カルージュ『独身者の機械　未来のイヴ、さえも…』(高山宏・森永徹訳、ありな書房、一九九一)を導きに、多元的な考察をおこなう。

★03——フロイトはホフマン「砂男」の不安を構造分析したのち、その余韻の漂うなか、「不気味なもの」の列挙を始める。ただし列挙の前段に語源学がある。ドイツ語の「懐かしい」=「ハイムリッヒ heimlich」に反意接頭辞の付いた「ウンハイムリッヒ unheimlich」が「不気味」を表す——その言語慣習が、いつしか元のハイムリッヒにまで「不気味な」という意味をふくませてしまった経緯を、懐かしいものがそのように認知させないまま現前に迫る様相そのものが不気味と感覚されるから、と解釈したのだった。そこから、同一的なものが自身の外部に出現すること、その不気味さが寓話的エピソードに乗せられ、列挙されてゆく。「ホテルの部屋番号、自分の誕生日など数字が揃うことで、死の予感が生ずること」「気軽に口にした呪いの言葉が、科学的因果関係なしに、当該対象の死を招来させてしまったようにみえること」。いずれも同一性と死の関係が顧慮されている。このあとに、それを見たら必ず死ぬといわれる自身の完全な似姿=ドッペルゲンガーが登場してくる。ちなみに最後に分析される「不気味なもの」とは、母親の女性器。同一性が無意識のなかに隠蔽・抑圧された最大値がこれだ。詳細はたとえば、E・T・A・ホフマン/S・フロイト『砂男　無気味なもの』(種村季弘訳、河出文庫、一九九五)などで。

★04——当初、役所=早崎とそのドッペルゲンガーの同一画面への配置は、どちらかを後ろ姿にするなど、役所に似る「吹き替え」でまかなわれているが、スレた観客は当然それでは納得しない。それでこのくだりの最後に「大技」が出る。役所自身が演じているとはっきりわかる画面手前のドッペルゲンガーがフレームアウトし、ショットが継続されたまま奥行きに残された窓辺の後ろ姿の「役所らしき男」が振り返ると、それもまた役所自身が演じているとはっきりわかる衝撃が与えられるのだ。「合成」が使われていると判断した。黒沢清の教え子・濱口竜介の傑作『寝ても覚めても』(二〇一八)でも、東出昌大の「一人二役」が同一画面内に展開されるくだりが一回だけある。ヒロイン朝子(唐田えりか)と実直でやさしい勤め人・亮平(東出)との結婚話がいよいよ固まりそうな仲間との会食場面、そのレストランにずっと失踪していた奔放な(いまは人気モデルの)麦《ばく》(東出の二役)が現れるのだが、その出現をしるす横からのロングショットで、麦の姿が合成されているのだ。そのあと、東出/東出の切り返しショットへ移行するのだが、朝子=唐田の認識の質を撮影によって捉えることが主眼の、本質的にミニマルなこの作品では、俳優身体の合成場面はこの一箇所しかない。

★05——黒沢清自身も次のように発言している。《マルチスクリーンは、『アカルイミライ』の中で、車に乗っているシーンでおそるおそる使ってみたんです。フィルムであれをやるのは大変なことですけど、ビデオだと画面を分割するのは簡単で、もう思い切り使ってやれと決めて撮影に入りました。編集の大永昌弘さんにはリチャード・フライシャーの『絞殺魔』を見せて、「これよ、これこれ。

これがやりたいのよ」と注文を出しましたし、役所広司さんもどこか悪のりして、楽しく面白く作ったつもりだったんです。》(一章前掲『黒沢清の映画術』二五九〜二六〇頁)。

★06——二章前掲『夢・アフォリズム・詩』一一〇頁

★07——同九九頁

★08——ジル・ドゥルーズ＝フェリックス・ガタリ『アンチ・オイディプス』(市倉宏祐訳、河出書房新社、一九八六)。なお、ドゥルーズ＝ガタリは、哲学上の機械をさまざまに発明する、いわば「哲学の機械王」だが、「欲望機械」以上に圧倒的なのが、狼の群れやチンギス・ハンを導きに、『千のプラトー』の各所にちりばめられた「戦争機械」だろう。それは群体を基盤に、領土化と脱領土化を広域におこなう、機械性を超えた潜勢＝運動＝生成とよぶべきものだ。

★09——像の二重化を基本にしたディゾルヴを逆用して部屋内のハル＝武田真治を消した『大いなる幻影』(一九九九、これは作品全体がアレゴリーを語る構造をもつ)、室内の影部分にいた様々な人物を、壁上の黒い塵の痕跡のみ残して消した終末論ホラー『回路』(二〇〇〇)がむろん代表格。

★10——『ヴィリエ・ド・リラダン全集』第一巻(齋藤磯雄訳、東京創元社、一九七七、二五頁)

★11——むろんこのラストの処理は、黒沢清自身の確信によっている。高橋洋の未映画化脚本『水虎』をめぐる高橋—黒沢の往復書簡、その第二信に黒沢はこう書きつける。《僕たちが望むのは、端的にズバリと語られ、スピーディーに展開してゆくドラマです。〔…〕ひきしまった展開、目の醒めるような経済性、要は省略です。どこまで省略できるかが勝負なのです。》(序章前掲『映像のカリスマ』三〇七頁)。

★12——エルンスト・ブロッホ『希望の原理』第二巻(山下肇ほか訳、白水社、一九八二、二七〇頁)

★13——同書同頁、ただし傍点省略。

★14——「流刑地にて」(三章前掲『カフカ短篇集』五四〜五九頁)

★15——前掲『独身者の機械　未来のイヴ、さえも…』一七頁

★16——同書五二頁

★17——同書六三頁(ルビを省略した箇所がある)。

★18——同書三七頁(ルビを省略した箇所がある)。

★19——序章前掲『カフカ　マイナー文学のために』一四七頁。傍点省略。

★20——ジル・ドゥルーズ『差異と反復』(財津理訳、河出書房新社、一九九二、五一頁)

★21――同書二三四頁

★22――ここではニューロティックな心理逆転劇に、スピルバーグ『ジュラシック・パーク』(一九九三)以降の「怪獣映画」が悪接続される数シーンがある。

★23――クリスティーヌ・ビュシ＝グリュックスマン『見ることの狂気――バロック美学と眼差しのアルケオロジー』(谷川渥訳、ありな書房、一九九五、四三頁)には《天使を見ること、それはすでに、見ることを見ることではないのか》という美しい自問があるが、ここからむろん《幽霊を見ること、それはすでに、見ることを見ることではないのか》という、再帰的な恐怖化へのアレンジが可能だ。

★24――「1カット主義」をめぐる黒沢清の発言を二つ紹介しておこう。《編集によらずひとつのカットがどこまで切れ目なく続いているかということがらは、実は近年僕自身が映画のことを考えるうえでの最大のテーマと言ってもよく、東京藝大の授業などではもっぱらその一カットの持続について話しています。一年間それればかり指摘しているくらいです。〔…〕一カットの持続、それは撮影現場では非常にわかりやすい原理によって決定されるわけです。撮影現場で監督が「よーい、スタート」と言ってカメラが回りだし、「カット、OK」と言ってカメラを止めるまでの間、それが持続なのです。ですから、ここにこそ監督の権限というか、仕事が象徴的に現れている。それだけをしていればいいというわけではありませんが、もっとも代表的な監督の持っている権限が「よーい、スタート」と言って「カット」と言うことです。みなさんもなんとなく知っていると思いますが、実際ここにこそ映画監督の意図、力量、そして個性が現れているのではないかと思うのです。》(序章前掲『黒沢清、21世紀の映画を語る』二四〇〜二四一頁)。《ワンカット性の根拠を、最も単純なレベルで挙げてみれば、映画が本当にその場で起こったことを捉えるメディアだからということがあります。同じことをアニメーションでやって、ここがワンカットですと言っても、技術的なレベルで何かを伝えることはあるとしても、見ていて急にはっとすることはないでしょう。しかし、実写においては、確実に一定の時間がフィルムに切り取られているという意味で、とても大きな要素です。〔…〕映画監督という職業がなぜ必要なのか、まさに、その一点に尽きるんです。脚本があって、俳優が何かを演じて、三台とか四台のカメラで適当に撮っておく。で、スイッチャーがカメラをスイッチして、編集でツギハギする。テレビのスタジオで撮られているドラマは、だいたい、そういうものです。しかし、映画監督というものは、撮影現場で「ここワンカットでいきたいんですよ」と言わなくてはなりません。この時間は決してカットを割ってはいけないと直感したら、「え、これワンカットでいくんですか、大変ですよ」と、皆から声が上がっても断行する。》(一章前掲『黒沢清の映画術』一四六〜一四七頁)。

★25――複数のカメラが主従関係なしに同時的に使われ、ときにそれがつながれて微妙に脱臼的な視差を神経質に形成してゆく撮影技法につき、黒沢清は以下の二例のように語っている。《〔『回路』の〕撮影現場では本体の35ミリのカメラとは全然違う、五台のビデオカ

メラが合わさったカメラで並行して撮ることを続けました。ひんぱんに使っているうちに、冗談みたいに、「ある視点」という呼び名が決まり、「これ、ある視点で撮っておいて」「ある視点持ってきて」と現場で言っていたら、『回路』はカンヌで「ある視点」部門に出品することに(笑)。／その後は『アカルイミライ』『ドッペルゲンガー』『LOFT』でも、使い方は違いますが、簡単なホームビデオで、もう一つの視点から撮っておくことは続けています。こっちが本体、こちらがサブのBカメという主従の扱いではなくて、あくまで「ある視点」というニュアンスを込めて現場で使っています。幽霊の視線なんて、言うのは簡単ですけれど、具体的には何それ、という話でしょう(笑)。すべてのきっかけは、〔ビジュアルエフェクトの〕浅野〔秀二〕が五台のビデオカメラをテープで巻いたことでした。》(前掲『黒沢清の映画術』二四三〜二四四頁)。《黒沢 〔…〕ただ、〔『LOFT』では〕カメラ二台を使ったとはいえ、メインのカメラがあって、もう一台はそれを補足するようにあるというのではないんです。そうではなく、二台ともがメインで、だからどっちかだけ使ったって成立するんだと。ですからけっこうワンショットは長く回しているところもあるんです。それがあって、もう一個、予備で押さえておきましょう、というのではなくて、二台のカメラどっちを使ってもうまくいくように、対等なかたちでいつも回していたんです。対等といいましても、一台は小さなカメラだったんですけど、小さいからといって補足ではない。そっちだけでも一本つくれるぐらいという素材だったものですから、当然、通常というか、よくあるハリウッド映画のような編集とは違う編集になるだろうと思ってはいたんですね。しかも、この二台目のカメラを担当したのは若い女性で、終始彼女に任せきっていましたから、どういう画面が撮れているのかは見てのお楽しみでした。これが補足しているカメラだったら、わりと最初から何となく想像つくんですけど、そうじゃないものだから、どうなるのか僕もわからなかったんですけど、実際は編集作業が実におもしろくて、どんどん割ってしまいました。／蓮實 キャメラをまわしている時間は長くても、編集は短いショットになるわけですね。／黒沢 はい。だから撮影行為そのものは、いつもとそんなに変わらなかったと思います。ただ素材がカメラ二台分あったからいろいろできたということです。／蓮實 そうするとつなぎは同軸でなくてもかまわないという原則ですね。／黒沢 はい。／蓮實 でも、つながるんですね、やっぱり。／黒沢 これも編集の大永さんが最初は戸惑ったでしょうが、途中からおもしろがってどんどん、もっと使いましょう、二つの素材をもっと複雑に組み合わせましょうとか、僕の予想以上にいろいろやってくれて、相当細かく出鱈目に割られているんですけど、半分以上、へたすると三分の二以上のカットつなぎは、通常つながらないとされているつなぎ方なんですよ。／蓮實 だからハリウッドのイマジナリーラインの原則なんて大ウソだということなんですね。》(序章前掲『黒沢清の全貌』八四〜八五頁)。

★26――スラヴォイ・ジジェク監修『ヒッチコックによるラカン――映画的欲望の経済《エコノミー》』(霜崎俊和ほか訳、トレヴィル、一九九四)

★27――一章前掲『建築映画』三〇二頁

★28――「掟の門」(前掲『カフカ短篇集』一二頁)

★29――ジャック・デリダ『カフカ論　『掟の門前』をめぐって』(三浦信孝訳、朝日出版社、一九八六、七三〜七四頁)

★30――「融即」の語の現代思想への伝播者は社会学者のレヴィ＝ブリュルだが、ベンヤミンもこの「融即」を言語の問題として高い濃度で考察している。「言語社会学の諸問題」中の一六四〜一七〇頁(『ベンヤミン・コレクション5　思考のスペクトル』浅井健二郎編訳、ちくま学芸文庫、二〇一〇)。

★31――《アレゴリーに対するもともとの関心は言語的なものではなく、視覚的なものである。》(序章前掲ヴァルター・ベンヤミン『パサージュ論II』二五一頁)。《エンブレムは黙したアレゴリーである。》(「訳者〔伊藤誓〕あとがき」、四章前掲アンガス・フレッチャー『アレゴリー――ある象徴的モードの理論』五四一頁)。

★32――これと共通する「身体細部の刻々の虚無化＝蚕食」は、『リアル〜完全なる首長竜の日〜』にもあった。「センシング」が召喚した飛古根島で、浩市＝佐藤健の脳内像が淳美＝綾瀬はるかの脳内像と抱擁しているとき、またもや一種のバグが生じ、綾瀬の後ろ姿の所どころが順に欠落化を遂げてしまう。

★33――『散歩する侵略者』のスピンアウト映画、あるいは同一設定の別角度からのオリジナル作品といえる(高橋洋の脚本による)『予兆　散歩する侵略者　劇場版』(二〇一七)では、夫・辰雄＝染谷将太を「ガイド」にされた悦子＝夏帆が、実は宇宙人の真壁＝東出昌大と凄絶な闘いを繰り広げる大枠をもつ。宇宙人が人間＝地球人を知るために、人間の用いる「概念」を掠奪するのだが、そのための走狗となる人間が「ガイド」と呼ばれる、という設定がオリジナルの『散歩する侵略者』から踏襲されている。高橋洋の脚本だから出来上がった作品がオリジナル『散歩する侵略者』とは異なる熾烈な恐怖映画なのは間違いないが、おそらく黒沢の演出が参入した段階で、その恐怖が相愛に「転写」される二次作用が起こったのではないか。つまり夏帆―東出双方の登場する場面は、どれもが敵対性が強烈にすぎ、それが死闘場面であっても相愛場面にしかみえないのだ。黒沢映画で描かれる相愛は、何か別の作用からの相対的な産物といえる二重性をもっている。

★34――これに関連する黒沢発言としては以下がある。《映画において過去の時制を扱う場合、回想シーンという形をとるとか、人がしゃべるとか、本や雑誌の記事を出すとか、手はそう多くないんですけども、いずれにしろ鬼門で下手すると退屈するんです。小説ではまったく関係ないんですが、映画では過去になった瞬間、なぜか、よほど面白い説明や変わった表現がなされていない限り、早く現在に戻らないかなとイライラするものなんです。》(前掲『黒沢清の映画術』一八八頁)。黒沢の盟友・高橋洋も企画『水虎』をめぐる往復書簡で、黒沢に次のように綴っている。《過去の扱いはつくづく映画の鬼門です。下手に過去を扱えば、たちまち「人間ドラマ」がついてくる。おまけに過去はキャラクターの行動の動機を示す上であまりに便利なので、ついつい手を出したくなるので

す。》（前掲『映像のカリスマ』三一〇頁）。

★35——たとえば『回路』（二〇〇〇）は、観葉植物販売会社に勤め、同僚が次々に消滅してしまうミチ（麻生久美子）をめぐる状況と、幽霊そのものにアクセスしてしまうサイトに出会い、その異常体験を何とか先輩・春江（小雪）とともに打開しようとする川島（加藤晴彦）の状況、それらが長々並行モンタージュ（シーンバック）されてゆく構成をとる。相互照応を考えなければこれは、ともすれば映画の推進力を「拡散」させる構成上の弱点ともなりうるが、麻生を中心とする状況と、加藤を中心とする状況とが、相互に「孤独」（これが作品の鍵語だ）と捉えることで、観客の認識が変わる公算もある。その紋中紋といえる科白が小雪にある。パソコン画面の黒地に、大小さまざまの（ときにいびつな）光るドットが、相互に衝突しそうになりながら、そうならずに無限に浮遊している、ひと昔前のスクリーンセイバー的な映像に対し加藤に語る説明がそれだ。その科白がまさに作品運動＝シーンバックの連続を自註している。《それ、うちの研究室で作ったやつ。二つの点があまり接近しすぎると死んじゃうし、あまり離れすぎると、近づこうとするようにプログラムされているわけ。〔…〕人間の生存関係について調べてるんだけど、まあ詳しいことは大学院の先輩じゃないとわかんないんだ》。シーンバックといえば、『散歩する侵略者』で加瀬真治（松田龍平）と鳴海（長澤まさみ）の夫婦、ジャーナリスト桜井（長谷川博己）と彼が出会った宇宙人、この二つの状況もそうだ。ここではこの作品の動作的な主題、「歩行」がシーンバックという作品組成によって自註されている。右足を出し、左足を出す歩行動作がシーンバックに類似するのだ。実際、宇宙人が人間の身体を「装着」した（その二重状態が恒松祐里によって演じられる）初期の違和感を歩行動作で冒頭示したこの映画は、「宇宙人」が侵入した可能性のある長谷川博己が飛行機により爆撃され、たぶん骨折して歩けないのに、それでもたどたどしく歩こうとする（ほとんど暗黒舞踏的な）描写をそのクライマックスにかたどることになる。

★36——この二色の配剤は、押井守のアニメ映画『イノセンス』（二〇〇四）での「択捉特区」でも用いられている。絵画では、ゴヤ、それに廃墟あるいは建物崩壊の瞬間を描いたマニエリスム画家モンス・デシデリオに前例がある。

第六章——人間の擬人化、隣接と類似——

『クリーピー・偽りの隣人』

1——アレゴリーとしての映画化

まずは、ネットに発表した自分の文章の引用から始めよう。論証抜きに記している断言的な事柄については、本章ののちの部分で丁寧に解析しておくことにする。

【黒沢清と前川裕】

わけあって、前川裕のミステリ巨篇『クリーピー』をいまごろ読んだ。いわずとしれた黒沢清の映画『クリーピー』の原作。第15回日本ミステリー文学大賞新人賞を受けているとおり、これはたいした傑作だった。

黒沢清は原作から三分の一程度の情報を抜き取って、別建ての折り紙をつくったにひとしい。「なりすまし殺人鬼」が隣家にいたら、という設定は継承されているが、原作の全体を視野に入れ二時間程度の作品をつくると、省略と飛躍をしいられ、解読不能になるとかんがえたはずで、これは適切な措置だった。おそらくレイモンド・チャンドラー原作、ハワード・ホークス監督、ウィリアム・フォークナー脚本の、「解読不能で」「それゆえに外連味たっぷりの」『三つ数えろ』の故事が念頭にあっただろう。ああいう映画は、いまはつくりえない。

黒沢清は結果、ショット——とりわけそれが孕む根源的な隣接性に拘泥した。「隣人恐怖」を主題とする原作を扱ううえでの選択だ。或るショットで或る対象が映るのは、カメラと対象がちかいことを前提としている。遠望ですら画面では平面性へとおしこめられ、近傍化してしまう。あるいはショッ

ト同士が場所を飛躍させるばあいでも、そのふたつの場所のはらむ時間ひいては空間はちかさを現象させてしまう。黒沢清はそこに罠をかけ、「クリーピー」(薄気味悪さ)をさまざまに分光させた。「虚構」が熟慮されている。

本来性から離れてしつらえ替えられた空間は、遠望を無意味に活性化させれば近傍の焦点化不能へとゆきついてしまう(西島秀俊の働く大学の空間)。一旦の近傍化はたえずフェイクを付帯させているのに、その点が問われない不思議(川口春奈の現在住むアパートがやがて二階の一室だと判明すること)。近傍が主題にのぼりつめると、そこに不躾に類似という主題まで割り込むこと(一家失踪事件のあった(かつて川口の住んだ)日野の住宅のもつ近隣関係と、現在の稲城市にある西島の住む家のもつ近隣関係の、突然のアナロジー)。近傍性は密着性にもつうじるから、映画の死体処理では布団収納用のビニール袋(巨大なジプロックのようなもの)と業務用掃除機が使用され、その内部を真空化され、視覚性は半可視的に死体の皮膚に密着するビニール袋を通じて実現される。ゴダールが『小さな兵隊』『気狂いピエロ』で尋問対象の顔に布を掛け、顔を大量の流水で密封状態にし、窒息恐怖を演出したのに似ている。

ただし眼前にある近傍は、言語化できないという意味では、けっして実体性をもたない。日野の住宅の門扉部分が敷地から突き出ていること、西島の真隣の家が道路から奥まっていて、その門扉部分と隣りあう家屋部分が奇妙なことの理由は、そのように美術部がアレンジしたというだけで、実体的な理由をともなわない。もっとも異常なのは、恐怖の源泉である香川照之。香川は近傍性のなかへゆっくりと現れてくるが、会話の応酬に、論理の嚙み合わなさ、脱臼を分泌させ、それで話し相手をやがて支配してゆく。そこではリズムのシンコペーションが、脱論理の論理となるのだが、このシンコペーションこそを、近傍性のなかで最も実体化できないものとよぶべきだろう。現前と「別のもの」

の正体なき同時性はカフカ的なアレゴリーの本質だ。むろん香川照之の現前の違和感の前段には、黒沢清『CURE』の萩原聖人が存在していた。香川は近傍を、近傍性によって破壊していたのだ。「クリーピー」の感触はそこからもっとも生じた。

前川裕の小説『クリーピー』は、映画の恐怖感覚を追求してきた黒沢清の達成に較べ、さほどクリーピーではない。ただし映画では省略された設定がじつは複雑をきわめ、えがかれる逸話が近傍性のなかに無媒介にひしめいて、その一種の汗牛充棟ぶりがクリーピーではある。大事なのは以下のことだ。映画では正体が終始わからなかった香川照之の役柄(本名)がついに判明すること、映画では殺されたと判明したのちは捨て置かれた東出昌大の役柄が、その死後にさえ幾度も小説空間に去来することと、その離婚した妻と、隣家の「娘」(澪)が「十年後」に設定された小説の最終章で悲劇的なうつくしさを発揮すること。つまり映画で端折られた部分が、小説の魅力の根幹になる逆説的な構造が、小説を確認すると浮上してくるのだった。

ミステリ小説だから、物語の骨子となる部分はネタバレとなるので書けない。なので以下は抽象的にしるしてみよう。小説『クリーピー』は映画人を近傍視野に入れている。ロマン・ポランスキーと、ルイス・ブニュエル(それにほんのすこしのアントニオーニ)。小説が映画とは別につくりあげる人脈は、映画の東出昌大の係累がひとつ、西島秀俊の教え子がもうひとつだが、どちらも近傍性を組織させながら、そのつながり具合が不如意さに貶められている。東出の係累はどれをとっても「血が充分につながっていない」。西島の教え子は教え子なのに恋の予感を印象させすぎる。

ただし小説の最終章のすばらしさは、悪=犯罪と、悲劇=感情の崇高さとが、ありえない(つまり小説的な)近傍関係をむすんでしまう点だろう。そうなると作法が変わる。つまり「真意確認」「事実確認」

「罪障追及」のすべてがその近傍領域、つまり「黙契」へとすりかわり、このとき人物同士のやりとりが涙目をおびてくるのだ。「ずれとして表される近傍」——このすりかわりはメトニミー的だが、それがうつくしさとかなしみを混淆させる。わすれがたい模様をつくる。だから小説と映画では近傍性把握がことなるのだ。ともあれ前川裕の『クリーピー』はストーリーの意外性にくわえ、このことでも至上の傑作となった。

そういえば前川裕の文章は「顔」の描写にすぐれている。けっしてバルザック的ではなく、またその反対の三島由紀夫的でもない。顔の描写は近傍性を前提すると部位別列挙となるはずだが、そうなれば全体性が混乱する。そこで「類似」がつかわれ、近傍性が一旦抹消される。ところがその類似が驚愕と恐怖をよぶと、ふたたび近傍性が実体次元の外側に復活する。この機微を知り尽くしたうえで、前川は少年性をもつ美少女の顔を結晶化させ、「同時に」映画では香川の演じた役柄の顔を脱結晶化させた。映画の香川照之は(とうぜん監督の黒沢清も)そうした原作の力に意識的だった。つまり黒沢清が香川の役柄をけっきょく正体不明にしたのは、前川の描写の質をかんがえたためでもあるだろう。★01

右の引用で、前川裕のミステリ小説『クリーピー』(親本は光文社、二〇一二、文庫版は光文社文庫、二〇一四)と、それを原作に仰いだ黒沢清監督による映画版『クリーピー・偽りの隣人』(二〇一六)の「包含関係」が明らかになっただろう★02(実際には、原作小説の文章をもとに映像化されたと見なされる部分でも細かな異同がさらに数多くある)。黒沢清の原作を扱う手さばきは多元的で、必ず原作から映画性を鋭く抽出し、それを映像の連鎖に実体化することに注意が向かっている。★03

ところで上記の文章では、原作とその映画化作品がアレゴリーの関係を結ぶという重要な指摘が欠落して

いる。相互にアレゴリーの関係になるのではなく、あくまで原作のアレゴリーが映画になるという点が重要で、いわば二次創作につきものの簡略化（密度の稀疎化）と組み換えの奇怪さ、それらが複合された複雑な迷宮性が問題となるということだ。この点を付帯的に強調したのが、まずはアレゴリー作用を拡大的に捉えたポール・ド・マンだった。

アレゴリーの本来的意味と字義的意味──これらは（「ノエマ」と「ノエシス」を区別するように）それぞれ「アレゴリーマ〔allegoreme〕」と「アレゴレーシス〔allegoresis〕」と呼ぶことができるだろう──は、単に非一致の関係にあるだけではない。意味的な非調和はさらに重大である。〔…〕構造的・修辞的視点から見て重要なのは、アレゴリカルな表象が最初の意味から逃れ、最後にはその表明を排除してしまうような意味にたどりついてしまうことなのである。★04

すべての語りは、何よりもまず、みずからを読むことのアレゴリーであるため、困難なダブル・バインドにとらわれている。あるテーマ（主体の言説、作家の使命、意識の構成）を扱うものであるかぎり、語りは常に両立不可能な意味の対決──真偽について決する必要がありながら、そうすることが不可能な意味の対立──に導かれるだろう。★05

ド・マンが綴っているのは前提的なことだ。アレゴリーはその構造からアレゴリーマ〔＊アレゴリー対象〕とアレゴレーシス〔＊アレゴリー作用〕に分離できる。両者は非一致であるだけでなく、アレゴレーシスがアレゴリーマを排除し、独立してしまう逸脱にまで発展する。映画化作品でいうなら、もとの小説と隣接しながら

それは類似しない独立体であっても構わないということだ。なぜならアレゴレーシスとはそもそもが格言的なアレゴリーマの一義性を念頭に置きながらの独立的な語り＝物語化だからだ。それは「語られる」アレゴレーシスが、アレゴリーマを「読むこと」から起動するだけではなく、「おのれを読むこと」のうちに自己組成することと関連している。結果、読むことはテクストに隣接した「別のもの」を発生させるというド・マンの見解を導き、この汎アレゴリー主義が彼の脱構築に関わる見解を裏打ちしてゆく。とうぜんデリダもこうしたド・マンの徹底ぶりと共振する。

代補性の論理はプシュケーの構造のなかにまで、奇想天外な〔…〕錯綜を導入する。すなわち自分が語ること以上のことをなしてしまう寓話、それを認めてもらおうと自分が与えるものとは他のものを発明してしまう寓話、こうした寓話の複雑化作用を導入するのだ。こうした奇想天外な〔…〕反復の運動そのものが、チャンスと必然性の交錯に即して、出来事の新しさを生産することができる。この出来事の新しさの生産は、なんらかの遂行的発話の単独的発明によってのみなされるのではない（というのも一切の遂行的発話は慣習や制度上の規則を前提とするからだ）。それは他なるものが到来するに任せるために、あるいはこの裂け目の開けのなかで他なるものがみずからを告知するに任せるために、規則を尊重しながら規則をいじり回すことによってなしとげられるのだ。おそらく、これが脱構築と呼ばれるものだろう。★06

メタ言語しかない、と木霊《エコー》——あるいはナルキッソス——は言う。言語の固有性——すなわち自分自身について語ることができないのに自分自身について語ることがつねにできるという固有性——が、

このようにして行為《アクト》〔…〕において、範列に従って証明されているのである。また私はポール・ド・マンがルソーにおける隠喩とナルキッソスの問いを取り上げた『読むことのアレゴリー』の一節へも送り返したい。〔…〕「およそ言語が概念的であるかぎり、言語はすでに言語について語っているのであり、事物について語っているのではない……。一切の言語は命名を主題とする言語であり、言い換えれば、概念的・形象的・隠喩的言語なのだ……。一切の言語が言語を主題とする言語であるのなら、言語に範列として役立つ言語上のモデルは、自分自身と対決する〔…〕実体のモデルである」。★07

上記でデリダが引用したド・マンの文章のうち、「言語」を「映画」に置換すれば、黒沢清の立場が掴めるようになると以前書いた。小説の映画化において、小説と映画に偏差が絶対的に生じるのは、映画が小説とは異なる定着形態、拡散形態、運動形態をもち、映画が自ら映画になるようにしか自身と対決できないからなのだ。この「自身」には、原作小説すら含まれない点が肝要だろう。そうして映画はむしろ映画史に自己言及しながら、その個々が「別のもの」になってゆく。映画が「映画のアレゴリー」になることはこうして必然なのだが、それは「原作のアレゴリー」であることをしいられた映画にこそ見やすい事態だといえるかもしれない。いずれにせよここには「置換」「事後性の自覚」という手捌きが入っていて、これらに一種の夢幻化がつきまとう点も強調しておく必要がある。この点をラカン的思考から説き起こしたのが宇波彰で、この問題系が言語〔小説〕と像〔映画〕の対比にまで反転してゆくことが自覚されている。順を追って、宇波の発想を摘記してみよう。

映画・テレビで、言語表現であるシナリオを映像に置換すること、ある表現を別の表現にするアレゴ

リーなど、いたるところに「置換」がある。／置換は反復の一種であり、〔…〕ここではまず「夢のテクスト」に関してラカンの思考を検討する。夢のイメージは「与えられたテクスト」であるが、そのばあい、夢という「与えられたテクスト」は、シニフィアンであり、そのシニフィアンに対応するシニフィエを探求して、言語に「置換」することが「夢の解釈」である。ところが、ラカンにおける夢の解釈は、そうしたフロイト的な解釈とはまったく異なっている。ラカンにおける解釈は、「難解なテクストの解読」を超えた解読である。★08

事後性は、フロイトにおいては狭い意味で用いられているように見えるが、実はきわめて広範囲に使うことのできる概念である。基本的には、すでに実際に存在したもの、かつて経験したことについて、あるいは、存在しなかったもの、経験してはいないことについて、「あとから」解釈することであり、解釈に限らず、人間の精神行動の基本になる作業のひとつである。そして、この事後性の概念はラカンの言語思想、特に「シニフィアンの優位」の概念と関連がある。事後性の働きは、夢の解釈、あるいは夢そのものがその典型的な例になる。夢はイマージュであり、それを覚醒してから、つまり「あとから」言語化することによってその人の夢として存在し、他者に伝えられることになる。夢のイメージはシニフィアンであり、そのシニフィエは言説というかたちで、つまりオリジナルとは異なったものとして作られなければならない。それをさらに展開させたところに、アレゴリー、見立てといった「置換」の問題がある。★09

デリダは『プシュケー』のなかで、アレゴリーを「別なものの創出」として規定した。ある対象を表現し

ようとするとき、別の記号を用いなくてはならないというのは、C・S・パースの所論でもあるが、デリダもここでアレゴリーに関してパースと類似した考えを示している。ある対象を別の記号で表すのは、確かに「反復」であるが、そのばあいすでにもとの対象を示す記号とは「別のもの」によっているのであり、それは「別のもの」である限りにおいて、もとの対象とは異なる。したがって「別のものの創出」というとき、この「別のもの」は当然のことながらオリジナルとは異なるものであって、時にはオリジナルなものを否定し、破壊することもありうる。★10

われわれは対象それ自体、デリダのいう「物そのもの」を認識できないのであり、それに代わる別のものを作ることが「アレゴリー」作用だということである。★11

もちろん黒沢清の映画は「夢の解釈」とは関係がない。そもそも彼は解釈の手続きを映画でとったことがなく、唐突なアクションの連続提示により終始幻惑をもたらすだけだ。解釈は観客がおこなうが、その多くが事後的（隔時的）に生じる付帯作用で、この隔時-間をつなぐ解釈の線分が、むしろ映画の時間性そのものを切り刻む凶暴さを発揮する場合すらある。夢は心理作用で、夢そのものの表象が黒沢映画にわずかであっても、夢の心理作用に近い、恐怖・驚愕・笑い、さらには脱自明性への拡散と集中といった催眠暗示作用も、黒沢映画の各所で起こる。とりわけ最後に記した脱自明性が重要で、これこそが、「別のもの」が「もの」に現れているアレゴリーの視覚性、つまりエンブレムとなるのだ。このエンブレムが決して文学的ではなく、単に視覚原理的な二重性にすぎない——そう受け取ったとき、「語り」の直截性連鎖（これもアレゴリーの話法だ）とともに、黒沢映画に独自な「風合い」が浮上してくるだろう。そうして黒沢映画は「アレゴリー」について文学

的に解釈する」「アレゴリーの映画」であることは一切なく、それでもどの局面をとっても組成的にアレゴリカルな——映画史そのものや原作小説に別のものとして隣接する「映画のアレゴリー」に位置づけられることになる。

2——『トウキョウソナタ』と『東京暮色』

具体的に『クリーピー』に入る前に、宇波彰の提示した「置換」の問題圏に、『クリーピー』と深く関連する映画を置いてみよう。『トウキョウソナタ』がそれだ。『トウキョウソナタ』は、『ニンゲン合格』[★12]とともに黒沢のフィルモグラフィに珍しい家庭劇だが、オリジナル発想の『ニンゲン合格』に対し、原作小説があるわけでもないのに、映画発想が「置換」から生じたのではないかという二重性が『トウキョウソナタ』の細部に印象される。いきなり核心を記せば、『トウキョウソナタ』は小津安二郎監督『東京暮色』(一九五七)の家族関係を「置換」させて成立した、「別のパズルの画柄」なのではないか。[★13]この直観は双方の映画題名が「トウキョウ＝東京」の語を接頭辞的に頂いている点からむろん導かれた。それぞれ四人の家族成員を『東京暮色』から整理してみよう。

○杉山周一(笠智衆)＝一家の長。

○沼田孝子(原節子)＝夫と折り合いが悪く、杉山家に長逗留している。「母性」を代理。杉山家の長女。

○相島喜久子(山田五十鈴)＝愛人とともに出奔、現在は五反田の雀荘を切り盛りしているとやがてわかる。周一の元妻で、孝子、明子姉妹の実母だが、一家にとって「異人」的存在。

○杉山明子(有馬稲子)＝孝子の実妹。短大卒業後ブラブラしていて、不良学生の子を「胚胎」する。堕胎手

術の後、電車にはねられ、やがて悲惨な死を遂げる。作中での「さすらい」の主体。

『トウキョウソナタ』はどうか。

○佐々木竜平（香川照之）＝一家の長。作中、「さすらう」。

○佐々木恵（小泉今日子）＝その妻、一家の「母性」。作中、「さすらう」。

○佐々木貴（小柳友）＝一家の長男。アメリカ軍の国外志願兵となり、単身渡米。一家の「異人」的な存在となる。

○佐々木健二（井之脇海）＝一家の次男。とつぜんピアノの才能を「胚胎」する。作中、「さすらう」。

『東京暮色』から『トウキョウソナタ』への変化をみるなら、まず家族属性に交錯が起こっている。「母性」は『東京暮色』では長女が体現するが、『トウキョウソナタ』では単純に母が受け持つ。「異人」（離別と違和を形成する存在）は『東京暮色』では長らく一家を離れていた実母がその役割だが、『トウキョウソナタ』では国外志願兵となり一家を離れてゆく長男がその座を獲得する。彼は、もともと夜勤アルバイトの朝帰りが続き、リストラされながらなおも以前と変わらぬサラリーマン勤めを偽装する一家の長と顔を合わす機会のほとんどない、一家の長にとっては半可視的な存在だった。この半可視性が『東京暮色』の山田五十鈴と共通する。「胚胎」については、『東京暮色』の次女には現実的な受胎が見舞い、それが不安の種となるが、『トウキョウソナタ』の次男は、血統からすると一種奇蹟的な、ピアノを弾きこなす才能を突然孕まされ、しかもそれを自分自身で調整できない不如意感のほうが喜びよりもまさっている。『東京暮色』有馬稲子を妊娠させた学生・木村＝田浦正巳の冴えなさと、『トウキョウソナタ』井之脇海の才能発現の媒介となった、ゴミ捨て場から拾われた音の出ない卓上電子キーボードの冴えなさも共鳴しているだろう。さらには『東京暮色』の有馬稲子を見舞ったさまざまな場所への「さすらい」は有馬個人のうちに累乗化されているが、『トウキョウソナタ』ではそ

のクライマックス、「さすらい」は小泉今日子、香川照之、次男の息子に分有されることで累乗化される質的変化が起こっている。いずれにせよ、『東京暮色』を祖型にすると、『トウキョウソナタ』の配剤は歪形化されている印象となるが、実は祖型である『東京暮色』の家族成員布置も歪んでいると気づかされる。

歪形→歪形。同時に感情の基調は、『東京暮色』から『トウキョウソナタ』へと至る経緯で大きく変化する。『東京暮色』の家族たちにはひとしなみに「悔恨」が浸潤している。妻の心を京城支店に単身赴任中、行員の部下に奪われ、結果的に出奔を招いてしまった夫。出戻りのかたちで家にいる長女。自分を妊娠させた学生に煙たがられ、なかなか自分の妊娠を告げられず、彼の下宿や行きつけの雀荘でも会えずじまいを繰り返す次女。そしてむろん一時の情熱で、夫と子供たちを捨て、今は一緒になった夫の部下とも死別し、得体の知れない男と暮らしながら、雀荘を侘しく切り盛りするだけの母親。この作品では、学生下宿、五反田の雀荘、新宿の喫茶店、産婦人科、さらには自殺企図をもって直面する電車の踏切まで、「さすらい」はほぼ次女の有馬稲子だけの特権となる。

運命疎外の旧弊さに縛られた暗い『東京暮色』に対し、作品中盤以後で一家成員が一斉に「さすらい」はじめる『トウキョウソナタ』では、現在のドラマであることをあかしするためか、感情の基調を一色に染める方策が採られない。というか、感情の基調が存在するかどうかさえ不明なのだ。旧式な人間観に染められ、そのことでわずかに「非人間」が揺曳していた『東京暮色』の家族たちに較べ、『トウキョウソナタ』では「人間」として定位されているのは、倦怠、黙視、妥協、反射的な母性愛を循環させる母・小泉今日子だけといえるかもしれない。『東京暮色』は、引き戸の玄関から廊下、家の奥へと続く動線に充実感のある家屋が主舞台となっている。『トウキョウソナタ』は、線路と道路に挟まれた手狭な三角地に一家の家が立地し、眼前の道路は坂の傾斜の始まりをかたどっている。しかも隣家のスペースが現在、建て替え中で、川を漂う舟のように立脚

点が孤立している。建築的な魅力のなさは室内の設計にも及び、二階に子供部屋を並べた間取りの無理が祟って、狭い一階ではダイニング脇を階段が貫き、その横にあるソファの置かれた小さな居間ではテレビをみて寛ぐことしかできないだろう。しかも小泉、香川の寝室がどこかにあるはずだが、それが印象されることがない。家空間はどのように映画的に利用されるか。以前と変わらぬ会社勤めを偽装する香川が余りの早帰りに臆して家の二階から入って、洗濯物を片付けている小泉と鉢合わせるときの動線の不意の変化が、小津『風の中の牝鶏』から導入されたとおぼしい「階段落ち」シーンのほかにあるだけだ(小津の参照は、国外志願兵の採用が決まり、海外にいよいよ出掛ける長男を、夜の空港バスの停留所で小泉が見送るとき、二人の顔が正面ショットで切り返される呼吸にも現れる)。家のおおかたは、主婦の小泉が「人間的に」放心するための閉鎖空間としてあり、しかもたとえば不意に降り始めた雨を狭い庭先に見るため、一旦閉めた窓をひらいているときの小泉の顔は描写されないし、ダイニング脇のソファに寝転んで、夫を求め空振りする小泉の様子も、その宙にむなしくあげられた手が主体で、その顔が中心化されることがない。彼女をめぐるサスペンスは、ホームレスたちの食糧配給所に並ぶ夫・香川を見て奇異に思った小泉がずっと夫の偽装行動を放置しながら、「いつ」事実を見抜いていると切りだすかに懸けられるが、それもまた長男の人生選択をめぐる諍いのあいだに、するりと吐露されてしまうだけだ。これら不如意が小泉を人間にしている。ほかの家族成員は、いわば不如意を旨そうに、もしくは無関心にパクついているとみえる。「家族ドラマを人間主体的に見るな」——これが『トウキョウソナタ』の特殊構造だろう。

身体をとりまく空間変容が小泉今日子の場合はクライマックスまで待機されるのに対し、リストラの事実を家族に隠し、昼間を無聊のままやりすごす香川照之には空間変容が連打される。失業者のあふれるハローワークでは黒沢映画らしく、「場所の見立て替え」が起こり、香川は階段に人が延々並ぶ長い列の中にいる。

それ自体がアレゴリカルな空間だ。殺伐たる空き地に設けられた食糧配給所で香川は高校の同級生・黒須＝津田寛治と出会い、彼の異様な挙止に直面する。津田はケータイ電話を操作して定期的にコール音を鳴らすようにしていて、かかってきたとみえる電話に対する偽りの応対によってビジネスマンの「現役」を誇張的に演技する。そのスーツ姿にも持ち運ぶスーツケースにも髪型にも失職者らしい崩れがない。かきっ、かきっと律儀に動くその姿はとても「人間」にはみえない。それどころか香川は、依頼に応じて津田の家に赴き、いきなり割り当てられた津田の「部下」の役割によって、失職をごまかす津田の嘘の補強までして、津田の実娘に奇異さを見抜かれる（津田とその妻はやがて無理心中という悲劇を迎えることになる）。ともあれ津田が隣在したことが香川の変容した空間なのだ。香川はやがて不本意ながらショッピングモールの清掃員という職を得てから、「身体をとりまく空間変容」とよべるだろう。これら外部世界での著しい試練＝変容に対し、家庭内の（その事実も家族には秘匿されている）、今度は作業着にその身体を覆われることになるが、それもまた密着型な香川は失職をごまかし、一家の長としておこなったことは、長男の話の全体を聞き入れず、国外志願兵になりたいという一点だけを感情的に論難しただけだった。それは失職が家族内で公になってからのち、ピアノを習いたいという次男をただ否定した場面にもつながってゆく。香川は疲弊に包まれているが、小泉と較べ、欠けているものがある。それが「倦怠」だった。香川的存在は「場所との配合」に翻弄されるままだったのだ。

3——「三時間前」というテロップ

家族ドラマを人間主体的に見るなという命題は、実はアレゴリーの問題——「人間の擬人化」に関わっているのだが、この点は後述しよう。今はアレゴリーの「話法」についてまず説き起こす。アレゴリカルな語りは

バロック演劇や黒沢『カリスマ』なら「絶頂のめまぐるしい連続」をかたどるのが普通だが、そこで起こる語りの基盤の信憑剝奪よりさらに、「脱力的な放置」「空白提示」「切断」により、語りの内実から語りそのものを剝奪させ「別のもの」を提起する挙にも出るだろう。バブル崩壊後の男たちの退潮、主婦たちの倦怠、さらには国外志願兵のニュースといった「社会(学)的な知見」を当初背景にしていた『トウキョウソナタ』は、香川をとりまく試練に「めまぐるしい連続」があったものの、作品中盤まではアレゴリカルな組成を誇っていなかった。ところがこの作品は、時制変化をしるす「三時間前」「四ヶ月後」という二つのテロップ表示により、俄然アレゴリカルになる。作品終幕の様相を用意する「四ヶ月後」という時制提示はいわば人間主義的だが、「三時間前」というような時制提示はあまり映画で見かけたことがなく、その時制破壊にどこか初期映画の香りが立ち込めている。しかもそれが「切断」であり、「現前からの突然の遡行」であることで、通常の物語作法とは「別のもの」――アレゴリーを指標しているようにもみえるのだ。これは祖型だった『東京暮色』との攪拌の結果、出現した創意的な錯誤とも受け取れ、この「三時間前」の提示により、『トウキョウソナタ』は黒沢映画的な傑作となった。

「三時間前」のテロップが入る直前の状況はこうだった。小豆色の作業服をまとい、そろそろ新しい仕事に慣れてきた香川がトイレ清掃の際、便器そばに落とされている、大量の札束入りの封筒に気づく。彼はそれを着服する。自分の仕出かそうとしている犯罪(通報拒否と着服)に動顛してショッピングモール内をさまよいだすと、そのタイミングで、妻・小泉と鉢合わす。買い物に来たのか。まずは会社をリストラされた自分が今はショッピングモールの清掃員に墜ちたことがその作業着から露呈した。さらに、届けなければならないカネを自分のものにしようとしている後ろめたさもある。だから香川は小泉の顔を見、表情をこわばらせて「あ」と声を漏らし、「ちがうんだ、ちがうんだ」としかいえず(これは複合的な発語だ)、その場を走り去る。と

ところが小泉は香川を追わない。なぜかその突然の出会いをやりすごしたのだが、呆然とした気色にもみえない（実際は卓抜な黒沢演出は、ここでも香川の逃げ去った方向を見やる小泉の顔を、後ろ姿により消去している——それまでの小泉に「顔を消す」という方策が採られていたことを反復するように）。そのあと、ジャンプカットで冒頭シーンと似たような、居間の窓ガラスが開いてカーテンが揺れている室内光景が捉えられ、そこに「三時間前」のテロップが入ることになる。

A－S－Aの「小形式[★14]」のなかで反射的行動を繰り返してきたのが、この作品では香川と、その悲劇的分身ともいえる黒須＝津田寛治だった。二人は「動物」に近い。しかし津田は無理心中の事実を間接的ではあれ作中に提示され、もはや登場できない。代わりに偉大なる動物として突然佐々木家に出現したのが、「三時間前」の「強盗」だった。いつの間にか不法侵入して階段の下に潜み、コートをまとい、黒い目出し帽をかぶった彼は小泉に庖丁を突きつけ、やがてゆかに横たえた小泉の体をガムテープで縛り、拘束する。ところが家には現金がない、といわれ、やむなく出てゆこうとする。玄関先で目出し帽姿ではかえって怪しまれると思って、それを取り、役所広司の顔が露呈する。ところがそのタイミングでパトカーのサイレン音が響き、動顛した彼は目出し帽をとったままの姿で縛りつけた小泉のいる居間に戻り、顔を見られてしまう。狼狽癖、迂闊さ。香川や津田同様、どこか喜劇的な造型だ。彼は小泉を人質にとると宣言、盗んでいたクルマの運転席に小泉を導き、助手席から庖丁で脅し、免許をとったばかりの小泉に初めての運転をしいる（それ自体が奇妙な論理なのに注意）。クルマは屋根が可動式で開くスポーツタイプ。その「初めて」と「スポーツタイプ」が小泉に開放感を与えたのは確かだろう。それでも彼女は教習所を出てから初めての運転に必死に打ち込んでいる。やがて庖丁を突き出されなくても運転すると小泉が言い、自分の鍵屋としての技術と事業失敗を問わず語りに役所が開陳しはじめると、「運転初心者」「犯罪被害初心者」の小泉と、「犯罪初心者」の役所に、ぎこ

ちないが一種清新な共同性といったものがうまれだす(ストックホルム症候群というほどではない)。役所は狼狽、迂闊、小心、焦慮といった特質だけでなく、善人、不幸という人間性まで上乗せされるのだが、それでも動物性が維持されている。この動物性に反射され、それまでの小泉に描写されていた翳りある人間性の所在が不明になってしまうのが、『トウキョウソナタ』の面白さだった。

やがてトイレに行きたい、何か食べ物も買うといい、ショッピングモールに駐車したクルマから小泉は出る。充分に逃げる余裕はあった。清掃員の夫=香川と鉢合わせたのは、トイレで用を足しショッピングモール付属のパン屋で買い物したあとだった。ここでテロップ後の「三時間」がドラマ的に経過したことになる。★15 夫がそそくさと逃げ出さなければ、小泉は脅されている自分の窮状を訴えることがあったか。ないだろう。夫に出会ったこの局面で、彼女は「戻る」と約束はしたものの、物理的、空間的に役所からは自由になっているのだから「何も脅されてはいない」。夫に出会った場面は、今度は小泉を主体に別角度から捉えられ、夫の逃げてゆく後ろ姿を追う小泉の表情が一瞬だけ捉えられる。それでも彼女は状況の配合に啞然とするだけで、そこに自意識がみえない。「みえない」ように黒沢演出が誘導しているのだ。おそらく多くの観客が問うだろう。その後「なぜ」小泉が逃げ出さず、役所のいるクルマに戻ったのか。「犯罪に巻き込まれたかたちであっても、退屈な日常から逃げ出したい冒険心」「役所への同情」「夫への愛想尽かしの上の自暴自棄」、考えたい理由はさまざまだろうが、小泉の行動選択は、映画自らが映画たろうとして要請したものにすぎない。夫・香川に較べ、著しく「外界変貌」を抑制されてきた小泉に一挙にそれを与えること、外界変貌に対し「動物」でいることをしいられた香川に対し、小泉には、「動物」に墜ちずに「人間」のままを導きながら、しかも外界変貌そのものを思考させないことで、「思慮ある人間」よりもさらに上位の「思慮なき人間」の透明な悲哀を体現させようと、おそらく黒沢は考え、小泉の演技はそれに応えたのだ。ここから映画は、小泉、香川、

次男の彷徨を三重に描くシーンバックの連続となるが、小泉に生起するドラマが一番濃い。香川はクルマにはねられて、エドワード・ヤン『台北ストーリー』(一九八五)終幕の、道路脇の侯孝賢と似た状況に追い込まれるが、小泉を見舞うのは一種の荘厳だ。夕方の砂浜にクルマが辿り着き、海への正面ショット、『LOFT』を思わす突堤に小泉と役所が並ぶ夕映えのなか正面からのツーショットがあり、恋人を得た黒沢映画のロマンチックなヒロイン同様、小泉は「遥か彼方」を切望する。

お誂え向きに浜辺に苫屋があり、二人はそこへ入る。小泉の「母性」とそれに離反する「自己放牧」に惹かれていた役所は、小泉の体を無理やり奪う(それが巧みな間接描写で示される)。黒沢がこのくだり前後に集約してみせたカードの種類は複雑だ。まずは小泉の述懐。「これまでの人生がぜんぶ夢で、ふっと目が覚めて、ぜんぜんちがう自分だったらどんなにいいだろう」という発語は、仰臥した彼女の顔とともに全面化される。それは字義上、疎外態を示しているが、顔はちがう。人間性を剝奪させながらなおも人間性を残しているその顔は菩薩化しているのだ。だから役所は菩薩を犯した罪障意識で、絶望に陥り、小屋のなかの柱に頭を打ち付ける。それを諫め、慰める小泉に、「あんた、本当は神様なんだ」と感動する役所の言葉どおり、反射的に神性が宿ってゆく。夜の海をひとり見に行く小泉。小泉は水平線の上に星らしきものを遠望し、それに打たれる。この世の限定性とはちがう何かを見て、泣くのだ。ここでは「別の」人間化が起こっている。[★16]やがて渚へ俯せに身を横たえる。さらにシーンバックで、不法乗車しようとするところを見つかり警察に保護された次男が釈放された様子が、朝を迎えた外光とともに捉えられる。いつの間にか小屋で寝ていた小泉。砂浜にはクルマのタイヤ痕が走り、クルマがそのまま海に突っ込んだと予想させる。やはり人生にも犯罪にも失敗し、そのうえで菩薩を犯してしまった役所は、罪障に耐えられずに自死を選んだのだ。その結末を見届けて浜辺を歩く小泉は何かの感情を科白や演技で吐露しただろうか。眼を伏せ、深い息をし、その顔の満面に

だんだんはっきりしてくる朝日をまるごと受けるだけだった。つまりここでは「感情」が生起しようとすると、それを別の領域へと拡散させる、潮の干満のような、ゆったりとしたリズミカルな演出が選択されていたのみだったのだ。小泉の感情が終始はっきりしないのには、シニフィアン＝顔が、シニフィエ＝感情よりも優位になっているというラカン的問題が介在している。あるいはこの小泉を、「振り損じた骰子」とよぶこともできるだろう。[★17]

佐々木家のある朝の街に画面が明確に移る。小泉が帰ってくると次男が食卓にいる。やがては死んだと思われていた香川も枯葉の覆いから蘇り、もっていた札束をショッピングモールの遺失物ボックスに投函し、帰ってくる。「朝」が無限に続いている時間矛盾に注意。三者が朝食をともにすることで一時的に離散状態にあった家族成員が共同体として復活する。「四ヶ月後」のテロップ。香川は清掃員の仕事に、真面目に精を出している。長男からは来信。アメリカを正しく見極めたいから当分アメリカにいるという内容だった(『東京暮色』の「異人」山田五十鈴が夫・中村伸郎とともに北海道に去ったように、『トウキョウソナタ』の「異人」＝長男はアメリカに去った)。次男は音大付属中学を受験するため、ピアノの演奏試験に臨む。次男の才能を絶賛していたピアノ教師・金子＝井川遥の願いどおりになった恰好だ。その会場に正装気味の小泉、香川が入ってくる。次男が弾いたのはドビュッシー「月の光」。演奏は吹き替えなしにみえる(実際は高度な合成がおこなわれている)。省略もされない。次男の姿を中心に、小泉・香川、会場に来ている井川などの姿も交えて描写されたのはその見事な演奏だけではない。「三時間前」というテロップによって時間を割り込んだ作品のアレゴリカルな不気味さが、さきに記した「朝」の長い持続のあと、演奏の長い持続によって恢復する様相が描出されているのだ。

小泉は次男の演奏に呆然と口を開き、香川は落涙している。演奏が終わり、見事に課題を終えた息子を迎え三人は会場を去るが、演奏試験なので蝟集者の拍手はない(『東京暮色』の胚胎者・有馬稲子が昇天したように、『トウ

キョウソナタ』の胚胎者＝次男は、演奏をつうじて一種の昇天を果たした——理知的に考えれば、次男は音大付属中学の受験に通っても、実際に入学するかどうかは佐々木家の経済状態から明らかではない)。

このラストシーンについて、蓮實重彦が面白いことをいっている。

『トウキョウソナタ』のラストがすごいのは、自分たちの息子がこんなことしてるのね、という両親の驚きではなく、わたくしたちはこんな映画に出されていたのねっていう、その驚きがあるでしょう(笑)。〔…〕そういう話だったの、っていう。そこは、あの夫婦ふたりともうまいですよ。どう騙したのか知らないけど。★18

この蓮實の印象は、穿っているのではなく正当で自然だろう。ただし本章の論脈でいえば、「順番」が重視されることになる。家族成員個々が離散した「三時間前」から翌朝まで、香川と小泉は偏差をしるしていた。作中ずっと「動物」だった香川はその流れのなかでも動物性を解除されていない。一方、小泉は役所広司に隣接されて、「人間性を剝奪されながらなおも人間でいる」菩薩性を「感情」とはべつの次元で点滅させた。ところが香川、小泉の二人はやはり「夫婦」で、演奏試験会場の席に並ぶと、等質化が起こる(そうした成瀬巳喜男的なショットはそれまでなかった)。それで小泉の側からすると、菩薩性から動物性への縮約が看取されることになる。小泉の顔にある凡庸さ。結果、並んでいた夫婦は、存在の質感を攪拌され、「人間の擬人化された姿」として晒されていたのだ。それは観客にとっても、不意をつく驚きとなる。「わたくしたちはこんな映画に出されていたのね」という蓮實の言い方は、観客のその驚きを俳優自身の側から換言したものといえるだろう。

4——馴化不能の二重性

　さて「人間の擬人化」とは奇異な響きだろう。擬人化がもともと動物に施される作用だからだ。その一般的効用は多々ある。「人間の間接化」「動物と人間を練り合わすことによる馴化」「アニミズムの親和的復活」「属性の単純化による物語推進の容易性」「特定対象の非難の回避」などがとりあえずそれに当たるだろうか。とうぜん擬人化は多くのアレゴリーの武器だ。ただしカフカ的アレゴリーでは、それは両刃の剣となる。「歌姫ヨゼフィーネ」は人間である以上にどうしてもうんざりさせる鼠だし、決して客観描写されない「巣穴」の主体も、人間の言葉でものを考えながら終始、もぐらの動物磁気を発してやまないし——というように、擬人化の終点である「人間」に熾烈な歯止めがかけられているのだ。カフカにあるのは馴化の拒否、さらには二重性の治癒できない残存、この二点だろう。だからカフカでは「流刑地にて」の将校のように、人間の基底材に動物を上乗せされた逆の二重性——馴化できない物質性をもった二重性——が「人間の擬人化」として出現する。彼と「機械」との間柄は間近だった。この「機械性」などが組み込まれると、カフカの擬人化は二重性を超えた多重性まで組織しはじめる。「父の気がかり」で著名なオドラデクや、草稿「いかに私の生活は変化したことか」[★19]のなかの「空中犬」がその代表格だ。たとえばオドラデクは主人公に向けて人語を弄するのだから間違いなく「人」もしくは「擬人＝ヒトモドキ」だろう。けれども不定形すぎてたとえ「幻獣」としてでも檻には安定的に収められない。オドラデクの外観をカフカはこう説明する——。

　ちょっとみると平べたい星形の糸巻きのようなやつだ。実際、糸が巻きついているようである。もっとも、古い糸くずで、色も種類もちがうのを、めったやたらにつなぎ合わせたらしい。いま糸巻きと

いったが、ただの糸巻きではなく、星状の真中から小さな棒が突き出ている。これと直角に棒がもう一本ついていて、オドラデクはこの棒と星形のとんがりの一つを二本足にしてつっ立っている。[20]

出自の異なるもの(星／糸／棒)の複合描写にどこか幾何学的な図形説明が入るから、文章がなかなか頭に入ってこないが、こうした迷彩化はカフカの常道だ[21](もちろん「機能的無機能」は黒沢映画の「機械」の特質でもある)。ともあれ、ここらあたりで「人間の擬人化」のもとになる「擬人化」について、諸家の卓説を拾ってみよう。アンガス・フレッチャーから始める。

> 擬人化された抽象はたぶんもっとも明白なアレゴリー的仲介者である。[22]

> Prosopopeia(擬人法)はフィギュア〔＊文彩〕であって、トロープ〔＊転義〕ではない。なぜなら、それはある程度の長さの物語か劇で通常具現化されるからである。[23]

> 物語体のアレゴリーは現実の人間とたんなる擬人化のある種の中間形態なのである。[24]

フレッチャーは擬人化を有機的変化と捉えている。だからそれは画柄の瞬発性ではなく、「物語」の連続性のなかにしか生起しない。そのうちに「物語」そのものが、「語る」その形式によって擬人化の様相を帯びだすだろう。いっぽうカフカは擬人化そのものに人間の本質をみている。その場合の擬人化は、前言したようにカフカ的な脱‐馴化の性質と表裏をなしている点に注意が要る。

「人はむしろ品物、物体、です――生き物ではない」[25]

そのカフカの表現からもっぱら擬人化を考えたベンヤミンとドゥルーズ＝ガタリは、どのような偏差を描くだろうか。まずはベンヤミン。

カフカにとってはつねに身振りのなかでだけ、何かを具体的につかみとることができた。そしてこの身振り、彼が理解することはなかったこの身振りが、その寓話の雲のような場所を形づくっている。身振りからカフカの文学は生まれてくる。[26]

カフカのすべての被造物のなかで、思案することが最も多いのは動物たちである。法における腐敗にあたるもの、それが彼らの思考における不安なのだ。不安は事態の成り行きを台なしにするのだが、それでもこの成り行きのなかで唯一希望に満ちたものなのである。[27]

カフカは自分に最も関心を起こさせる振舞い方を、しばしば動物たちに付与している――このことはカフカについていくらかの解明をなすものとなりえよう。そのような〈動物もの〉の話を、われわれは、人間の話ではまったくないということをそもそも意識せぬままかなり長い時間読んでいる、ということがありうるのだ。それから、動物の名――鼠だとか、モグラだとか――にはじめてでくわすと、ショックを受けたように突然はっと我に返って、自分が人間の大陸からすでに遠く離れてしまっ

ていることに気づくのである。未来の社会が自分からずっと遠く離れているであろうほどに、遠く。ついでに言えば、カフカは自分の考えを動物たちの考えのなかにくるむのだが、その動物たちの世界は、互いに関連するところが多い。それらの動物は、いつも、鼠やモグラのように地中にいる動物であるか、あるいは少なくとも、『変身』の甲虫のように、地面上に――その割れ目や裂け目のなかに這い込んで――生きている動物である。そうした隠れ潜むようなあり方が、この作家には、自分の世代や自分の周りの世界に属している、孤立した、原則〔…〕に通じていない者たちにのみ、ふさわしい、と思われるのだ。★28

ベンヤミンは伝統的な主題系でカフカ的擬人化を捉えている。それでもカフカ的擬人化が、馴化されない二重性にある点を突いている。それと「身振り」についての最初の引用は、擬人化された被造物にも適用できるものだ。それは孤立と関わり、気味悪さとも関わるが、その動きが伝播されて、擬人化の「擬《モドキ》」の二重性が動的に組織されるのだといえる。動的といえば、ドゥルーズ＝ガタリはやはり「生成」に照準を合わせる（書かれたことはのちの『千のプラトー』の祖型になっている）。それは今となっては単純な把握のようにも思える。ただし動物ではなく、「擬」の衝迫力は、既成性に対して生成的・攻撃的であることが閑却されてはならない。以下、最初の引用では「動物が人になること」ではなく、「人が動物になること」が言及されているから、文章の近隣に明示されてはいないが、彼らの眼中にあるのは、確かにカフカ『変身』だろう。けれども二番目の引用は、彼らの脱領域的な志向によって、それ自体が動物のような動的達成を示している。そこで念頭に置かれているのが、カフカとともにロートレアモンである点に注意。

動物に変化するということは、まさに運動をするということであり、まったくその積極性のなかで逃走の線を引くことであり、境界を超えることであり、もはやそれ自体に対してしか有効でない強度の連続体に肉薄することであり、純粋な強度の世界を見出すことである。★29

動物を扱っている物語のいくつかの要素を挙げてみよう。(1)動物が動物そのものとして考えられているばあいと、変身が存在するばあいとを区別する理由はない。動物のなかにあるすべてのものは変身である。そして変身は、動物が人間に変化することと、人間が動物に変化することという同じ回路のなかにある。(2)つまり、人間が、動物に逃げることを強制したり、それを従属させることによって、動物に与える非領域化と、人間がひとりでは考えないような出口または逃走の手段（分裂病的逃走）を人間に示すことによって、動物が人間に提示する非領域化という二つの非領域化があるが、変身はこの二つの非領域化の結合として存在する。そしてこの二つの非領域化のそれぞれが、もうひとつの非領域化に内在し、それを駆り立て、それに境界を越えさせる。★30

動物性、もしくは「擬」性が、AとBの相互領域の無化をおこなう。となれば隣接性もまた同一性へと差し替わってしまう。さらにはそれで隣接という換喩の原理と、類似という暗喩の原理とがごちゃ混ぜにもなる。この点はやがて本書が記す核心の一つになるだろう。ただしこのドゥルーズ＝ガタリ的な拡張性に異を唱えているようにみえるのは、次のド・マンの鋭い所論だ。ド・マンの考えは、別言すれば、アレゴリーは擬人化（「人間の擬人化」も含む）の徹底により停止するというものだ。ドゥルーズ＝ガタリは物語の終わりをみていないが、ド・マンはそれをみている。しかもそれは小説や映画の機能ではなく、それらがもつ「実体」そ

のものにすでに書き込まれた属性だと、ド・マンの考えを敷衍できる。荒れ狂うのではなく鎮静さを得て終わるもの、それが「実体」の単独性であり、擬人化はそれをあらかじめ決定づけているといえばいいだろうか。

「擬人化」はたんなる比喩ではなく、実体のレヴェルにおける同一視である。それはある存在物を別のものとみなすのであり、したがって特定の存在物はそれらが混同されるよりまえに構成されているということが含意されている。つまり、あるものを、そのとき〈所与〉(given)と思われる別のものと〈みなす〉(taking)ということである。擬人化は、比喩的な変換と命題の無限の連鎖をただ一つの主張あるいは本質へと凍結し、それは、そのようなものとして、他のすべてを排除する。それはもはや命題ではなく固有名である。オウィディウスの物語における変身が、ナルキッソスであれダフネであれ、何であれ、一個の固有名という形にきわまり、そこで停止するようにである。隠喩(あるいは換喩)のような比喩と擬人化とは同じであるどころか、互いに相容れないものである。列挙と見えるものは実は打ち切りであり、それゆえに相当な批評力を獲得しているのである。★31

5──空間の信憑剝奪

黒沢清の映画『クリーピー・偽りの隣人』(以下『クリーピー』と表記)を分析するという当初の本筋から大きく外れたとみえるかもしれないが、以上摘記した「擬人化」に関わる所見は、『トウキョウソナタ』『クリーピー』で「人間の擬人化」を定位した俳優・香川照之のことをすべて間接的に語るものだった(再確認すれば、その意図が通じるはずだ)。歌舞伎役者の道にも足を踏み入れた香川は、以来、歌舞伎の「見得」を鍛錬したのだろう、

表情筋をフル活用する顔の演技で話題となる。銀行を舞台にしたTVドラマ『半沢直樹』(二〇一三)や、そのメソッドを警察舞台のTVドラマに応用した『小さな巨人』(二〇一七)が代表格(どちらもTBS日曜劇場の枠で、福澤克維が演出に関わっている)。香川の特質は顔のパーツを連動させ変化を不断につくることだが、部分が順に動くそれが視聴者に驚愕を与える突発なのか、粘着性をおぼえさせる遅延なのか見分けがつかず、単なる表情筋が運動筋にまで昇格してしまう視覚混乱を招く。軟体的。その誇張性は笑いにも結びつく。ところが彼はいつも同じ演技をするわけではない。顔の筋肉運動の自在性を小から大の幅で段階化し、作品ごとに、顔の物質性に変化をつけている。単純に整理すれば、『トウキョウソナタ』の香川は無表情のこわばりに傾斜、『クリーピー』の香川は表情筋の連動のなかに不動の物質性を見せる点に腐心したといえるのではないか。それでもその顔の二重性(多重性)により、「人間の擬人化」の印象が与えられることになる。それは、香川が、香川自身に似ていながら同時に似ていないという、錯雑とした認識にも導くだろう。

ところで、人間が「擬」にみえるためには素地が要る。現れている人間が実は欠落態の「動物」ではないのかとされるためには、その人間モドキが存在している場所にもいかがわしさが付与されなければならないということだ。信憑性の置けない空間に、信憑性の置けない被造物が感知される――二重性のなかで刻々動く模様の幻惑。いかがわしさは「悪徳」とは関連がない。単に物理的に、「空間の信憑剝奪」がおこなわれていればいいのだ。そうした「空間の信憑剝奪」は黒沢映画の場合、場所の連続性の欠如、見立ての恣意などによって、その初期から連綿と続いていて、これが彼の映画のアレゴリカルな肌合いを規定している。このことが美的な昇華にまで至ったのが『CURE』『LOFT』の二大傑作だろう。『クリーピー』も、「隣接と類似」「それらの攪拌」という主題の鮮明化に向けて、その主題を補助する「空間の信憑剝奪」を積極的におこなっている。以下、順を追って細部をみてゆこう。

冒頭のショットは旧式の暖房装置を付した、白っぽい警察署内の取調室を捉える。白くペンキを塗られた鉄格子にいかめしく固められた窓が二つ並ぶ、ほぼ正面からのシンメトリカルな構図だ(窓硝子には汚れと光の反射があって、その向こうに建物が面しているとわかるが、はっきりとはみえない――同じ構図は別の取調室として、不安定にものちの作中にさらに二度反復される)。その鉄格子は窓の下部で縦に降下する一種の罫線となり、その枠内に主だった出演者の名が一字一字収まってゆく。劇中の鉄格子が、それとは次元の違う文字レイアウトのための罫線となることに、うっすらと空間の信憑剝奪が漂っている。映画画面におけるレイアウトには、家具などの物や人間の配剤のほかに、画面と文字の配合、さらにはCGの合成位置などもあり、黒沢映画はそれに突出して優れているのだ。[★32]

その取調室の空間が変化する。八人を殺したとのちに判明する「サイコパス」松岡=馬場徹の後ろ姿が、手前からフレームインしてくる。画面左がその後ろ姿になり、右に残った余白に、クレジット「監督　黒沢清」の各字が、それまでとは唯一異なり、格子=罫線に部分的にかぶさって示される。振り返る馬場。不遜だが、さして内容のない決意めいたものを彼が軽薄に語りだすうち、カメラが引いてゆき、彼と穏やかに対面訊問する、犯罪心理学を専門とする刑事・高倉=西島秀俊の後ろ姿が視野に入ってくる。西島の顔が切り返しになったときに注意しなければならない。西島の眼には、その下瞼に目張り(アイライン)が入っていて、刑事にして犯罪性を湛えているのだ。これはのちに、気味悪い「なりすまし隣人」として映画に登場してくる西野=香川照之との本質的相同性を示す措置で、「一年後」、大学で犯罪心理学を講ずる教員となった西島は、アメリカの連続殺人鬼はスケールが違うと聴講学生を前に讃嘆してみせたり、「学術的興味」で(というよりも「犯罪オタク」丸出しで)、参考聴取していた対象、日野の一家失踪事件の唯一の生き残り・本多早紀=川口春奈に、その人間性の欠如を難詰されたりする。先取りしていえば、この作品は善対悪の安定的な二項対立

になっておらず、その図式にも信憑剝奪が滲んでいる。

松岡の聴取時間が過ぎ、署内廊下のソファでコーヒーの紙コップをもち一息つく西島。そこに部下の刑事・野上＝東出昌大がやってきて、松岡の拘置所移送が決定した、身柄は検察の手に渡ると告げる。西島が「サイコパスの理想的サンプル」松岡＝馬場をもう一日だけ訊問させてくれないかと頼んでいるうち、物音がし、話し合う二人の背後、廊下の奥行きの取調室のドアが自然に開く。異変に気づき、急行する二人。取調室では、先刻付き添っていた補佐官がゆかに血まみれで倒れていて、松岡は脱走したあとだ。西島が廊下奥行きへ疾走してゆく。その後ろ姿を追う急速なカメラの前進移動。カットが変わり、以下が長回しとなる。続いて画面右からフレームインしてきた東出が疾走しだし、画面奥の突き当たりで右に曲がってフレームアウトしたあと、他の刑事たちが奥行きから逆にフレームインしてきて疾走、廊下途中の角で左にフレームアウトする。叫喚と怒号。すると東出が画面の最も手前で再度右からフレームインしてきて、ロッカーから拳銃を取りだすのだ。画面内人物の動きの速さによって幻惑されるが、一旦縦構図の奥行きに消えた東出が、予想に反して画面手前から再度フレームインしてくるときには衝撃が起こる。今みている空間は「廊下の迷宮」ではないかと畏怖が走るのだ。★33 むろんその畏怖は、一連が1カットの時間持続のなかで捉えられているために起こった。

脱走した松岡＝馬場は、署内エントランス近くにあるだろう、古風で立派な「階段」（『ドレミファ娘の血は騒ぐ』のあの階段の隔世遺伝、その手すりは大理石に覆われている）の踊り場で、たまたまその場にいた女性を後ろから押さえつけ、その首筋にフォークを当てて人質にとる。大人数の刑事たちを配した黒沢の重厚な演出、緊迫したカッティング。自信にみちて説得する西島は一階部分から単身昇り出して中階に当たる踊り場に辿りつくが、松岡は後ろ姿にさせた西島の脇腹をフォークで刺し、さらには押さえつけていた主婦の首までも掻き

切る。それが階下に構えていた東出たちの反射的な発砲をよび、松岡＝馬場は射殺される。ショットの角度と距離の変転が目覚ましい。ここでは現在の警察署にこんな古風な階段があるのかといった疑惑が起こるが（当然、そうした階段のあるクラシックな建造物が警察署に見立て替えられている）、その空間はその連続状態が了解内に収まる。

『カリスマ』冒頭の役所広司と同等の蹉跌を経験した西島が、あっさりと刑事の職を辞し、のちに稲城とわかる東京の郊外地の中古一軒家に、妻・康子＝竹内結子、愛犬マックス（長毛種で眼が毛で隠れている大型犬＝おそらく犬種はブリアード）とともに引っ越してきて（「一年後」のテロップが入る）、むしろその家のほうが撹乱的に思えるかもしれない。「一年後」のテロップが入った当初は、カットが変わっても、居間からダイニング方向に視野が一定している（ショットは手持ちカメラのため、ゆれることもあるが）。さらにはのち、犬小屋につながれたマックスのみえる縁先を捉えたカメラが左回転でパンをおこない、ダイニング、その左隣奥行きのキッチン、やがてその左の書斎兼応接間（ドアの開口部には玄関の空間がわずかにみえる）までが「隣接の連続」として一望されるくだりもあるのだから、人物の背後で捉えられる室内空間には何の迷宮性もないように思える。それでも西島・竹内夫婦の食卓を囲む様子は、切り返されて人物の背後に初見の背景を呼び込むし、のち隣家の西野＝香川とその「娘」（当初はそういう設定だ）の澪＝藤野涼子が来訪して食卓の光景が捉えられたときには、西島と香川の居間への移動と室内照明の違いもあって、人物の背景となる室内にさらなる新規化が起こる。やはり何の変哲もない空間にも迷宮性が意図されているのだ。

東洛大学に勤務する西島は、助手の大川＝戸田昌宏の示す未解決事件ファイルのパソコン画面に興味を点火されて、夜逃げなども考えられる一家失踪事案なのに、「一家失踪事件」として資料化されていた日野の案件に興味をもつ。本多家の成員・父、母、兄がある時を境に忽然と消え、その日に修学旅行中だった（原作小

説の設定は違っている）妹・早紀だけが残されてしまった奇異な案件だが、当時中学生だった早紀の供述がショックのためか一定せず、有耶無耶のまま捜査打ち切りになったというものだ。この戸田と西島のいる空間、のちにはかつての同僚・東出や、改めての事情聴取対象となった早紀＝川口春奈までもが参集するその空間の異様さを、一挙にまとめて綴ってしまおう。

その空間は当初、講師控室らしき共同空間だったのに、川口の参考聴取が始まると西島の個人的な研究室に変貌している。空間はほぼ硝子張りの開放性を誇っているが、そのために大学キャンパス内が奥行きに丸見えで、少子化時代に反して（エキストラの）学生であふれかえり、パンフォーカスで捉えられた彼らが奥行きで不測の動きを繰り返しているのがはっきりわかるから、手前の屋内にいる西島・川口らの動きが焦点化しない。背景の動きのざわめきが、主要人物の定位さえ奪う恰好になっているのだ。しかも川口への聴取は西島との対話形式をとるが、黒沢演出らしく発語中の川口は動き回り、長回しのカメラはそれを追い、トラベリングを繰り返し、しかも回り込んで人物ののちの動きに備え、さらにトラベリングすることで人物の背景の変化を幻惑に陥れる。一応は、事件を図式化した書き込みのある空間奥行きのホワイトボードに川口が近づき、それを西島が追ったという方便もあるのだが、芦澤明子のカメラは天候変化を方便にして、十八番の光量変化を捉え（照明は名コンビの永田英則）、画面が大学の屋内にしては暗すぎる時間を刻みつづける。しかもその室内には階段さえある。考えてもみよう、一体どこの控室もしくは研究室の室内に階段があるような設計があるのか。それでその空間がおそらく大学校舎のエントランス近くの広い共有スペースを、階段をふくめてそれらしく覆いで囲い、控室もしくは研究室に見立て替えしたものだという理解が生まれてくる。

一家の成員が自分以外消えてしまったため今は祖母とひっそりアパートで暮らす川口春奈への、西島の個別訪問は、挨拶が目的だった一回目ののちも、一家失踪となった日野の一軒家の近隣関係と、稲城の自分の

家に西野家という隣家を抱える自分の立地条件が相同ではないかと考え始めたために繰り返される。一度目の川口のアパート訪問では、ドア前でやりとりがあり、その後、わずかに非連続な飛躍を挟んで、アパートの同じドアが並ぶ前での、二人の会話がつづく。このとき「ごめんなさい、お話は下で」と川口が言い、川口側からドア前の西島とその背後の緑あふれる光景を捉えたショットもあるのだが、アパートの外階段の真下から開始された会話であっても、その会話内容に気をとられ、川口のアパートの部屋がもともと二階にあることを迂闊な観客は見逃すだろう。ところが二度目の訪問ではクレーンが使われ、西島がアパートの階下にいるのを二階通路に出た川口が見下ろし、そのままの長回しで外階段を降りてくる川口の姿を連続的に捉え、アパート一階で香川の写真を見せてその顔の見覚えを川口に訊く切り返しのやりとりがあったのちも、新たに始まったクレーンの長回しで、外階段を昇ったあと二階の自室に逃げる川口と、彼女を追う西島との、殺気立ったやりとりが連続的に捉えられる。このときクレーンは二階の高さで水平方向に振られ、しかもその途中から対象に近づきすぎたために自らの高さをふたたび消すことになる。総じていえば、そこが一階か二階かは関係性の説明があって初めて明らかになるのだと、ショットに遊戯的な選択をした撮影行為が語っているのだ。これは逆にいえば、映画のすべての瞬間の空間に、もともと信憑が剝奪されていると示唆しているにひとしい。

6——西野家の造作の謎

けれども撮影による空間の信憑剝奪にもまして、映画に現れた「物」が信憑を剝奪する様相が、さらに観客の無意識を直撃するだろう。★34『クリーピー』における建造物のうち、最大の傑作は、西島・竹内の高倉家に隣

接する、香川照之の住む西野家だろう。むろん『ＬＯＦＴ』の諸事物のようにそれが美的に目立つことはない。西野家は道路に接して建つ角地の高倉家に直接隣接しているのではなく、高倉家に隣接している空き地にさらに奥まって建てられており、道路からは一本の私道路地が渡されているようにみえる。しかも家屋の玄関ドアは道路側に向いておらず、道路と並行の横向きに敷設されていて、敷地の奥まりと玄関の非正面性が、含羞を示すというよりも「陰に籠って」、それ自体がもはや不気味なのだ。[★35] 空き地そのものにも異常性を感知できる。そこがどんな人間か団体の管轄で、何のために空き地になっているのか皆目わからないのは、空き地に電線塔というには低すぎる鉄製の塔があり(それが使用されているとはとうてい思えないし、タンクが乗っているようにもみえる)、しかも工事中を示す黄色と黒のツートンカラーのバリケードが中途半端に囲ってある、砂利の土地だったためだ。むろん門扉柵そのものは通路の奥、道路側に向けられて構えられているが、西野家の家屋本体には、簡易な木造の作業小屋といったものがその道路側の面にくっつけて建て増しされており、郵便受けのあるその部分に、黒沢映画的な犯罪立地をしめす透明なビニール幕まであしらわれている。察するに、くすんだモルタル白壁の西野家の外観はロケ地に実際に建てられていた家屋が利用され、建て増しとみえる部分は美術部が奇怪さを上乗せするために作り足した「映画的・人工的な」安普請なのではないか。建て増し部分の屋根が伸び、それが門扉柵を上から覆う「門構え」となっているのも通常の建築慣習に反した、みたことのない設えだ。そのことにより、西野家の外部性は内部性へと変転する。あるいは明視性は秘密へと妖しく開花する。じじつカフカは弟子のヤノーホに対し、こう語っている。

「私の図形には正しい空間の比例がない。それ自身の水平線というものがない。私が輪郭を捉えようとする形象のパースペクティヴは、紙の一歩手前に、鉛筆の削ってないほうの端に——つまり私の内

部にあるのです[★36]」

「犯罪小説は、すべて生の均衡を狂わせ、それによって世界を転倒させる麻酔剤です。犯罪小説ではいつも、異常な事件の背後に隠されている秘密をあばくことが、問題となります。しかし、人生においてはまさに正反対です。秘密は背景に引っ込んだりはしない。——それどころか、赤裸な姿でわれわれの鼻先に立っているのです。秘密とはじつは自明なもののことであって、そのためにわれわれには見えないのです[★37]」

じつは前川裕の原作小説では、高倉家・西野家の立地は杉並区だった。それが映画版で東京近郊の稲城市に「置換」されたのは、ランドマークなき東京の描出のため、東京近郊にロケ地を探しまわることをつづけた黒沢清の現実感によるものだろう。利便地か高級住宅地しか存在しない杉並区では、家屋や集合住宅が櫛比し、塩漬けのまま、意図不明のまま、放置された未使用地はほぼ存在しない。いっぽう都下でありながら神奈川にも隣接する稲城市は梨を名産品にもつ、田舎とベッドタウンの曖昧な中間体で、おそらく田舎の衰退と、ベッドタウンの住民孤立(一家の長はその土地で寝るために帰宅するだけだ)双方を抱えた複合的な疎外状態にある。一言でいえば有名性と存在感がない。だからこそ、「住民なりすまし」という西野＝香川の犯罪が成立する。それは住民であることを「半分」明示しながら、その明示性が近隣から干渉されない庇護のなかにもあるのだ。杉並区であれば、集合住宅に住む独身者などはすべて近隣から匿名的な暗数になってしまう。となれば「なりすまし」を企図しなくても、その実体が「なりすまし」と変わらないことになるだろう。

さらに作品が進展すると、西野家の内部が異常だとわかる。西野家の家屋玄関内に立つ外部者は、作中、

都合四人だ。❶耐熱ガラスのボウルに、温めなおしたビーフシチューをなみなみ湛え、西野家へのお裾分けのつもりでお節介にも持ち寄った（その奥底には料理自慢の慢心が隠れている——しかしビーフシチューの「茶色」はドメスティックで、他家には不気味ではないだろうか）康子＝竹内。しかし彼女は廊下奥にいた澪＝藤野涼子のアイコンタクトと表情によって危機を感じ、ビーフシチュー入りボウルを玄関ゆかに置いて辞去してしまう。❷日野の本多家に隣接する水田家から布団収納用の巨大ビニール袋に入った死体五体を発見、西島のいう〈一家失踪事件の起こった日野の本多家の「隣接」関係と、現在の稲城の高倉家の「隣接」関係の「類似」〉に捜査の突破口を感じた刑事・野上＝東出。彼は来訪時に応対した男を見る。西野であるはずのその男＝香川は、野上が調査済の団体から入手した西野の履歴書の写真と似ても似つかない。ところが玄関に据え置かれる時間が不当に長いのを怪訝に思い、香川の消えた方向に、靴を脱いで自ら侵入してゆく。ハマーフィルム作品に少年期親炙した黒沢清の面目が躍如する。冒頭近くの「廊下の迷宮」で意外な方向から再フレームインした野上＝東出は、今度は玄関からの廊下、その右に開けている意外な通路に、実際は「不連続」なカット接合を介して足を踏み入れる。光が全くつながらず、建造物の質感がいきなりホラーとなる、その空間の「悪接続」は、実際は可笑的だ。しかしその行き着く先は描写されない。

❸香川扮する男の「なりすまし犯罪＝殺人」がほぼ確定的になった段階で、谷本刑事＝笹野高史が、誰もいないとみえる家屋玄関から西野家の内部に靴を脱いで侵入してゆく。彼は東出の辿った通路の先に辿り着く。そこはそれまでの描写で、澪＝藤野の実母・多恵子＝最所美咲を「麻薬飼育」し、ついに葬った空洞の倉庫と示されていた。しかも二重の意味で空間的信憑を剝奪されている。壁は、いかめしい幾何学的なデザインの単位材料で連続されている。コンサートホールの防音＝反響壁のたぐいだろうか。しかしそこで音楽は演奏されない。呻き声と拳銃の乾いた発砲音が奏でられるだけだ。しかも、この内部倉庫はどうあっても西

野家の外観には収まらないのだ。先に記した門扉柵近くの建て増し部分とも関連がない。建て増し部分は家屋全体からすると道路側にあったが、映画内の叙述を信ずるなら、二十畳以上はあるとみえる倉庫は道路とは逆側の奥にあるからだ。ただし倉庫から通路を挟み、半透明のビニール幕を仕切りにした香川の慰安スペースは家屋構造の一角に確かに定位されている。彼はスポーツ中継が好きなようで、その放映中のTV画面の光は、西野家のさらに隣の家が火事爆発を迎えた夜に、門扉柵奥の塀に「投影」されていたからだ。この投影は物理的にはありうることだけれども、ドラマのために用意された恣意的な嘘ととることもできる。いずれにせよ、このような信憑剥奪された秘密倉庫のなかで、笹野は「真実だった」「空間の嘘」によって命を落とす。かつて死体が収納された密閉ビニール袋を投棄した穴がゆかと同じ色の布で覆われていたために、それが倉庫内を行く笹野への落とし穴となったのだ。落ちて衝撃を受ける笹野。不気味な無名性の手が彼を救い上げようとする。ところが伸ばされた笹野の手に、死の注射が打たれる。❹直前に別れた笹野の消息が気になり、靴を脱がずに西野家に侵入する西島。彼については後述しよう。

7——似ていること

とうぜんこの西野家、もしくはその近隣性に関わって、吟味しなければならない事柄は、近隣性が似ていると作中で指摘される、日野の本多家のまわりの空間だ（類似は、かつて助手の戸田昌宏とともにいた高台から本多家の立地周辺をケータイ電話のカメラに収めた西島が、愛犬マックスを散歩中の高台から自分の家屋近辺を見下ろしたときに発見されるが、原作小説ではその手柄は、映画で東出の演じた野上にあたえられる）。そこでは家々は空き地を取り囲み、本多家もその一つを占める。それら家々の並びの不完全性と無計画性が、一帯が何かの理由、たとえば

名義変転を重ね土地所有者がわからなくなったなどのために開発の遅れた特殊性を示す。しかも一帯は騒音が嫌われる線路際にあると描写が重ねられてわかる（稲城市と日野市は京王電鉄の貫通という点で共通している）。空き地には廃棄物やドラム缶、さらには用途不明の古びたタンクが鉄骨に支えられて残っている。一隅の本多家は昭和四十年代建立とみえる、表面がベタッと平らなデザイン意識のない二階建て一軒家で、不気味に思えるのはすべて閉められている雨戸と、住まれなくなった経年を表す、壁を這う蔦のためかもしれない。それでも門扉部分が敷地からなぜか一メートルほど突出している不規則性が気味悪い（これも美術部のアレンジだろうか）。のちに問題となる隣接した水田家は、本多家を示す画面個々に付帯的に現れているが、稲城の西野家のような造型の妙がないし、画面内の定着性も薄い。とりあえず空き地を中央にもつことで、稲城の高倉家―西野家―さらにその隣家は「コの字型」に分布していて、その「コの字型」は、空き地に家が面している日野においても、本多家―水田家―さらに隣の家において同等だ。日野における問題の一帯、その近隣関係は、地上から離れてゆくドローンショットによって俯瞰的に提示される。一般にヘリコプターショットの温みに対し、ドローンショットは機械的な冷酷さをもつが、『クリーピー』ではそれが見事に活かされた。

前川裕の原作小説では、「近隣の生活環境」を説明するくだりは以下のようになっている。

「似ていると思わないかい？　こういう生活環境が――」

はっとした。野上の言おうとしていることがぼんやりと分かり始めた。日野市で行方不明になった家族の場合も、裏に高齢者の夫婦が、東隣に中年の夫婦が住んでいたのだ。私の家というよりは、西野の家を中心に見れば、そして、表と裏、あるいは東と西を置きかえれば、その生活環境は酷似しているのだ。しかも、西野の家と行方不明家族の家は、家族構成と男女比までが同じなのだ。しかし、

彼がこういう形で本題に入ってくるとは思わなかった。

「つまり、君はこの近隣の生活環境が日野市の行方不明家族の場合と似ていると言いたいのかい？」

「いや、君の家の生活環境がどうのこうのと言うんじゃない——」

野上は、いいわけがましく言った。それから、さらに言葉を続けた。

「ただ、僕はずっと考えていたんだ。あの日野市の行方不明家族のような孤立した生活環境は、東京でも普通にある環境かどうかね。それで、今日、君の家に来てみて、周りの家を見渡して、三軒の家が同じように孤立しているように感じたものだからね」

「それで君は近所の家の家族構成を訊いたわけか？」

「ああ、こんな環境だと近所の家族が別の人間と入れ替わっていても、誰も気がつかないこともあるんじゃないかとふと思ったんだ[★38]」

「入れ替わり」「なりすまし」については、映画では笹野高史が演じた谷本刑事が高倉にこう述べる。

「コンピューター犯罪で言う、『なりすまし』という概念に似てますね。ネット上で他人になりすます代わりに、現実の生活の場で、それを実践する。ただ、そうだとしたら、その異常性は、外部の人間をだまして、別人になりすましながら、内部の家族に対しては脅迫や恫喝によって、人格を支配し、その『なりすまし』を既成のものとしていくということでしょうか[★39]」

「なりすまし」の意義と実際は原作小説のほうが映画版よりも明確に示されているが、隣接関係の類似につ

いては、原作小説は視覚性が弱く収斂を欠き、強調のために「コの字形」を導入した映画のほうに軍配があがる。黒沢清と高橋洋はこのような対話を交わしている。

高橋　コの字型という家の配置が、事件と物語のキーになっていますよね。あれは原作も同じなんですか?

黒沢　家の配置のくだりは出てきますけど、コの字型ではないです。それとサイコパスが家の配置にこだわる理由も触れられていないですけど、そこがかえって魅力的でしたね。都市伝説というか、住宅地の外れでそこから先は未開というか、未開といっても東京ですから、せいぜい林くらいですけど。

高橋　世田谷一家殺人事件があったような。

黒沢　それもありますけど、昔からの伝承じゃないけど、そういった境界に危ないものが棲みつくんだみたいな。僕は原作を読んでいて、町の境界のある家には変なものが取りついて、別の町でも同じだったという部分に、日本に昔からある一種の民間伝承や都市伝説と似た雰囲気を感じたんです。そんな現象がなぜ起きるのかが気になったわけですけど、そこを追求するとホラーになってしまう。〔…〕というわけで、単純にサイコパスはコの字型の配置がお好みなんですというだけにしました。★40

黒沢清の意見に補足をおこなうなら、「コの字型」の忌避は風水思想的なものに関連しているのではないだろうか。地相学なら、たとえば「鉤型の土地」「三角地」「南北に長い矩形地」は忌避される。同じことがコの字型の敷地配置にもいえるのではないか。「コ」の内部空白があり、「コ」の縦軸部分には悪気が吹きだまる。停

滞する。それはやがて事の順序として縦軸の右側部分を侵食してゆく。なぜなら左右では右が先行するからだ――というような。縦軸が「なりすまし」によって陥没し、そこへ右側の横軸が折られ込む。それが防げないのは、三本の線が孤立しているためだ。折られ込みが完成すれば「コ」は「亅」(鉤)となり、それは風景上の傷となってやがては消えてゆく。まあ、冗談だが。

ともあれ、この「コの字型」の明示性によって、二つの「隣接」が「類似」となった。むろん隣接が類似であっていいはずがない。隣接が進展原理なら、類似も進展原理だろうが、その二つの重複は論理的にいって進展を阻害するだろうからだ。それは完全な同一性、一致、つまり無際限な死を意味するはずだ。今更の感もあるが、ヤコブソンの端的な言を引いておこう。

> 談話の進展は二つの異なった意味的な線によって行なわれる。一つの話題から他の話題へと相似性によってか、隣接性によってか、いずれかによって進行する。隠喩的方法が第一の場合に、換喩的な方法が第二の場合に、最も適当な呼び名であろう。★41

社会学者・小林修一の着眼を活用すれば、メタファーとメトニミーの混在は、神の視点と人間の視点の野合となるだろう。それはどちらの視点も消去する盲目を出来させるはずだ。もとになる小林の視点を摘記しておこう。なお文中の「目標領域」は、「喩えられる未知なる事象(被喩辞)」を、「起点領域」は「喩える既知なる事象」を、それぞれ意味している。これは以前に記したド・マンの「アレゴリーマ〔allegoreme〕」と「アレゴレーシス〔allegoresis〕」に近い。なぜそうなるかといえば、アレゴリーは物語体の比喩で、それを修辞単位にまで圧縮すると、メタファーとメトニミーの分離が起きるためだ。

メタファーの場合、「目標領域」と「起点領域」は異質の文脈を構成しており、それぞれに属するカテゴリーもまた異なった領域のものであり、それゆえその両者を「比較」する視点は、それらを越えた、外在的、超越的な視点（「神の目」）でなければならなかった。これに対して、メトニミーでは、ターゲット＝目標概念（T）に対して、参照点（R）は、その「近接性」を保持した連続的で同一の領域の概念である。それゆえ、概念化者（C）の視点はこの同一領域の外部に設定されず、いわば内在的な視点となる。そして（R）から（T）へのアクセスはメタファー的な異領域間の「写像」といった飛躍ではなく、同一領域内の心的に連続したものとなる。★42

8――リズムの異常が相手を摑む

空間の信憑剝奪は、空間のもつ二重性の潜在によって「ゆれる」。ところが「ゆれ」は俳優演技の水準では、演技展開の時間軸上のシンコペーションによって惹き起こされる。そのようにして空間と時間が分離できないこと（それは換喩の構造に関わっている）、それこそが映画なのだ。こうしてこれまで言及を控えていた、「人間モドキ」西野＝香川のことを一挙に考察できる。順を追おう。「一年後」、稲城の中古一軒家に引っ越した西島・竹内の夫婦は、引っ越しの挨拶のため、隣在の二軒にチョコレートを持ち寄ろうとする（この創意的なディテールは映画のオリジナル）。空き地を挟み、向こう側の家では呼び鈴を押すと主婦が応対するが、その不機嫌さが異様だ。近所付き合いをしていないというのが理由だが、玄関扉が開けられたその家の奥からは厭な呻き声が聴えてきて、「母です――寝たきりの」と説明される。もう一つの、空き地に奥まった家は、門扉

柵脇の呼び鈴を押しても応答がなく、夫婦は引っ越し挨拶を一旦見送った。翌日、夫・西島が大学勤務中の昼間、妻・竹内は再びチョコレートを入れた小さな紙袋をもち、奥まった家＝西野家へひとりで向かう。クレーンを使ったカメラの前進移動の気配がそれじたい不気味だ。呼び鈴を押すがまたもや応答がなく、不在とみえ、それで門扉にチョコレートの袋の紐をかけ、小さな納得の声を漏らして、その場を立ち去ろうとする。竹内の罪障はこの時点で多重化されている。○チョコレートの袋に何もメッセージを入れようとはしなかったので、そのチョコレートはたとえば毒入りと気味悪がられて警察に通報される惧れすらあること。○季節は夏で蟬時雨が遠くふりそそぐ暑さをしるしていて、家の住人が早期に帰宅しなければ、チョコレートそのものが溶けてしまうだろうこと。判断が軽率でぞんざいなのだが、それは相手のことを真率に考えない、小さな増上慢から招来されていると一事をもって観客は判断するだろう。見事な設定付与だ。

踵を返して門扉脇の建て増し部分にある何かを不躾に検分しようとしている竹内に、家から出てきた画面初登場の香川が声をかける。突然の背後からの声に竹内が驚愕する。「何ですか、それ？」。香川は門扉柵の向こう奥にいて、竹内は小走りに駆け寄る。「あ、すいません、いらっしゃらないのかと思って」。以下、門扉柵を挟んでの二人のやりとりをそのまま起こしてみよう。

「昨日越してきました高倉です。（チョコレート袋を門扉から取り外し、少し掲げ西野に示しながら）これ、つまらないものですけど、よろしければ」「何ですかって訊いたんです」「（動顚）…あ、これは（あの…）チョコレートです」「（大仰に驚いて）チョコレート？」「（その西野の反応に気勢を削がれて）…はい」「（黒のポロシャツ、黒のバミューダパンツ、サンダル履きの西野が門扉そばに近づいてくる——両腕をだらりと下げているので歩き方が不器用なロボットじみてみえるし、顔が不自然な笑みをかたどっている）今、ひと粒で千円とかする高いやつがあるでしょ？　ああいうのが入ってるんですか？（チョコレートの袋を、近づいて不躾に見下ろす）」「いえ、そういうんじゃ…」「（遮るように——し

かも恩着せがましく)僕ね、チョコレート、嫌いじゃないですよ(この発語がチョコレート一般を言っているのか、ひと粒千円程度の高級チョコレートを言っているのかがわからず、不安定な宙吊り感が残る)」「(その不安をやりすごし図々しく)じゃあ、よかったら…(と、チョコレートの袋を香川の眼前に突きだすと、香川はそれを受け取るが、そこで緊迫した無言の余白ができる――この時点で画面は香川の後頭部と竹内の顔を捉える構図に切り返されていて、香川の顔が見えない不気味さと、竹内の怯えながらも相手を観察しようとする表情とが刻印される)」(門扉をあけ、香川は何もいわず通路のほうを歩いてゆき、その動作の展開が意味不明なため、竹内は香川の後ろ姿を不安げに振り返るのみだ)(香川は工事現場のバリケード金網越しに高倉家側を見たあと竹内を振り返る――恫喝感を与えるに充分な間だった)「お宅、犬、飼ってます?(と、チョコレートの話題の結果を放り出しての、突然の話題転換)」「(その西野に吸い寄せられるように近づいてゆき)あ…はい(もちろん犬を飼っていることで何か咎められるではないかという不安が働いている)」「(大仰に愛想笑いして)犬「も」好きですよ」「(皮肉と受け取ったか)ちゃんと躾、してありますので」「(またも大仰に驚く――児戯めいた演技性が感じられる)え、犬に躾[を]するんですか?(体の構えがこわばるが、その意味がわからない)」「(とうぜん相手の応対にある意味生成と間の奇妙なシンコペーションに呑まれて、竹内の声が弱音化してゆく)…ええ…」「(大仰に納得の仕種をつくって)いいと思いますよ、そういうの」(それからなぜか香川は顔を俯かせ、無言で竹内の脇をすり抜け、家の方向に歩み去ろうとする――それまでの会話の乱調な展開に何の解決も与えていない)「あ…何かご迷惑になるようなことがあれば、いつでも仰ってください(恐縮して作り笑い、そうして挨拶を終えようとするが、不機嫌になっているのか香川は振り向きもせず歩を進める)今度ともよろしくお願いします(頭を下げる)」(香川は門扉を閉め、去る――その一瞬、顔が画面手前にピントから外れて大写しになるが、表情が歪んでいても感情が読み取れない。竹内は通路途中に呆然と残される)。

『CURE』冒頭近くの、海岸での萩原聖人―戸田昌宏のやりとりのように、このやりとりも奇妙極まる異物性の感触を残す。やりとりの諸分節は好意的な意味を一切結ばないまま無解決状態で宙吊りされ、香川の

行動と発語と意味形成のリズム的変調だけがそこに蓄積したと確認できるだろう。香川の感情を読み取ろうとすると、終始「二重性」の澱がわだかまり、大仰さと不愛想の意味不明の点滅は、「人間の擬人化」の所在まで感知させる。むろん印象の強烈さは確かだ。だからこの異常なやりとりにより、人の心は摑まれる。付帯効果もある。この香川的なリズムの変調によって、動揺する竹内の身体に生々しさが灯るのだ。筆者は竹内の「自意識演技」の底の浅さが実際は苦手だが、竹内にこのような反応をしいる黒沢の施策は、竹内の身の丈にあった魅力化につながるだけに見事だと思う(のちその竹内が香川に「精神」を奪取され、不如意感をましてくると、さらにそこに美がはかなく揺曳しだす)。竹内には「自分は悪くない」という厭な防衛機制がこののち上乗せされる。関節を外されまくった、たった今のやりとりを癪に思った彼女は、家に帰り、空き地を挟んでの隣家に渡しそびれ残っていたチョコレート入り紙袋を、自宅用にせず、ヒステリックに台所のゴミ箱に投棄する挙に及ぶことになる。

竹内、香川の二人だけのシーンは以下のように続く。道路上の容器にゴミ出しをしている隙に愛犬マックスが逃げ出し、同じくゴミ出しをしていた香川にとびかかる(じゃれついたともみえるが、何しろ大型犬なので衝撃を与える)。竹内の先の言に反し、マックスは「躾られてはいない」。へろへろになり、パニックに陥って怯える香川から何とか竹内がマックスを引き離し、そのリードを通路上に設けられているゴミ出しの用の金網囲いにつなぐが、その後の香川への謝罪が充分ではない。囲いの前に散乱しているペットボトルのゴミの片づけが先行されるためだ。通路脇に座り、荒れた息を鎮めだした香川が弱い声でいう。「奥さん——こないだは失礼しました。感じ悪くて、すいませんでした」。香川はのち、理解を絶した悪人として作中に定位されるが、その存在感の付与にもシンコペーション(リズム的脱臼)が伴われている。端的にいうと、そこに「強さ」が現象せず、狡猾さはあっても、むしろ滑稽や間接性のほうが前面化されるのだ。近所付き合いに慣れてい

なかったためだと香川が、近づいてきた竹内に頭を下げたことで、以後二人の交情が生起する。香川は、おずおずとつながれたマックスの頭を撫でることで、自らの無辜や可愛らしさを殊更に強調してもみせる。「あ、チョコレート、あれ、手作りですか?」「(怪訝そうに)はい…。わかりました?」「(わざとらしく)もちろん(発語に讃嘆の溜息まで混入している)。すごく美味しかったです」「(不安を解除して無邪気に笑う)あ、ホントですか? よかった」。このときにセーラー服姿の「娘」澪＝藤野涼子が下校帰宅してきて、その存在が竹内に、ひいては観客に紹介されることになるが、そこからのやりとりは省こう。

「隣接」がどのような哲学で、どのような言語を展開できるかに通暁している香川は、大学勤めの帰りの西島に路上で会い、「高倉さん?」と声をかける。念押しすれば、二人はまだ作品中で出会っていないのだから、西島を隣の高倉家の主人だと認知したことには香川の気味悪い詮索好きが暗示されている。ところが香川は、それまでの香川自身と竹内とのやりとり、その経緯を裏切り、竹内の詮索好きに辟易していると苦情を切りだす。このときの香川の立ち位置が、西島の身体に対して「至近すぎる」のに観客は動顚するだろう。当然それは初対面同士に生まれる距離感覚から程遠いが、香川が意図しているのが、相手を一種の催眠暗示にかける、シンコペーション的な身体間距離の変化なのは明らかだ。実際、香川の身体は予想を超え、西島の身体への接近と離反をそこで繰り返す。それは竹内に対しても変わらない。前言したような、耐熱ガラスボウルに入れたビーフシチューを竹内が、近所つきあいの確定の意図もあって香川に持ち寄ったときにも、香川はその申し出を歓待してみせるが、笑ってもいいのは、当初は門扉越しに、のちには玄関扉に入れたあとも、あってもいいはずの竹内から香川へのガラスボウルの手渡しを、意地悪をするように常に香川が無言の圧力でやりすごすことだ。接近とは異なる放置。なるほどギャグ演出のようにみえるそれは、同時に、竹内の身体にいかに負荷を与えるかという冷酷な測定を暗示し、こういう詳細があるから、後の竹内の転落も

納得されることになる。

マックスが犬小屋前から逃げ出し、竹内が行方を探すと、公園でマックスがベンチに座った香川に「かしずいて」いる姿を発見される。このマックスはその後の竹内の暗喩だ。香川はいつの間にか対象を調教支配できるのだ。調教支配はデモーニッシュな「調伏」とも連絡する。すでに「自宅料理教室」などで親交を温めていた二人。香川はここで誘惑的な言葉を口にする。「奥さん、康子さんと呼んでもいいですか?」。さらに魔的な至近距離に近づいてこう囁く。「奥さん、ご主人と僕、どっちが魅力的ですか? 直感でいいんです」。「直感でいいんです」という補足は、自分の問いがゲーム遊戯的なものだという自己解説を含んで、なおかつ「とりあえず答えてください」というひそかな命法まで滲ませているが、執拗に回答を迫られる竹内の表情に、すでに『CURE』の萩原聖人に催眠暗示をかけられた女性医師・洞口依子とも共通する放心が、若干の怪訝さとともに刻まれているのが恐怖を覚えさせる。そこでは黒沢映画では珍しく、横顔対横顔の2ショット構図が選択されているが、むろんそれは「身体間距離」を実測的に露呈させるためだ。これらの経緯のあと、竹内が完全に香川に支配される、象徴的なラヴシーンが招かれることになる。

9——竹内結子の手、香川照之の隻眼

それはズレを異様に細かく分節化させたチョコレート手渡しの当初の場面からすると、ズレが同一性に回収されようとする恐怖場面として生起する。整理しておこう。二つの系譜がある。❶隣接—ズレ—差異—換喩。❷類似—重複—同致—暗喩。前言したが、この❶❷がさらに「一致」するとき「死」が結果されることは論理的必然だった(むろん映画『クリーピー』の場合の「死」は実質的なそれもあるが、「完全服従」のほうが強調されることもあ

る）。稲城市郊外とおぼしい、コンクリート剝き出しの高架橋下。「至近」に近づいている男女が高架橋下のトンネルを前に、構図の中心に小さく置かれる。男の後ろ姿によって、それにぴったりくっついているとみえる女の姿がほぼ隠されている。『ＬＯＦＴ』の一局面、林のなかの中谷美紀の精確な背後に、「黒い安達祐実」が「一致」して存在していたディテールを想起する者も多いだろう。位置の「蝕」的一致。シーンはいわば中途から突然始まった。はっと我に返ったように奥行きに重なっていた女が「私は帰ります」と身を翻し、画面の奥行き方向へ駆け去ってゆく数瞬に、その女が竹内結子だと確認できる。男は「康子さん」と呼びかけ、その瞬間、リバースの縦構図になる。逆光位置とトンネル内に入ったことで全身がシルエットになった竹内の肩の奥行きにとうぜん香川がいて、笑みを浮かべ、大股で画面手前、すなわち竹内の方向へ近づいてくる。「康子さん」と声をかけられれば息を荒げながら歩みを止めてしまう竹内の反射的応対に、すでに「半―被支配状態」が兆している。動揺する竹内の背後に再びぴったりくっついて立つ香川は、彼自身もトンネル内に入ったため全身がシルエット化し、不気味にもその表情が消去される。「握手してもいいですか」。すると観念したように竹内が、背後にいる香川に向け、伸ばしたままの腕を預け渡す（以後、この映画で竹内に対して黒沢演出が強調するのは「腕―手」という、部分の系譜となる――そのためにそこが注射針の標的ともなる――否、その「手」はチョコレートの紙袋を竹内が門扉柵に掛けようとしたときにも、差し入れようとしたガラスボウルのビーフシチューを香川が受け取らないために竹内がずっともたざるをえなかったときにもすでに強調されていた）。香川は竹内の（悪くて美しい）手を賞玩するように自らの手で包んで撫で、表情の消えたままのシルエットで言う。「絶対にウチに来てくださいよ。約束ですよ」。もうその発語には支配者特有の横柄な響きがある。竹内は振り返り、怯えるが、暗闇なのでその表情がほぼ窺えない。ただし彼女は「一致」を「ズレ」に引き戻そうと、はかなく抵抗する。必死の努力でとうとう彼女は香川に摑まれた手を外し、その場を逃げ去ってゆくが、その逃走の前の、暗闇で

結び合わされた男女の手の、どこか一九二〇年代のソ連映画を思わせるアップ構図のほうが印象に残るだろう。この場面、羽深由理の音楽はヴァイオリン重奏により典雅な不安を静かながら煽りたてていた。最後は香川のバストショット。むろんシルエットの漆黒としてそれは表現される。

「あの人〔香川演ずる男〕、お父さんじゃありません。全然知らない人です」という西島への訴えかけにより、すでに「作品そのものの信憑剝奪性に信憑を与えている」澪＝藤野涼子は、西野家の「倉庫」では監禁した母＝最所美咲を注射で麻薬漬けにすることで意志や体力を奪っている。映画は間歇的に以下の事実を描く。ビニール袋内に全身を密閉した実父を倉庫ゆかの穴に下着姿の母とともに放り込む。その次が理不尽にも竹内の「出番」となる。まず倉庫で、麻薬漬けになった母がとうとう手に鑿をもって香川に反抗する。香川が「へっぴり腰」「四つ這い」でなんとかこの攻撃を躱し（彼はチョコチョコ歩きにしても、作中でかなり多くのサイトギャグを展開している）、拾い上げた鉄棒で返り討ちにする。堪忍袋の緒が切れた彼は、最所の暴走にいきり立ち、倉庫内を右往左往する。その神経質な身体性に「サイコパス」の性質が露呈する。彼は藤野をよぶ。それで東出から奪っていた（東出の遺骸は西野家の右隣の隣家が爆発発火した焼け跡から、隣家の家族以外のもう一人として発見された——爆発前、窓がわずかに点滅する予兆表現が見事に映画的だった）拳銃を使い、最所を殺せと命ずる。すべてにおいて「娘を演じるだけ」だった藤野はさすがに実母の銃殺を躊躇する。ここで西野の妙な論理があらわになる。自分が犯罪者にならないために、殺人はその家族が責任をもっておこなわなければならないというものだ。これは『CURE』萩原聖人が催眠暗示を通じて「代理殺人」を連続させた実行者／教唆者のあいだのズレにも似ている（香川はこの信条によりラスト、落命することになる）。しかし中途半端にも彼は焦れて、とうとう自分の手で最所を銃殺した。ところが香川が手伝わないから、定式の死体のビニール袋詰め——倉庫の穴への投棄の手順が、藤野の女手一つでは踏めない。そこで竹内が呼ばれる次第となった。

倉庫に招じ入れられた竹内は、最所の銃殺体をみて恐慌に陥る。以下、澪＝藤野の肩に手をかけた香川と、竹内のやりとり。香川「(平気で虚言を弄する)澪がやっちゃったんですよ、拳銃でバン！って。でも警察呼んだら、澪が逮捕されちゃうじゃないですか」。竹内「(正視できないまま銃殺体を指さして)これ、奥さんですよね。どうして…」。香川「どうしてって、康子さんの責任ですよ」。竹内「(動顛して)あたしの？」。香川「そうです」。竹内「(すがるように)そうなの、澪ちゃん？」。藤野「うん」。竹内は頭を抱えて、自分自身に向けて悲鳴を上げる。脱論理の迷宮のなかにずぼりと入り込んだのだ。その手の歪んだ表情がシェイプとして美しい。問題はここでも同じだ。あったはずのズレが、竹内の上に、ズレを奪われた停滞としてすでに一致してしまっている。それが眼前の事態に抗うことのできない膠着を結果している。理性を換喩＝暗喩の同在消滅で奪われた竹内は、以後、最所の死体処理を藤野の指示でおこなうようになるが、そこに現れるのも「一致」なのは言うまでもない。そうして死体の「パック処理」の実際が、作中で初めて明らかになる。竹内の「働く手」が強調される。死体は布団収納用の大きな袋のなかに入れられる。死後硬直を起こしていないとはいえ、死体は重いから、女手の二つがかりでやっとの作業だ。死体は当初、体育座りに近い姿勢になっている。横たえられ、藤野がビニール袋の隙間から液体防腐剤か液体防臭剤を死体に注ぐ。やがて封じられた閉じ口がさらにガムテープで補強される。藤野が大袈裟な業務用電気掃除機を運んでくる。そのノズルを、閉じ口のわずかに開いた隅に入れ、吸引をはじめる。ビニール袋のなかはみるみる真空化、外側の透明ビニール袋は皺をつくりながら収縮し、結果、そのビニールは下着姿の死体の肌に密着しはじめる。収縮に伴う固定的な力で死体の膝と肘が折れる。あまりにも視覚的な、二つのズレの強制的な「一致」。死とは一致だというカフカ的信念がここでも実現されるが、それを美しいと思うときには奇妙な既視感が作動している。ビニールと死に顔の配合は、オリジナル(パイロット版)『ツイン・ピークス』(デヴィッド・リンチ監督、一九八九)の

メイン・ヴィジュアルイメージとなった、あの「ローラ」の死に顔にも、かたちを変えてあったのだった。それにしても作業を「分解」するときの黒沢映画の、いつもどおりのカッティングの美しさはどうだろう。このくだりにつき、黒沢清と高橋洋が、なんとも即物的で可笑的な会話をしている。

高橋　死体処理もバラバラにする〔＊原作はそうだった〕とかじゃなくて、真空パックを使いますもんね。
黒沢　死体処理のシーンを見せるか、それとも省略してしまうかという選択がありまして。それでどうしてもドラマ的に処理しているところを見せたかったんです。またその一方で、R指定には絶対にしたくないというのもあった。そこで一滴の血も流れない死体の処理方法ってないかなぁと考えていたら、真空パックという手があるじゃないかと閃いたんです。
高橋　あの真空パック、布団用ですよね。
黒沢　これ本当に人間をパッキングできるか試してみようって、助監督に布団用真空パックの中に入ってもらって吸引してみました。窒息しそうになったら合図してと言って、あるところで「わ、苦しいです！」って(笑)。見た目にも面白いうえに簡単で、そのままパックにするだけだからR指定も引っ掛からないだろうということで真空パックに決めました。この映画、R指定じゃないから子どもが観てもいいんです。
高橋　布団をパックするときは掃除機を使いますけど、人間一体をパックするだけに吸引機はかなりでかくて物々しい。なんだかすごい装置でしたよね。
黒沢　あれも業務用の掃除機に近いんですけど、まぁコンプレッサーですよね。そこもややダーク・ファンタジーへと振るために、ご家庭で使うものとは少し違った大げさなものを選びました。★43

竹内の「手」がさらに強調されるのは、谷本刑事＝笹野高史がいなくなったあと、単身、西島が西野家に乗り込んでゆく場面だ。笹野の死体を発見したあと、香川が悪びれず登場すると、そこに竹内もいた。西島はやりとりのなかで、香川が殺しには実際に手を下したがらず、「代行＝実行者」を抱える権力志向に染まっていることに気づく。以後、倉庫前の通路を縦構図で捉える緊迫した場面が続くが、そこで香川—竹内—西島の関係はあたかもゲームのように変転してゆく。香川が竹内に銃をつきつける。「その男はたぶん何もしない」「こっちへ来い」と西島が言うと、竹内はそれに従う。香川は撃たない。それでも二人に向け、銃を構えている。西島は香川に近づく。一旦、香川が逃げてもさらに近づく。香川を「サイコパス」と決めつけ、「可哀そう」という言葉を発すると、香川がきょとんとする。西島の動作的罪障——威圧的な歩行前進は、冒頭の警察の階段で松岡に近づいたとき、川口春奈への事情聴取につづき、これが三度目だ。威圧的に歩を進める西島が歩を止める。その背後から近づいて竹内が寄り添う。いわば西島の勝利宣言の渦中でそれがおこなわれるから、竹内は西島側に立つことを選択したようにみえる。竹内が西島の体に「手」を添えるときそれは愛の表情をしている。額を西島の体に当てる。二人の「手」は結ばれる。西島は最終的に香川を屈服させようと香川の側へ歩みだす。このとき竹内の「手」が、香川の臆病ぶりを宣告する西島の手の甲に麻薬注射を施す。この作品ではっきりと「代行」をしたのは、先の死体パックとこの注射打ちの竹内でしかなかった。被支配の結果が「代行」として現れるというのは、じつは換喩的だという点に注意が要る。

黒沢が最後におこなうのは「顔」についての所見の開陳といえるかもしれない。麻薬注射により西島の理性と活力を奪ったあと、香川はワゴン車で、逃亡を図る。いつもどおりの、スクリーンプロセスを背景にした(そこでは黒雲が動いている)クルマのフロントウィンドウ越しの構図。ワゴン車なので座席は三列だ。運転席に

ハンドルをうつろな眼で握る竹内、助手席に藤野、二列目にサイドウィンドウの上から手錠でつながれ、起きていても意識の定かでない西島、最後列に香川とマックスがいる。作劇上マックスは大型犬である必要はあったが、映画的とはいえない長毛種だった。ところが長い毛で眼が覆われているマックスの「顔」がこのフロントウィンドウ越しの構図に入ったとき、その不気味な効果が納得される。ちょうど最後列の席に座ったマックスの顔は人間と同等の大きさをしていて、それもまた人間モドキになっている。それが他の人物たちの「擬人化」を暴き立てる触媒となっていた。

高架橋のトンネル内でシルエットになることで顔の消去を見事に遂げた香川を見舞うのは、原作にはない隻眼化だ。まずは、澪＝藤野が高倉家に逃げ込んだとき、香川が「かくまうのは誘拐だ、娘を返せ」とドアを叩き、なぜか持っている鍵でそのドアをあけるが、チェーンが渡されていて、わずかに隙間が開くだけだ。その隙間から香川の「片目」が強調される。フロントウィンドウ越し、四人＋一匹のクルマ同乗の図柄があったあと、一行には次の移動場所を探る要請が生じた。廃墟ドライブインの屋上から遠方を単眼鏡で見渡し、香川は案の定、空き地を囲む家並がコの字になっている場所を見出す。このとき片目をつぶり、単眼鏡の接眼レンズに向けた眼だけが開いている香川の顔が、その皺と顔のゆがみにより、「人間の擬人化」の極致といえるだろう。実際に、全く人間性を帯びていないその顔が気持悪いのだが、主因は隻眼が選ばれている点にある。隻眼性は、香川が「香川自身に似ない」ための映画的動因になっているのだ。香川はマックスが新生活のためには邪魔だから殺すと宣言、その代行者に意識の朦朧としているはずの西島を指名するが、案に相違して西島は香川を撃ってしまう。作品のラストは香川の死に顔を捉える。その最終的な画面ではやはりその顔は、片目だけしか捉えられていない。香川が香川自身に似ないとはどういうことか。補助線を引こう。

長丁場だった原作小説は、空間構成の「類似」のみならず、「顔」の「類似」についても多様な主題系を構築し

ている。当初「西野」の名が与えられていた男は、やがて「矢島善雄」と名前が確定する。善雄は野上の異母兄弟で、半分血がつながっているのだから、顔の類似が自然、話題となる(今の記述は小さなネタバレになるが、作品はクライマックスにさらに大きな秘密をいくつも抱えているのでご安心を)。類似はまだある。ともにボーイッシュな美貌をもつ「西野」の姉と澪。過去の澪と、現在のピアニスト園子の娘として現れるピアニスト優。「似ている」ということは一見、類似＝暗喩の領域の事柄に入るようにみえながら、それは同時に隣接＝換喩の領域にも広がる。ところがそうした時間空間上の惑乱的な配置に対し、それらを圧延し、一挙に無に変えてしまうような視座も想定できる。「それ自身がそれ自身に似ているか」という元も子もない問いがそれだ。西野＝矢島善雄の顔は作中、幾度も描写される。その全てが幻惑性と緊迫感にみちて素晴らしい。その幾つかを掲げてみよう。最後の二つが、作中、西野の高倉の教え子のアパートの隣室に住んでいる男が、かつて「西野」として認知していた男かどうかを、高倉が顔をみて吟味するくだりだ。

西野の兄が上京して、警察に弟の写真を持ってきた〔…〕。五年ほど前のものだったが、現在の顔とそれほど異なっているとは思えない。その写真が、警察を経由して、私の所にも回ってきたのだ。私の隣人だった西野とは、似ても似つかない写真に思えた。しかし、別人だと断言することもできなかった。考えてみると、私たちが見ていた西野の顔は、何か軟体動物のようなイメージで、そもそも素顔がどうであったのか、思い出せないような奇妙な顔だったのだ。[★44]

善雄は、二人の美形の両親を持っているはずなのに、その容姿にはどことなく他人に嫌悪感を催させる所があったのだ。そのことが彼の心を荒ませていったのは、否定できない。そして、やっかいだっ

たのは、彼が自分の容姿を腹違いの弟である僕〔＊野上〕と常に比較して、その憤りとコンプレックスを隠さなかったことだ。／僕と善雄は、母が違うとは言え、父を介して、血はつながっていたのだから、容姿的にも似ているところは当然あった。身長は、二人とも長身で、百八十センチを超えていた。顔も部分部分を取り出せば、いくつかの点で、類似点があった。だが、全体の印象がまったく違うのだ。一つ一つのほんのわずかな違いが、全体として見た場合、大きな違いになる典型的な事例みたいなものだった[★45]。

扉が開いた。男が顔を出した。太い黒縁の眼鏡を掛けた中年だった。髪はきちんと七三に分けている。口ひげはない。青の縦縞のカラーシャツの上から、カーディガンを羽織っている。判断できなかった。整った顔と言えば、そうだった。だが、どこか個性のない曖昧な表情でもあった[★46]。

男の顔が薄気味の悪い笑みを浮かべているように見えた。不意に、闇の中にぼんやりと二つの顔が浮かんだ。その二つの顔がだまし絵のように重なり、私の網膜に明瞭な焦点を結んだ。締まりのない、弛んだ二重瞼。落ち窪んだ眼窩が湛える、冷たく濁った光。それらが私の視界を領した瞬間、確信した。私の目の前に立つ男は、間違いなく矢島だ[★47]。

西野＝矢島善雄の顔が、腹違いの弟に対してのみならず、それ自体にも似ているかという問題が提起されているのは明らかだろう。顔の種類はちがうが、映画の香川照之もその課題に挑んでいたのだ。ただしそれ自体に似ているものは、究極的には死体＝イメージの死だとブランショは綴っている。しかも類似はブラン

ショらしく最後には反転する。

> わたくしには分る、それが完全にそれ自身に似ているのが。それは自分に似ている。死体は死体自身のイマージュだ。〔…〕そしてたとえ死体がどのように類似のものであるとしても、それは死体とはある瞬間には特に優れて類似であり、完全に類似であり、また、それ以上の何ものでもないということなのだ。〔…〕だがそれは何に似ているというのか？　何にも似ていない。★48

では竹内結子の顔はどうか。『ＬＯＦＴ』の中谷美紀は、恋人・豊川悦司を失って、突堤の「浚渫機械」にひとり残される。その姿が機械の様相に組み入れられて、ゆっくりと遠ざかってゆく。その顔が美しいのは無表情だからだ。それゆえ彼女の顔は悲劇性に沈みつつも、あらかじめ諦念がすべてを見越していたというふうに観客の判断が働く（水辺の女の描写で映画が終わるというのも、成瀬巳喜男の『乱れ雲』〔一九六七〕を思わせて感動的だが、『ＬＯＦＴ』の中谷美紀と『乱れ雲』のヒロイン司葉子にはどこか共通点も感じられる。最終シーンの顔の諦念が、ヒロインの作中のすべての顔をあらかじめ覆っていたのではないかと、どちらも想像力の遡行を開始させるためだ）。『クリーピー』のラストで恐怖支配から解放され、西島に抱きついて大泣きしてしまう竹内はそれでいうと演出が最善ではなかった。映画の流れに落とし前をつけるという黒沢の意図はわかるけれども。竹内が美しかったのは、麻薬注射で香川に支配される直前のゆれる顔、支配されたあとの意志を失った顔をもったときだった。そのとき「顔」と「手」の美しさが拮抗した。「顔」についてはこういえる。被支配の設定は、どの場面でも顔は表情を湛えているべきだと考えるこの女優に、表情の間隙を与え、そこに何にも加担しない、それ自体の「微表情」を湛えさせたと。むろん「微表情」は「映画の顔の美」の真理だ。ベンヤミンとジンメルを引いて終わろう。

映画を専門とする観察者たちが早くから気づいていたことだが、映画表現において「最大の効果はほとんどつねに、〈演技〉をできるだけ少なくすることによって得られる」。★49

個別における最小の変化によって全体表現の最大の変化を生ぜしめるという課題を、顔はたしかにもっとも完全に解決している。それぞれの特徴の規定性が他のすべての特徴の規定性と、かくして全体のそれと連帯している顔こそ、物体の形式諸要素を相互的に理解にもたらし、直観的なものとの関連によって解釈するという、すべての芸術の問題にとって、これほどふさわしく予定されているものはない。顔のおどろくべき運動性もかかる連帯の原因であり結果であって、この運動性は絶対的に見れば、きわめてわずかな形状の変動を支配するにすぎない〔…〕。／最小の自己運動に最大の運動感が生じることの頂点をかたちづくるのは目である。★50

［註］

★01――「前川裕と黒沢清」（「ENGINE EYE 阿部嘉昭のブログ」二〇一八年七月七日アップ）。なお、アップ後に以下のセルフコメントも付けられた。《読後からやや経ったのに前川裕『クリーピー』の作中人物「園子」を取り巻いた愛の物語が、アタマから離れない。キータームは「身体障碍」。からだの一部に負荷をもつ女性が何に惹かれ、相手から何を断念されるか、この分析で前川はじつに独創的な挿話をつくっている。しかもそれがとてもかなしい余韻をひく。細部はまったくちがうのに、『パリ、テキサス』でハリー・ディーン・スタントンとナスターシャ・キンスキーのあいだに生じた愛の物語をふと聯想した》。

★02――長大な小説や、コミック巻数が十巻以上にわたるマンガを原作にもつ現在の多くの日本映画では、原作の一定部分（コミックならば数巻分）のみを映画化することで原作のエッセンスを凝縮し、映画作品を原作の提喩＝シネクドキとするのが得策とみなされている現状がすでにある。その顕著な成功例が、荒川弘のコミックを映画化した吉田恵輔監督『銀の匙　Silver Spoon』（二〇一四）や、

同じく大場つぐみと小畑健のコミックを映画化した大根仁監督『バクマン。』(二〇一五)だろう。逆の例を一つ。古谷実の全三巻のコミックを原作にした園子温監督『ヒミズ』(二〇一二)は、原作のヒロイン＝「茶沢さん」をデビュー直後の初々しい二階堂ふみに演じさせ、原作の寡黙で凛としたイメージを騒がしく多弁にさせたほか、さらに原作の重要な結末＝主人公の自殺を、自殺回避へと改変した。東日本大震災が起こった結果、希望を与える結末を考えたと公開前、園監督は説明し、作品のラストで、カメラは被災地をドキュメンタルに驀進までする。それに加え、原作コミックで印象的だった「闇」の表現、さらには染谷将太が演じた主人公「住田」の眼にのみ見えた「怪物」の表象化といった重大な要素も、映画では割愛されてしまった。問題は、原作マンガと映画化作品の「物語範囲」が一致していた点だ。だから原作への崇敬が感じられない越権的改竄が多くの観客につよい不満を与えることになる。雑誌連載時(二〇〇一～二〇〇三)、就職氷河期の逼塞をもろにかぶり絶望にまみれていた学生世代に、「自分たちのリアル」を表現しえた例外的「文学」として古谷実『ヒミズ』がバイブル視されていた事実を軽視したと見なされたのは、逐一的な細部比較による総合判断の結果だったから、もはや失望が動かせなかったといえる。しかも古谷は、映画化作品とは異なり、絶望を自覚しえない真の逼塞を描いていたのだ。園監督は、この『ヒミズ』一作で若い映画ファンからの信頼を失い(実際に劇場に駆けつけた原作ファンは悲鳴をあげていたという当時の話を聞いたこともある)、以後、監督自身が低調サイクルに入ってしまったのも痛ましい。いずれにせよ、「人気原作」は映画監督の死命すら決する、要注意、神経質な案件だといえるだろう。

★03

九〇年代から顕著になりはじめた「製作委員会方式」(＊詳しくは阿部嘉昭「メディアがあたえた映画の組成変化とは何だったのか――〇〇年代の「東宝的なもの」をめぐって」(黒沢清・四方田犬彦・吉見俊哉・李鳳宇編『日本映画は生きている』第1巻、岩波書店、二〇一〇)参照)が二〇一〇年代に入るとさらに強固になり、メディアミックス＝シャワー効果のためには、小説であれマンガであれ、原作をもつ映画企画しか、規模の大きな企画にすでに認められなくなったようだ。黒沢清が二〇〇八年の『トウキョウソナタ』以降、二〇一二年のWOWOW製作の連続ドラマ『贖罪』まで、企画流産の波に揉まれ、監督作に四年間の空白を生じたのも、個々の流れた企画の詳細は不明ながら、製作委員会方式の原作偏重主義が災いしたためではないだろうか。事実、オリジナル発想で映画に臨んできたそれまでの黒沢作品は、「復活」以後、原作を小説に仰ぐ映画化作品へと大きくシフトチェンジした。以下、簡単に整理しておこう。

『贖罪』は小学校時、校庭で遊んでいたときに同級生女子を変質者と見なされる男に殺され、しかも出会っているのに犯人の風体を説明できなかった女子たちの「その後」(彼女たちは個々に被害女児の母親から強く「贖罪」を迫られている)をオムニバスで描く、湊かなえの全六話構成の同題小説が原作(親本は東京創元社、二〇〇九、文庫は二〇一二、双葉文庫)。原作小説は章ごと、話者ごとの独白体を貫くが、原作の設定を大きく改変した第二話「PTA臨時総会」と第三話「くまの兄妹」の映像化が秀逸だった。どちら

も原作よりもさらに、ヒロインを左右する「運命」の他律的残酷が強調され、とりわけ第二話では増村保造的な「狂奔」「エモーション」がそこに生じている。これは時に剣道着をまとうヒロインを小池栄子が演じた点が大きい。同じく小池をヒロインに擁し、増村的エモーションを十全化させた黒沢の盟友・万田邦敏の傑作『接吻』(二〇〇八)を踏襲、さらにそれに対抗する緊張もが黒沢にあったためだろう(『接吻』については、阿部嘉昭「孤立する顔——万田邦敏『接吻』について」〔北海道大学大学院文学研究科　映像・表現文化論講座編「層」10号、ゆまに書房発行、二〇一八〕参照)。学校の屋内プールサイドを舞台にした驚異的な撮影が忘れがたい。

復活後の最初の劇場公開作となった『リアル〜完全なる首長竜の日〜』は乾緑郎の小説『完全なる首長竜の日』(親本は宝島社、二〇一一、文庫は宝島社文庫、二〇一二)の映画化。脳神経を媒介に昏睡者の意識に入り込む「センシング」が小説の主要な設定になるが、黒沢は主要人物をマンガ家にしたほか、センシング内の主舞台となる作業部屋などに水を横溢させるなど映画的改変、さらにはセンシングの侵入者と被侵入者を作品の中盤で逆転させる物語的大改変を、原作者・乾の承認をもとにおこなった。原作小説が複雑にすぎ、全体化を意図した映画化作品も不消化に終わった憾みがのこるが。

『岸辺の旅』は湯本香樹実の同題小説が原作(親本は文藝春秋、二〇一〇、文庫は文春文庫、二〇一二)。幽霊が明視性・物質性をもって登場する原作は、それまでの黒沢作品と共鳴しているが、出来上がった映画は黒沢清的ではない。死者の夫、生者の妻が、夫のゆかりの地を訪ねてゆくロードムービーの体裁なのだが、「移動」のディテールも映画にはさほど多くない。原作は曖昧さをやわらかく巧みに盛った女性的な名文で、その文体のもと「幽霊」の設定に矛盾を感じさせないどころか抒情的な悲哀まで滲ませる一種の「完成体」なのだが、映画化に当たっては映像の具体性・分節性が再検討されることになっただろう。けれどもその再検討が十全ではなかったといえるのではないか。一例をあげれば当初「幽霊」浅野忠信の登場を機に、黒沢的な幽霊性の原則を、順を追って確認していった観客が、「滝」が「生者の国」と「死者の国」をつなぐ道になるという新たな設定増加(原作を踏襲したものだ)に戸惑うことにさえなっただろう。黒沢作品に、幽霊の存在論的矛盾を感じることはそれまでなかった。原作者と監督の秘かだが大きかった幽霊観のミスマッチが映画の具体的な映像展開に表面化したといえるのではないか。

★04——序章前掲ポール・ド・マン『読むことのアレゴリー』九四〜九五頁

★05——同書九六頁

★06——序章前掲ジャック・デリダ『プシュケー』六四〜六五頁。傍点など一部を省略して引用した。

★07——同書二二頁。なお、デリダによるド・マンの引用訳文は、ド・マン『読むことのアレゴリー』の該当箇所の訳文よりもわかりやすい。ド・マン＝土田知則訳では該当箇所はこうなっている。《観念的なものである以上、あらゆる言語は常に——そしてすでに——事物でなく言語について語っている。〔…〕言語とは、すべて命名に関する言語、つまりは観念的・比喩的・隠喩的なメタ言語

なのだ。〔…〕言語がすべて言語に関わるものであるとすれば、範列的な言語モデルとは、実体が実体自身と対決するようなモデルということになる。》(『読むことのアレゴリー』一九三～一九四頁)。

★08――三章前掲・宇波彰『ラカン的思考』百八頁

★09――同書一一四～一一五頁

★10――同書一三一～一三二頁。ただしデリダの著作の表記を邦訳本と揃うよう改めた。

★11――同書一三三頁

★12――『ニンゲン合格』は、十四歳時に交通事故で昏睡状態となった豊が十年後、奇蹟的に意識を取り戻すことから物語が開始される。意識を回復させた二十四歳の豊は柔らかい長髪の西島秀俊によって演じられた。十年間寝ていた豊は、父親の友人・藤森＝役所広司の助力もあって、人生上の時間空白の補塡に努めるが、いつしか現在を「あるがまま」に生きるようになる。ただし中学生時の仕種、思考、趣味などが二十四歳の身体にそのまま残っている二重性が顕著で、「人間が擬人化」されているようにもみえる。

　西島の戻るべき場所はかつて住んだ自宅だが、一家はすでに父母(父が菅田俊、母がりりィ)の離婚、妹(麻生久美子)の出奔で離散状態にあり、広い自宅敷地内にみすぼらしい室内釣り堀の施設があるほか、役所が自ら引き受けた廃棄物も敷地内に散乱させていて、それ自体が殺伐とした分離をかたどっている。とうてい「家」の体裁をなしていない。それらは謎の多い役所が敷地に残した狼藉の跡のようなものだ。西島はその地所にいて再建を図る。一家がかつて経営していたポニー牧場をたまたま舞い込んだ馬をきっかけに復活させようとするし、離れ離れになった一家の成員個々をもういちどその地所に吸引しようともする。その運動の膨張と収縮、さらにはそれらの間歇的な反復が作品進展上のリズムとなっているが、映画はあっけなく終わる――敷地内に積み上げられた冷蔵庫の山が崩れ、豊＝西島をその下に圧死させ、西島抜きの一家成員と関係者を、葬列のかたちで西島の望みどおりに一同に集めて収束するのだ。とても「家」とはいえない敷地に、「家」と「かつて」を幻想すること。それを実は敷地内の豊かな分裂が阻害する。豊＝西島を基軸にすれば、「十四年の実人生」＋「十年の空白」＋「数か月の実人生復帰」という加算式が空しいのだが、そのなかで豊の生前最後の言葉、「俺、存在した?」が痛烈な余韻を残す。このドラマ全体が何かのアレゴリーなのではないかと記憶を探り、思考を重ねても、解答の出ないのが黒沢映画的なのだといえるだろう。

　停止した時間に新たに入り込む時間、という主題は、『荒野のダッチワイフ』を始めとする大和屋竺を思わせる主題だが、『ニンゲン合格』もまた、統合できない瞬発的イメージにあふれ、実はそのことで「家庭劇」の枠組を超えている。再建のなったポニー牧場に電飾が灯った瞬間は、クリント・イーストウッド『ブロンコ・ビリー』(一九八〇)的だし、夜の敷地内に白馬を捉えるショットは夢幻的だし、十年前、西島の事故のときの運転手だった大杉漣が「たまたま」西島の営みはじめたポニー牧場(ミルクバーがすで

に付属されている)に来て、夜、人生の鬱憤を晴らすためトビー・フーバー『悪魔のいけにえ』(一九七四)のレザーフェイスばりにチェーンソーをほしいまま木材の破壊道具にするし、テオ・アンゲロプロスにオマージュを捧げるように作品ラスト、蝟集し三々五々離散してゆく黒い喪服の人々の動きも映画的感興を発現する。作品は意想外性に満ちている。それでも「パズル・ピースが嚙み合わない」不如意そのものに肉薄しようとしている。それを示す秀逸な1シーン1ショットがある。幅の広い「階段」を縦構図ロングの奥行き正面に置いて(この「階段の正面性」が小津安二郎『風の中の牝鶏』〔一九四八〕を想わせる)、手前に伸びている廊下を主軸に、夜中に水割りを作ろうとする役所と、不測な動きをする西島が、それぞれ廊下から横にひらけている開口部を使ってフレームイン、フレームアウトを繰り返し、タイミングの妙で二人を絶対に鉢合わせないうち、西島が役所の作った水割りを手にして自室に戻り、作ったはずの水割りが忽然と消えて役所の呆然を招くという、アレゴリカルなギャグ場面がそれだった。ルイス・ブニュエルがジャン・コクトーを回想したこんな語りがある。《コクトーのこと。一九五四年のカンヌ映画祭で、彼は、わたしも加わっていた審査委員会の委員長だった。ある日のこと、彼はわたしに話があるといって、カールトン・ホテルのバーで、うるさくない午後の一時に待ち合わせを決めた。わたしは自分のくせで時間ぴったりに行き、くまなく見渡したが、コクトーの姿はなく(客のいるテーブルは二、三しかなかった)、三十分待ってから引き揚げた。／夜になるとコクトーに、なぜ約束したのに来なかったのかといわれた。わたしはことの次第を話した。すると彼がいうには、同じ時刻に、わたしとまったく同じ行動をとったのに、わたしが見当たらなかったそうだ。わたしはたしかにコクトーのいうことはうそではないと思った。》(ルイス・ブニュエル『映画、わが自由の幻想』矢島翠訳、早川書房、一九八四、三四二頁)。どういうことか。ブニュエル、コクトー二人ともに定刻、同じバーにいたのに、長い間待っても遂に相手が来ないと断念して店を出たのは、どの瞬間にも二人が身体同調していて、「たえず」同方向に眼を注ぎ、互いの後頭部を見る以外にせず、遂に顔を見合わせなかったためではないか。このブニュエル／コクトーと、たえず鉢合わせずに屋内を動き回っている『ニンゲン合格』の西島／役所は、リズム同調する二つの行動が、その極限では空間に迷宮を作りあげるという点で、印象が似ている。『ニンゲン合格』ではともあれ、平穏で変哲のない空間のうちに迷宮性がひそかにひらけていた。

同時に、この迷宮性の感知により、『ニンゲン合格』の家族成員と役所広司がすべて実は「幽霊」ではないかという疑惑もたげてくる。この作品では人が生きている感触がどこか稀薄なのだ。これは『風の中の牝鶏』について黒沢清が披露した穿った見解に基づいている。彼は、凄惨な階段落ちをした後の時子＝田中絹代と、おそらくシベリアから復員してきた夫・修一＝佐野周二についてこう語っている。《まず、誰でも感じることですが、この妻は死んだんじゃないかということ。あの勢いで階段から落ちているわけですから、何とか立ち上がれたとしても、頭に相当なダメージを受けているように思えるという点。それから、そんな妻を夫は

絶対に助けようとしないという点。不思議なことに夫は階段から降りることさえしません。ここは異様です。なぜだろうと考えてみると、結論は夫もとっくに死んでいるのではないか、ということです。彼は幽霊となって戦場から帰ってきたのかもしれません。／そして最も不気味なのは映画の最後の二つのショットです。道路に子供たちが集まって何かを見ているショット。〔…〕／〔…〕あの子供たちは「死」を見つめているのではないか〔…〕》（序章前掲『黒沢清、21世紀の映画を語る』五〇〜五一頁）。

★13――蓮實重彥は、『東京暮色』に、小津安二郎の戦前作品『母を恋はずや』（一九三四）との主題的共通性を見ている。『母を恋はずや』『東京暮色』がともに冬の映画であることを指摘したのち、蓮實はこう記す。《だが、『東京暮色』が感動的なのは、〔…〕戦前の作品の一つと通じ合っているからではない。なるほど、無軌道な戦後派の自堕落な生活に対する父親の無力な反応と、姿を消していた母親の不意の出現という物語の設定は、いくぶん事情が異るとはいえ、戦前の『母を恋はずや』と微妙にかさなりあっている。不在の母親という主題は、『東京暮色』でいきなり妹娘の行動を狂わせたわけではなく、すでに同じことがらが、『母を恋はずや』の兄息子の身に起っているのだ。そこでは、父親の不意の死によって母子三人の家族となった大日方伝が、自分はその母親の本当の息子ではないと知った瞬間から刹那的な肉欲に埋没してゆくことになるのだが、彼の、一瞬も微笑むことのない演技は、『東京暮色』の有馬稲子のそれに正確に受けつがれている。そこで兄のすさんだ生活をさとすのは弟の三井弘次の方だが、二人兄妹のその関係は、明らかに逆転したかたちで原節子と有馬稲子の姉妹に反映している。》（蓮實重彥『監督 小津安二郎〔増補決定版〕』筑摩書房、二〇〇三、一七三頁）。

★14――ジル・ドゥルーズ「第10章　行動イメージ――小形式」（四章前掲『シネマ1＊運動イメージ』二七九〜三一〇頁）

★15――映画が一定の状況を描いたあと、フラッシュバックが開始され、ふたたび同一地点・同一時間に復帰するという話法は、クエンティン・タランティーノ『パルプ・フィクション』（一九九四）以来、再度流行となった。その話法を累乗化した傑作が、アレハンドロ・ゴンザレス・イニャリトゥ監督『アモーレス・ペロス』（二〇〇〇）。

★16――ここらあたりは、同じ小泉が起用された相米慎二の遺作『風花』（二〇〇一）のラストシーンへのオマージュかもしれない。

★17――《われわれの理性から判断すれば、はずれの骰子のほうが、はるかに通則で、例外は秘密の目標などではないのであって、宇宙という機械仕掛けのオルゴール全体は、およそメロディーとは呼べない調べを、永遠にくりかえし奏でている。――要するに、「振り損じた骰子」という言い方そのものからしてすでに、非難の意味を込めた擬人化なのだ。》（ジョルジョ・アガンベン『中味のない人間』岡田温司ほか訳、人文書院、二〇〇二、一三一〜一三二頁）

★18――蓮實重彥・黒沢清・青山真治『映画長話』（リトルモア、二〇一一、一〇二〜一〇三頁）

★19――四章前掲『カフカ・セレクションIII』所収

★20――三章前掲『カフカ短篇集』一〇二〜一〇四頁

★21——複合が描写の流れに刻々加算されていって、ついには対象が定型認知の枠をはみ出てしまう幻獣描写の例もカフカにはある。このときもそこに「擬人」が忍び込む。好個の例となる草稿〔それは大きな尻尾を〕を、短いので全篇引用しておこう(黒沢映画のカットの積み重ねによる「誘導」に似ている)。《それは大きな尻尾を、何メートルもの、狐のような尻尾をもった動物である。私はその尻尾を、いちどこの手に摑まえてみたい。でも、それができないでいる。この動物は絶えず動いており、尻尾も絶えず向きが変わるのだ。この動物はカンガルーみたいな体つきをしているのだが、しかし、顔はほとんど人間のようにひらべったくて小さな卵形で、これといった特徴がない。ただ歯だけが、剝き出しになっていてもいなくても、表現力をもっている。ときおり感じるのだが、この動物は私を調教しようと思っているのではなかろうか。そうでなければ、わたしが尻尾を摑もうとするとそれをぱっと遠ざけ、それからまた静かに待ちながら再びわたしに誘いをかけ、そうしておいてまた跳びはねる、そんなことに何の意味があるだろう。》(前掲『カフカ・セレクションIII』一二頁)。

★22——四章前掲アンガス・フレッチャー『アレゴリー——ある象徴的モードの理論』四五頁

★23——同書一六二～一六三頁、ただし補足は筆者。

★24——同書三五二頁

★25——序章前掲グスタフ・ヤノーホ『〔増補版〕カフカとの対話』二〇五頁

★26——ヴァルター・ベンヤミン「フランツ・カフカ」西村龍一訳(序章前掲『ベンヤミン・コレクション2』一四四頁、傍点省略)

★27——同書一五〇頁

★28——ヴァルター・ベンヤミン「〈私〉記〔2〕」、浅井健二郎訳(『ベンヤミン・コレクション7　〈私〉記から超〈私〉記へ』浅井健二郎編訳、ちくま学芸文庫、二〇一四、一五一～一五二頁)

★29——序章前掲ドゥルーズ＝ガタリ『カフカ　マイナー文学のために』二〇～二一頁

★30——同書六八～六九頁

★31——ポール・ド・マン『ロマン主義のレトリック』(山形和美・岩坪友子訳、法政大学出版局、一九九八、三一五頁)

★32——書き忘れていたが、黒沢のフィルモグラフィ中、CGレイアウトで出色をなすのは、『叫』終結部近くの細部だった。赤い服の女(幽霊)＝葉月里緒奈のいわば本拠地となっていた海沿いの廃屋(もとは療養所だった)に、主人公・吉岡刑事＝役所広司の同僚で、吉岡と違い何の罪障もない宮地刑事＝伊原剛志が真相究明のため足を踏み入れる。彼は屋内のゆかに置かれ、水を張られた洗面器(盥)に気をとられる。むろん「水溜り」は多孔状の空間を連打するこの作品では過去もしくは冥界からの通底孔だったから観客は緊張する。伊原は水面に指をふれる。水は血を思わせて赤い。水鏡となった水面へのショット。映し出されてゆれる伊原の顔の奥行

きに一瞬、CG合成がなされ、それがあっという間に赤い服の女の「こちら側への」落下となる。位相把握が混乱するが、バロック的な「天上への墜落」とは逆の、「奥底からの暴発」。刹那、水平方向の客観ショットに変わると、水のなかを覗きこんでいた伊原に悲劇が起こる。天井から落下してきた赤い服の女の手に後頭部を押し込まれ、体を屈曲させ、ついには逆さになった伊原が、女もろとも盥の液体のなかに「吸い込まれてゆく」。飛沫とともに喇叭水仙のかたちに噴きあがるやや粘性の高そうな液体。焔のような水の爆発。それは盥に収められていると考えられる水量を超えている。伊原は赤い服の女とともに盥のなかへ消え(彼は一瞬、抱き込まれたはずなのだ──それは「死の恍惚」を予感させる)、背後の壁には赤い水沫が大量に飛び散っている。空舞台の美的な完成。ところで水鏡の奥に赤い服の女の接近が映り、客観的な水平ショットのなかの伊原が消えるまでの所要時間は二秒程度だった。だから観客の眼には衝撃的な残像がわだかまる。それは鉛直方向の力の強さが、狭い縦幅に生者を引き込み、その縦幅を強く収束させる作用と、喇叭水仙状の液体の爆発という反作用とが同時に起こったという、最少可知差異ぎりぎりの同時性感覚ともいえる。とりわけ「CGレイアウト」の妙は、「縦幅が縦幅を縮める」、ほとんど観客に経験のないだろう強度と速度にあった。だからそれは空間設計とともに時間設計にも関連している。VFXスーパーバイザーは、いつもどおりの浅野秀二。

★33──「廊下の迷宮」は『Seventh Code』にもある。松永＝鈴木亮平との対決で核兵器の精巧な中枢器具「クライトロン」(何とも怪しげだ)を奪った秋子＝前田敦子は、ウラジオストクの古い、倉庫もふくむ建物のなかでロシア政府高官にそれを示すと、高官に踏みつぶしてくれと依頼され、いわれたとおりにし、報酬を受け取る。それから二人は「会わなかった」かのようにその場を去ってゆくのだが、出口へとそのまま出てゆく高官に対し、前田は一旦右進し、僅かに歩いて左折、高官の辿った行路と並行する行路を外光に向かって進みはじめる。このとき建物内の廊下にY字の岐路があったような錯覚が多くの観客に起こるはずだ。

★34──書き落としていたが、『LOFT』で中谷美紀が住むことになった別荘風の木造家屋の対面に距離を挟んで存在した、豊川悦司の出入りする研修所が素晴らしい。一階の厚みに対して二階の厚みが足りないために奇妙な比例性をひそかに分泌するそれは(白の汚しが美的で素晴らしい)、実際は木材の出費をケチってつくられた平たい張りぼて(書割)だった。その成立事情は、一章前掲・鈴木了二「建築映画　マテリアル・サスペンス」での黒沢清・鈴木了二対談で語られている(二九九～三〇〇頁)。

★35──まったく逆の、家の内部が家の外部(道路)から丸見えになる、やはり不気味な家が黒沢映画にあったことも想起しよう。『アカルイミライ』の藤原＝笹野高史の家、『トウキョウソナタ』のピアノ教師・井川遥の家がそれらだ。

★36──前掲グスタフ・ヤノーホ『[増補版]カフカとの対話』五九頁

★37──同書二三四～二三五頁

★38──前川裕『クリーピー』(光文社文庫、二〇一四、六一～六二頁)

★39――同書一五八頁

★40――黒沢清・高橋洋「家族が何かに犯される」(序章前掲『黒沢清の全貌』二五五〜二五六頁)

★41――ローマン・ヤーコブソン『一般言語学』(川本茂雄監修、みすず書房、一九七三、三九頁)

★42――小林修一『日本のコード〈日本的〉なるものとは何か』(みすず書房、二〇〇九、三六頁)

★43――前掲黒沢清・高橋洋「家族が何かに犯される」(『黒沢清の全貌』二六〇頁)

★44――前掲前川裕『クリーピー』二一四頁

★45――同書二一九頁

★46――同書二九七頁

★47――同書二九九頁

★48――モーリス・ブランショ『文学空間』(粟津則雄・出口裕弘訳、現代思潮社、一九六二、三六七〜三六八頁)

★49――ヴァルター・ベンヤミン『複製技術時代の芸術作品』久保哲司訳(一章前掲『ベンヤミン・コレクション1』六〇九頁)

★50――ゲオルク・ジンメル「顔の美的意義」杉野正訳(『ジンメル著作集12』、白水社、一九七六、一八五〜一八六頁)

第七章――二重の身体、メランコリカー――『散歩する侵略者』

1――恐怖の縮減

黒沢清『散歩する侵略者』の冒頭＝アヴァンタイトル部分の鮮やかさは、これからも長く語り継がれるだろう。モンタージュを駆使した徹底した非連続。黒沢清の映画作法とは微妙に離れた、前衛的なアート性。その展開に起こる、暴力の衝撃と謎。これらが作品全体の予告として恐怖の雰囲気を誘発してゆくことになる。ただしこの「SFホラー」「宇宙人侵略もの」の範疇に入るジャンル映画は、「怖がらせないホラー」としての変格性を終始手放さなかったと作品終了時には実感されるだろう。その意味でもアヴァンタイトル部分は、その恐怖が突出していたのだった。以下、シチュエーションごとに分節すれば――

○白い琺瑯質の盥に水が張られ、黒い出目金を含む多くの金魚が水中を回遊している接写＝俯瞰画面。納涼アートの一齣のようだ。金魚の上にポイの影が迫り、やがてはポイをもつ手が画面上方にフレームインしてくる。金魚が一尾、ポイの上に捕えられ、傍らの金属製のボウルに移される。○水とともに釣り上げた金魚を入れる小さな透明ビニール袋を提げた女子高校生の歩く後ろ姿。エロティックな膝の裏が画面に中心化され、全身は見えない。○ロングショット。一軒の家に、セーラー服姿の女子高校生が、すれちがう近所の人への挨拶とともに帰宅してゆく。エキストラは三人、それぞれの歩きに寓意性が感じられる。○たったいま女子高生が入った玄関への不気味なズームアップ。○一瞬、「光の層」がディゾルヴされ、注ぐ光量の減った(つまり時間経過のあった)同ポジションの扉の画にすりかわる。○その扉が突然開き、初老の主婦が恐怖に絶叫して飛び出てくるが、その正面ショットは即座に、家の前面を斜めから捉えるセミロングショットに変貌、主婦は何か強烈な力(たぶん足首を摑まれている)によって玄関ドア内部へと引き戻される。一瞬の動きだ。★01 ドアが閉まる。その映像により、確かに外界の暮色が濃くなり

つつあるとわかる。
○カメラは非人称的に動きながら、家のなかを捉える。まずはドアの開口部の奥行き。部屋の壁に血沫が飛び散っている。画面は左の階段方向へ横移動し、その先にもうひとつ現れたドアの開口部から、中へと入ってゆく。遮光カーテンがソファにかかり、白のレースカーテンがわずかに引きちぎられている。カメラが前進し、やがて回りこむと、先刻と同人とおぼしい、お下げ髪、セーラー服の少女が背中を大量の血液で染め、立ちすくんでいて、その眼下に当たるゆかには、老夫婦が並んで伏臥しているようにみえる。血みどろだ。ゆかの絨毯にできた血だまりには金魚がぴちゃぴちゃ跳ねていて、その赤と赤の配合がおぞましい。少女の顔の接写。のちに立花あきらと役名の判明するこの映画の最大の魅力のひとつ＝恒松祐里が不機嫌そうな表情で眼下を瞰下ろしている。顔に飛び散った血痕に工夫がある。血の滴が重力によって下に流れたと示すかのように、鼻梁右脇、上顎、首筋など、血の流れの造形にゴシック的な「縦線」が強調されているのだ。少女は掌を自分の眼前に掲げ(手の血痕もそれ自体が傷痕のように「縦線」だらけだ)、掌、その次には手の甲を返し、やがて指に付いた血を何かの確認のように舐める。一瞬、恒松の舌先がみえる。無表情のまま。
○白昼。左右を収穫前の稲で囲まれた田舎道を恒松が歩いている。左車線の中央。恒松の仕種が変だ。肩を回したり、首を捻ったりして、のちの判明を先取りすれば、「装着した人間身体」に違和感を覚えている様相を呈している。上半身と下半身がわずかに離反しているから、歩行自体もどこか「歩行の初心者」のように頼りなげだ。彼女の進行方向に対向車、後ろからは追い越し車が次々と現れるが、傍若無人に道路中央を歩みつづける(彼女は手に付着した血を気にしている)。クルマは危うくよけるが、ただ一台、ロングから迫ってきたトラックは、恒松のふらふら歩きに警笛を鳴らしたものの、恒松の進路方向が変わ

らないため咄嗟にハンドルを切ったとき、手前からフレームインしてきた対向車と衝突、横転して荷台のドラム缶を転がす。決定的な構図は、近づいてきて成った恒松のバストショットの背景全体に、横転するトラックが見事に嵌まりこむ画だ。どこかで背景がCG合成に切り替わったはずだが、縦構図奥行きからのトラックの前進が終始連続的だったので、つなぎ目を意識できない。トラック横転を背景にしたバストショット(セーラー服の胸も血まみれだ)で、物音と気配に振り向きもしない恒松の顔が不敵な笑みをかたどりだし、その顔の左に横書きでタイトル「散歩する侵略者」が浮かび上がる。画面はカットアウトされ、その黒味にタイトル文字が数秒間残って、文字が瓦解するように崩れ、すべてが黒となった。

幻惑的なイメージ展開に富むこのカッティングの流れが、ケネス・アンガー型の実験映画と違うのは、つなぎ法則(因果)をほぼ無視しているとはいえ、「物語」の断片が、進行の刻々に牙を剝いているためだ。何か少女性の通念に反逆してみえるようなこの一連は、どこか映画に対する黒沢の新しい着想を誇っているようにさえ思える。ところがこの一連でさえ、実際は「恐怖の縮減」「恐怖の抑制」が支えになっていた。じじつ立花あきら＝恒松祐里は、彼女の同類・天野＝高杉真宙、なぜか彼らを支援するように活動する無頼の地球人＝ジャーナリスト桜井＝長谷川博己と放送局用のワゴン車を宿にした放浪生活の開始時、ワゴン車の後部座席で、「現代女子高生」の言葉の響きそのままに、この冒頭の一連の根幹にあった「物語」の芯をやがて次のように語りだすことになる(これが祭の縁日に、金魚すくいの屋台を舞台に、たぶん空から来訪した三人の宇宙人が人間と誤って最初それぞれ三匹の金魚に入ってしまったとする前川知大の原作とは、シチュエーションが異なっている点に注意[★02]——もちろん、人間に入ってしまってからの展開の惨劇性は原作から踏襲されている)。恒松の語りを起こしてみよう。

あきら「最初、私、間違えて金魚の中に入っちゃってさあ、で、何かヘンな感じがして、「あ、これ違

う」って気づいて、で、目の前にいたオヤジ？　何かそんな人のほうに移ったの。そしたら、近くにいたバアさんが逃げようとしたから、バラバラにして、で、ついでに自分のお腹から内臓取り出して、観察してたら、だんだん体が動かなくなってくるんだよ」

天野「バカだねー」

あきら「だってしょうがないじゃん。そのときはまだ、人間の体についてよくわかってなかったし。あ、それでね、もう無理かなーってときに、ちょうどこの女の子〔※すなわち現に画面に映っている少女自身＝恒松〕が部屋に入ってきて、何とか定着できたわけ」

この科白と冒頭の場面を付け合わせると以下のことがわかるだろう。冒頭、膝の裏のエロティックな制服姿の女子高生が、金魚を入れた透明ビニール袋を提げている図では、「宇宙人」は金魚のなかにいて、後ろ姿やその後の家の前のロングの恒松祐里は、その段階では作中唯一、「宇宙人」に支配されない地球人だった。ところが顔に返り血を浴びている恒松はすでに宇宙人に入り込まれている。しかも宇宙人は転移を繰り返した。最初は金魚に、次は一家の老人男性に、次が恒松演じる女子高生に。原作では人間観察のため興味本位に「切腹」し、取り出したはらわたを無痛のまま弄び、やがて失血で死にそうになったと、よりディテールがはっきり理解されるが、もちろんこれをそのまま映像化しようとすれば酸鼻に尽きるか、スプラッタ映画への古臭い情熱を疑われることになる。だいいち製作も面倒な物入りになってしまう。それで田中幸子、黒沢清の共同脚本は、イメージの具体化を避け、あきらの宇宙人化の経緯を科白による間接伝聞にしたのだ。この決断に「恐怖の減殺」が明らかに起動している。

とはいえ、恐怖イメージを限定することで、むしろ恐怖の中心化を果たした宇宙人侵略ものの傑作、ド

ン・シーゲル監督『ボディ・スナッチャー／恐怖の街』（一九五六）とも、映画『散歩する侵略者』は作法が違う。『ボディ・スナッチャー』は一医師による回想形式で、「恐怖」の実体は物語の入れ子構造のなかに収められている。街の人間たちの人格が変わってしまった様々な違和感。だが訴えかける者は前言を不自然に取り消す。彼らすべては「何か別のものに支配されたのではないか」。疑心暗鬼のうち恋人とともに調査を開始する医師は、やがて真相に突き当たる。ビリアード台の上の死んでいない死体。顔や指紋が朦朧化している。それらが複写のもととなったオリジナルの当人の姿かたちに完全復元したときに「別のもの」の生成が終わる。そのときの複写機として焦点が当たるのが何か女性器状の、気味悪い「莢」なのだった。画面の刻々を彩るフィルムノワール的な影も、クライマックスで反復された接吻も同様の複写運動を示す。やがて複写人間たちの謀議が判明してゆく。地球の侵略。「けれども宇宙人は表象されない」。画面に利用されるのが、白黒映画という条件を最大限活用されて導入される画面の黒＝暗さと、防戦や逃亡・避難のために使用される空間の狭さだった。とりわけこの狭さが、観客が感情移入する人物たちを「締め上げる」ことになる。「世界」が収縮して、そのなかに存在全般が閉塞するのだ。「莢の中」として示される世界構造。やがて、逃げおおせたとみえた「恋人」と再会、接吻をしたときキスに伴う気配から、彼女が宇宙人に占領されたと医師が見抜く、最大の見せ場が訪れる。

『ボディ・スナッチャー』は造形物としては豆類から着想された巨大な莢があるだけだ。あとは「人間」の芝居がつくりだす「違和感」こそが恐怖の対象となる。低予算映画に見合ったこれら省力化は、銃器や飛行機や自衛隊の使用はあるものの、ほぼ「人間の会話劇」と最少に研ぎ澄まされたアクションだけで「宇宙人侵略」「人類滅亡」の恐怖を転位的に表現した『散歩する侵略者』にも共通するものだ。ところが『ボディ・スナッチャー』にあって、『散歩する侵略者』にないものがある。暗さと狭さがそれだ。『散歩する侵略者』は斬新に

も、宇宙人たちが来意と方法を自ら語ってしまうから、誰が宇宙人に支配されたかの疑心暗鬼サスペンスもない。代わりにあったのは、「侵略者」にかぶせられた接頭辞「散歩する」にあるような、ノンシャランで魅惑的なリズムだった。

2——概念を奪う

ところで「宇宙人」がアレゴリー存在なのかには注意を要する。つまり、本書が黒沢清の映画に見て取ってきた「格言という解答の対応しない、それでも二重化されたカフカ的物語」「なにかを含みこんだ可視的エンブレム＝代表格が機械や廃墟」「それ自体を言語記述することができない距離的変化や異様な詳細性や矛盾を伴った運動アレゴリー」「擬人化された人間」「類似と隣接の一致＝相殺」「場所の迷宮性」「判断結果の点在性」といった諸々の映画的アレゴリーを、「宇宙人」という存在自体もまた形成するのかという問題だ。上記に掲げた諸項目は、おそらく「現実」を奇異性に向けて変形するだけでできあがるのだから、それは「別のもの」への僅かな、しかも恒常的な志向の問題であって、現実から離れた「格別な対象」の創造には関わっていない。サイコパスや怪物的樹木や浚渫機械にしてからがそうなのだ。ところが宇宙人の創造では、一から存在を想像力が立ちあげなければならない。「それは地球人を侵略する」というだけでは赤狩り恐怖の暗喩になるだけだ。たとえば眼と頭のおおきな奇体な人間形をしていることも「ありもの」の利用であって、アレゴリカルなズレではない。だからそれは「別の思考」「別の言語」「別の物質性」「別の時空」の体系をもつ真のオルタナティヴとして現在では非実体的に実体化されざるを得ないのだが、そうすると宇宙人は存在論や言語論の隙間にこそ出現することになる。その萌芽形態として、宇宙性は菌糸や海や、円周状にふわふわ広がる墨液の形状

をとるのだ。[★03]やがて後述することになるが、映画『散歩する誘惑者』はそこに示された存在の二重性によってアレゴリーが作中に満ちあふれているし、宇宙人が人間世界の調査のため、言葉ではなく、言葉の背後にある「概念」を奪取するという点でも作法がアレゴリカルなのだが、「異生物＝宇宙人」を安定的に定位したという点では少なくとも脱カフカ的だといえるだろう。作品世界の前提が真の不安定さを欠いているのだ。カフカ的なものの欠落を補塡するため、『散歩する侵略者』はアクション映画化した。しかしそれではかつてあっただろう七〇年代の黒沢清の感性に安定着陸することになりかねない。それをとりあえず救ったのが、『散歩する侵略者』での宇宙人たちの「概念を奪う」行為だったとはいえるだろう。

『散歩する侵略者』は、眼の覚めるようなアクションシーンの数々をちりばめている一方で、かつての『カリスマ』にも劣らない、「科白劇」のディテールをも満載していると気づかされるだろう。当人の「記憶」と「知識」を土台にしたまま宇宙人に入り込まれたのは作中、三人いる。加瀬真治＝松田龍平、天野＝高杉真宙、立花あきら＝恒松祐里。彼らは人類滅亡に先駆けて人間世界の調査のため、人間のあやふやな言葉の根底にある「概念」を、その概念を思い描いた眼前の人間からじかに奪おうとする——これが説明を要する作品の世界観だった。この三人により、誰がどのような概念を奪われたかをあらかじめ整理しておく。明日美（真治＝松田の義妹）＝前田敦子＝「家族」。丸尾（松田が散歩中、たまたま出くわした引きこもり青年）＝満島真之介＝「所有」。車田（逮捕した立花あきらを警察病院の秘密病棟に保護監禁していた刑事）＝児島一哉＝「自分」「他人」（原作にはない設定）。鈴木（真治の妻・加瀬鳴海＝長澤まさみの仕事先のデザイン会社社長）＝光石研＝「仕事」（原作にはない設定）。品川（宇宙人の陰謀に気づき調査密偵をおこなっている厚生労働省の責任者）＝笹野高史＝「迷惑」「邪魔」「目障り」「ウザイ」などの語の裏にある否定概念（原作にはない設定）。本作では科白劇として、これらの「概念」がたまたま進行した対話内容のなかで奪われる経緯が、丁寧に描かれているのだった。

本作の原作者・前川知大は劇団イキウメの主宰者・演出家・戯曲作家だから、映画『散歩する侵略者』の脚本には元の原作戯曲の科白が数多く残存していると考える向きが多いと思われる。複雑な話だが、じつは黒沢清が映画原作として着目したのは、そのイキウメの舞台ではなく、前川知大自身が自作戯曲『散歩する侵略者』を元にして書いた同題小説だった。その後、人気戯曲『散歩する侵略者』の、イキウメによる再演にも黒沢は接したとおぼしく、★04 その体験も併せ、東京藝術大学大学院・映画専攻・脚本領域出身（つまり黒沢清教授の教え子）の田中幸子と、同作の映画用の戯曲をつくりあげたとみられる。前川の戯曲に人間の「概念を奪う」どのような詳細が書き込まれているのかは詳らかにしないが、前川のノベライズには「概念を奪う」場面は、映画化作品ほど執拗に反復されていない。しかも映画化されたものでは、ノベライズと場面が一致していたとしても、ディテールが映画的に圧縮されながら、ノベライズよりも具体的になり、それなりの効果的な書き足しもある。ということは、（誤解されがちだが）映画の科白劇部分は、原作小説を「増幅」して、あくまで映画用に、田中幸子と黒沢が独自に創設したのだ。つまり前川戯曲すら離れ、映画における科白劇の効果を狙ったというのが妥当な判断ではないだろうか。むろん映画用の改変はそこへさらに映画性を付け加わる。映画は、人間の姿をした宇宙人（乗っ取られた当人はいわば眠っている状態とされる）が概念を奪うには、その概念を思い描いた間近の対象の額に人差し指で宇宙人が触れるが、その際に光が変調し（『散歩する侵略者』では児島や光石の場合がそれに当たる）、対象者が膝から崩れ、しかも苦痛や悲哀に関係のない無感情な涙を流す。篠崎誠の質問に黒沢清がどう答えたかをみてみよう。

——概念を奪う時に指で相手の額に触れる、という描写は原作には……。

黒沢　ありません。脚本を書いている段階でもなかったアイディアです。あとで『E．T．』からとっ

たんですかと聞かれることがありましたが、特に意識していなかったですね。なにかを軽く奪いました、ということがわかりやすく伝わればいいな、というぐらいの意図でした。これ、撮影が始まるほんの数日前に思いついた苦肉の策だったんです。でも、本当にやってもらうべきかどうかは迷っていて、最初に松田龍平さんが前田敦子さんから家族の概念を奪うシーンを撮った時に、松田さんにやってもらって初めて、わかりやすいしおかしいかもと思えた。それで決めたぐらい、自分では迷ったところでした。〔…〕

――概念を奪われた人間は涙を流します。〔…〕

黒沢　涙を流すというのは、原作にあったアイディアです。そこで顔を見せるのか、それとも見せないのか、そこに正解はないと思います。ただ、「イキウメ」の舞台を何本か見させていただいているうちに、舞台上の感じを大切にしたいなと思った。細かいセリフや起こっていることは原作から離れていきましたが、舞台の軽妙な印象は残したつもりです。概念を奪われた瞬間に涙を流すという描写にも、舞台ならではというか、どこか不思議なユーモアの感覚がある。★05

「概念を奪う」場面の幾つかを見てみよう。まずは前段から。失踪後、あてどなく路上をさまよっているところを保護された真治＝松田龍平は、箍が外れたように人間界の仕組が根本からわからなくなってしまっていた。歩行動作もままならないし、妙に原理的な問いを投げかけたりもする（妻・鳴海＝長澤まさみの「ね、真ちゃん、何があったの?」の質問に対し、「質問が漠然としすぎていて答えようがありません。時間を指定してもらえますか?」と応じたりする）。「脳障害による人格の変化」「若年性アルツハイマーの可能性」も医師から示唆され、夫がふざけているとも思えた鳴海は、失踪前に「会社の女の子との浮気旅行」が露見していた恨みもあって、不機嫌

に夫を自宅へ連れ帰る。帰宅してからの夫＝松田は、ＴＶ画面の天気図を前にしての気象予報士の大仰な身振りをラジオ体操ばりに反射的に真似たり、ザッピングを延々繰り返しＴＶ漬けになったりして、やむなく長澤は夫の勤務先に、夫の代わりに退職届を提出した。これら異常な物語の進展のなかに、脱力的な笑いの数々と、作品の世界観導入の契機が仕込まれている。そこに、実家の両親から勧められる結婚話が厭さに、鳴海＝長澤の実妹・明日美＝前田敦子が転がり込んできている。

真治「（ＴＶ鑑賞を一休みにして明日美に気づき）あ、いらっしゃい」。明日美「どうも」。鳴海「真ちゃん、彼女のことわかる？」。真治「いや」。鳴海「明日美、私の妹」。真治「へぇ。イモウトって名前なの？」。鳴海「ちがう。名前は明日美、立場は妹」。明日美「（真治に寄ってゆく）あ、真治さんの妹でもありますよ。二人（※真治と鳴海のこと）は結婚してるんだし。もちろん《義理の》だけれど」。真治「え？」。鳴海「ほら、ちょっと複雑なこと言うと、すぐこうなっちゃうのよ。あんまり話しかけないで」。（鳴海は家のどこかにあるだろう圧力鍋を探しにゆく）。真治「《義理》？」。明日美「ウン」。真治「《妹》……こんがらがってきたぞ」。明日美「（笑って）もう……《みんな家族》ってことですかね」。真治「《家族》？」。明日美「（真治の前に座っている）《家族》もわかんない？《血縁》？　いや余計ややこしいかも……何だろ……やめます？」。真治「いや、続けて」。明日美「だから、私とお姉ちゃんは同じ親から生まれて、お姉ちゃんと結婚した真治さんは、私のお兄さんという立場になるの。これを《義理の兄》っていうわけ」。真治「（納得しかかっている）それが《家族》……（離れてゆこうとする明日美に）確認していいかな？　鳴海はキミの…」。明日美「お姉ちゃん」。真治「俺はキミの…」。明日美「義理の兄」。真治「全員併せて…？」。（明日美、呆然と眼を開き、明らかに「家族」の概念を脳裡にまさぐっていて、真治はそれを覗き込む）。真治「それ、もらうよ」（〔前田敦子の後頭部をナメて松田龍平側に向けられたショット〕松田の人差し指が前田側に伸びてゆく。〔逆構図〕前田の額がその人差し指で触れられる。前田、眼瞬きもせず放心。その眼のアップ、涙が流れ、急

に膝から崩れ落ちる)。

　漫才的なやりとりにもみえるこの一連に隠されているのは、すでに概念化しているものに対する原理的質問には、概念自体を穿つ能力があるということだ。たとえば(前にも書いたが)「白ってどんな色?」という質問に答えようとすると、人は窮する。白は黒や他の色彩などの関係項の網目のなかの一角を占めているのだから、その単純な質問に対しては比喩でなければ、「それ自体の不可能」を言うほかない。それで色彩全体の概念がゲシュタルト崩壊してしまう。そうならないための関係項の蒐集を人はおこなってきたのだ。ましてや「家族」は自己同一性や認識開始の母体なのだから、「家族」概念にゲシュタルト崩壊を起こすと、自我が定位不能になるまでの危機に陥る。「親密さの連続性」というべきものが感覚にあって、それが自己存続につながっているとすると、それすら危殆に瀕するのだ。このとき、とある一定の概念を宇宙人に奪われた当該人間は、その概念を自己から失ってしまうという作品の世界観が加算される。それで数日姉の家に身を寄せる予定でいた明日美＝前田敦子は、「家族」という概念を失って突然出てゆくと言い出し、「親密に」心配する姉の、その親密さを理解できず気味悪がり、同時に「家族」概念からの解放にさばさばしているような表情まですする。むろんこれは虚構的展開だ。概念どうしは思考や感覚の深層で密接につながっており、ひとつの概念の喪失がかぎりなく存在全体を壊滅に近づけるはずだ(たとえば吉本隆明『共同幻想論』★06を借りれば、「家族」と「街空間」と「国家」と「世界」は人の意識から分断できないはずだ——あるいは「言葉」の概念を喪失すれば、「呼吸」「声」「文字」「歌」「嗚咽」「思考」などの概念も順次崩壊するだろう)。したがって「宇宙人が人間の概念を奪う」という原作・前川知大の着想は綜合性に眼を瞑った操作的なものだ。同時にその設定では「概念」はその一つひとつが擬人化し、アレゴリカルになる。そのためにこそ、黒沢の言う、「軽妙な印象」が必要だったと理解されてゆく。これこそが作品をホラーにしない理由の一端なのだった。

あるいは――自分の外出中は危ないから外に出ないようにと妻＝鳴海＝長澤から諫止されていたにもかかわらず、真治＝松田は、「人類の理解」のため戸外へ「散歩」に出てゆく。一軒の農家風の屋敷の前庭。プライベートな空間にもかかわらず、そこへ真治は無自覚に闖入してゆく。丸尾＝満島龍之介が洗濯物を取り込みに庭に出てくる（原作小説の二階ベランダと階下との間の会話という設定は改変されている）。丸尾「ちょっとおじさん、何してるの？」。真治「いや、別に」。丸尾「何でここにいんの？」。真治「えーっと……じゃ、何でキミはここにいんの？」。丸尾「エ？（呆れて笑う）そっちがそれ訊く？　いいや（と相手の奇妙さにヘンに寛容な覚悟をして）、ここは《俺の家》だから」。真治「ああ…ここは《俺の家》か（と、丸尾家の玄関扉から入ろうとする）」。丸尾「ちょっと、ちょっと、何してんの？（と慌てて制止し、玄関から出そうとする）」。真治「だって《俺の家》だよね？」。丸尾「ちがうから、おじさんの家じゃないから！　ここは丸尾家、つまり俺の家。正確には親父名義だけど…」。真治「《名義》？　それが重要なのかな」。丸尾「そう（開けっ放しになっていた引き戸を閉めて）おじさん、名前は？」。真治「真ちゃん」。丸尾「エ？（笑いだす）自分に《ちゃん付け》ってヤバイっしょ…（洗濯物を取り込みながら）あのね…真ちゃんには《真ちゃんの家》があるでしょ？　そこがおじさんの家。ここは丸尾家。わかるよね？」。真治「でも俺がここに住むこともできるけど」。丸尾「（家を真治とともに見て）あ…　そりゃまあ…（真治、また入ってゆこうとする）いや、ダメダメ…できないよ。ここは《俺の家》。《おじさんの家》じゃないから！（止めて引き戻す）」。真治「なるほど…問題はその《の》だな…」。丸尾「《の》？　それって所有の《の》のこと？」。真治「（ゆっくり自己確認）所有の《の》…」。丸尾「《の》…（二人、見合う――カメラ、寄る）」。真治「それ、もらうよ」（人差し指を丸尾の額に当てた瞬間、ロング構図に切り替わり、直立だった丸尾がへたりこんで正座姿となる）。真治「これが《所有》か…　なるほど、ここは《俺の家》じゃない」。丸尾「アレ、おかしいな…」。真治「じゃあ、《自分の家》に帰る。散歩中だから」。

ここでいうべきは、丸尾＝満島龍之介の演技の質が、これまでの黒沢映画にはなかった、当意即妙なものをふくんでいるようにみえることだ(本作ではほかに桜井＝長谷川博己にもそれをつよく感じる)。奇抜な「概念奪取」に向けての会話は、演技(反応)の自然さに下支えされてこそ進展し、それが阻害されると信憑を失ってしまう。一方、「所有」の「の」は空間区分や展示や資本主義や身体の根幹だが(むろん身体は所有物ではなく単なる所与で、それを自殺や改変できないという意見もある)、[★05]『散歩する侵略者』で「概念を奪えるか」の最終対象となる「愛」もまた、「所有」欲と、「所有」と無縁の全的承認のあいだでゆれつづける、至極厄介なものだ。だからここで「所有」の概念を丸尾＝満島から奪った真治＝松田は、最終的に獲得すべき「愛」の概念の一端を摑んだことにもなる。むろん作品は、それに近い把握を、「所有の概念」を奪われた満島の「その後」によって、展開させる。映画『散歩する侵略者』は、原作やスピンアウト企画『予兆　散歩する侵略者　劇場版』と異なり、「概念」を奪われた人間の「その後」をほとんど描かず、一概念の欠落がその人間にどのような危機を招くかを考察しないが、満島のその後だけは着実に伝える。松田龍平とこのようにして会う前、彼は実は引きこもりだった。たまたま洗濯物を取り込んでいたのだ。彼を苛んでいたのは、「自己が自己を所有する」逼塞意識で、その意識はもともと誤謬を孕んでいる。ところが所有の概念を失って、彼はその閉塞から解放されたのだろう、以後は利他的な説教師となって街なかで啓示の言葉を衆生に放つことになる。戦争が目の前にある。その原因は外界にもあるが、所有意識に我を失った自分たち自身の利己性にもある。その利己性を遮断すれば、全ては無差異に、したがってユートピックになる——あたかも主張はジョン・レノン「イマジン」のナイーヴな歌詞を髣髴させる。

昇級試験になかなか合格できない刑事・車田＝児島一哉(アンジャッシュ)の「概念」の奪い取りは、すごく複合的な過程で起きる。黒沢映画の各瞬間には要約的な描写を阻む、出来事の生起のタイミングが熟慮された

複雑な展開が多々あり、その局面こそが生々しくアレゴリカルな感触を湛える。端的には「自分の仲間」だから一家惨殺事件の容疑者(もしくは生き残り)の立花あきら＝恒松祐里を探してほしいという自称・宇宙人の少年＝天野＝高杉真宙の依頼に応じ、ついに彼女を秘密隔離している警察病院を探し当てたジャーナリスト＝桜井＝長谷川博己は、天野とともに、果物籠をもって親戚を装い、彼女を「見舞」にゆく。その前段には、病床で掛布団に深く包まれ端整に寝ていたあきらが、起き出して、警備中、無線機で上司から指示を受ける車田の言葉に注意を傾けるくだりがあった。車田は権力組織の吏卒らしく一人称を「自分」と呼称し、それが、へりくだりながらの鬱屈をも指しているとみられる点に興味を抱いたのだった。ひと声かけられる。「自分のこと、いちばんよくわかっているのって、やっぱり《自分》だよね」。この物言いにはカマがかけられている。自己再帰構文ではなく、公称的な「自分」と、プライベートで内部的な「自分」が乖離している可能性を仄めかしている傾きもあるのだ。そこへ桜井と天野が病室前の廊下にやってくる。以下はどうしても要約不可能なので、画面上、起こったことの最低限を言葉に転写してゆく。屈指の名場面だ。

現れた二人を職業柄、即座に不審視する車田。車田「誰なの？　オタクら」。天野「そういうアンタは誰なの？」」。車田「(先刻のあきらの詰問の影響を受けている)私は《自分》だ」(文としてみると「I am me」という意味不明の再帰構文になってしまった点に注意)。天野「意味わかんない。《自分》って何？」」。車田「(後ずさってゆく)《自分》は《自分》だ」。天野「《他人》にわかるように説明してよ」」。ここでルイス・キャロル的な人称の混乱が起きている(ちなみに関西弁の「自分」は二人称)。放っておいてくれ、といいながら、病室に逃げ込んだ車田は、施錠を怠り、「自然に」闖入してきた二人を病室に招き入れてしまう。久闊を叙すかのような、あきらと天野。だが、天野は車田に向き直り、挑発する。「その前にはっきりさせようよ、《自分》と《他人》の違いについて」」。あきら「(喜びで笑い、上体を揺らして)あ、それ、私も知りたーい」」。勢いが生じ、車田と天野の追いかけっこととなる。そ

れを制止するジャーナリストの桜井。車田「(桜井に)オタクは何?《自分》なの、《他人》なの?」。桜井「いや、ていうか俺は《他人》ですけど」。車田「(ゲシュタルト崩壊を起こした気配)《他人》?《自分》じゃないんだな?」。桜井「はい」。車田「《他人》と《自分》……それがどうした?」(悄然と去ってゆこうとする)。

この会話劇の局面に、不意に目覚ましいアクションが接続される。車田=児島に、この映画の第一のアクション主体=あきら=恒松祐里が飛びかかったのだ。以下は臨場感を出すため、俳優名で。背中のうえにおんぶされた姿勢で、プロレス技。膝を曲げ腿で児島の胴を締めあげる。恒松はパジャマ代わりにジャージパンツをまとっていて、尻の割れ目のかたちがジャージパンツの下からくっきりと浮かびあがり、その生々しさで動悸させる。児島、何とか恒松を振り落とす。だが恒松は児島の腕をとって、それを児島の背中へもってゆく。それから全身を投げつける。ものすごい力感とスピードだ。恒松「ちゃんと教えてよ、《自分》について」。児島、立ち上がって、恒松のジャージの襟元を掴み、挑みかかる。恒松、それを払う。対抗した児島のパンチは空を切り、恒松は児島を横から抱きかかえ、膝蹴りを二発、脇へ打ち込み、回し投げる。児島、ふたたび倒れる。児島、さらに立ち上がり頭から突進、恒松を病室の角に押し込む。恒松の体は浮き上がるが、またもや腿で児島の胴を締め上げる(この瞬間は児島の体が後ろ向きに位置して、恒松はその向こう側)。よろける児島を、恒松は投げ捨て、児島はたまらず机の上に上体を投げだす。「少女美」の恒松がヒールファイターのように笑う。ものすごい運動能力だ。加えて、「ボケ」→「キレ芸」のアンジャッシュ児島の、「金壺まなこ」の薄暗い、ヴァルネラブルな表情が、新鮮な恒松との取り合わせの妙によって、生き生きと水を得て輝いている。

児島「何なんだよ、さっきから…《自分》は《自分》だ! 《他人》じゃない! 当たり前だ! そんなことは!」。児島がよろよろ室内をさまよいだすと、天野=高杉真宙と、恒松が追ってゆく。高杉「いいよ、その

調子」。児島「(追いつめられて)どのみち俺は高卒だよ！ ヒラの刑事だよ。昇進試験に五回落ちてるよ！ それが悪いか？」。恒松「(高杉に笑いかけ)わかった！ それが《自分》だ」。児島「そうだよ、大学出のエリートとは最初からちがうんだ。幾ら努力したって変わらないんだ！ 何で《自分》は「こう」で、《他人》は「ああ」なんだ！」。構図は児島の後頭部(画面手前)を中央に挟んで、左右に恒松、高杉の顔が囲む。恒松と高杉、互いに視線を交わし、恒松「それだ」。高杉「もらうよ」。二人の人差し指が児島に伸びる。光が現れる(『ドレミファ娘』の「極限的恥ずかし変異」の実験場面のようだ)。横からのショットで児島の膝から崩れてゆく様子が捉えられる。児島は「自分」「他人」の概念をいっぺんに奪われた。衝撃は涙を流す、認知障害的なその表情に現れていた。

3――破滅を辞さぬ身体の過剰使用

ついでに恒松祐里のさらなるアクションの名シーンを語ってしまおう。病院から怪しい二人組とともに姿を消した廉で、恒松は捜査対象となっていた。すでに厚労省の責任者＝品川＝笹野高史が部下を束ねて暗躍を開始している。一方、集められた「概念」は「人間」を判断するための情報として天上へ送信しなければならない。そのために長谷川博己の借りていた放送局用のレンタカーの屋根のパラボラアンテナを地上の部品で改造する必要が出て、彼ら――長谷川・高杉・恒松は、たまたま見つけた倉庫を改造作業のアジトにしている。電気機器に強いらしい恒松が改造作業の中心。ふと針金を調達すべく外に出ると、お誂え向きに、倉庫を出てすぐの歩道に電気関係の廃棄物がある。しゃがんで使えるものを物色しているところに、偶然パトカーが近づき、出てきた警官が人定訊問をおこなう。対象は手配中の「立花あきら」に似ている。警官「女子高生？ もしかして立花あきらさん？」。無線機で「発見」を連絡しようとすると、恒松、警官の後ろに回

り、その腰にある拳銃を引き抜く。抵抗する警官。恒松、投げ飛ばし、拳銃からの吊紐が伸びたまま、仰向けに倒れている警官に二発撃ち込む。それから吊紐を怪力で引きちぎる。もう一人、パトカーに同乗していた警官の側からのショット。緊急事態を車内の無線機で慌てて連絡している。フロントウィンドウ越しに恒松が近づいてくる。やがて彼女は走り出し、拳銃を持ったままの拳で、フロントウィンドウを突き破り、さらに二発撃ち込む。その後、手を抜く。それから手に現れだした痣を見る。「吊紐の引きちぎり」「フロントウィンドウの突き破り」、これら二つの領域突破が躊躇のない連続体で相続く速度に陶然とならざるを得ない。

恒松が警官を二人射殺したことで手配必至となり、長谷川・高杉・恒松はさらに熾烈な逃亡過程に入る。霧深い朝の、道路か線路の高架橋下の空間に、ワゴン車を停めて野営した三人。通信機のスイッチを作っていた恒松が、ふと自分たちを偵察する不審者たちに気づく。恒松は男性用のラガーシャツに、ひらひらのスカート、その下にショートパンツを履いたラフなコーディネイト。張っていた刑事風の二人に近づく。躊躇ない、大股の歩行が美しい。いきなり二人を丸ごと摑みあげ、一人の顔を殴打する。けれどももう一人に腕を後ろにとられる。繰り出されたパンチを躱し、逆に後ろから締めあげる。さらに投げ捨てる。もう一人が近づくと、それも倒して、蹴り上げる。相手がさらに入れ替わると、ボクシングの構えでパンチを繰り出し、そこに蹴りが連続する。あらわになる裸の脚の、輝くような躍動性。「戦闘機械」と「少女性」のこの合体に悦びを感じない者はいないだろう。たまらず一人が機関銃をとりだし連射を開始した刹那、その腕を摑んで銃弾を上に逸らす。肘打ちをして機関銃を奪い、それで躊躇なく発射。倒れているもう一人も、そのまま素早く機関銃で撃ち殺す。発射中、恒松の体は揺れるが、それが恍惚と見分けがつかない。すべての相反価値が彼女の体のなかで一体化して充実だけが残る。なによりもカッティングの呼吸とカメラの動きが筋肉のように引き締まって有機化、その高速連鎖のなかに時間を微分させたい、観客の眼の不可能な欲望を導く。

敵の武器を自らの武器に置き換える容赦ない一揆主義も見事だ。

この恒松の領域突破的な身体躍動の素晴らしさは何に起因しているのか。前提になっているのは、彼女の体が(記憶と知識をそのまま温存されながら)宇宙人に支配されていることから出来しているアレゴリカルな「二重性」だ。★08 ただし宇宙人支配という意味付与がなくとも、身体はもともと二重性を把持しているのではないか。たとえば含羞と英断。たとえば静止と動作連続。さらには善用と悪用。男性性と女性性。ところが身体の二重性を前提に、その二重性の様相が潰れ、密なる一体化が起こって行動が開始されたときの崇高を考察する身体論は見当たらない。身体が裂かれている二元布置の、身体そのものを境界線=傷痕にした縫合。もともと恒松に寄生した宇宙的な何かは、金魚に入りこむ錯誤、自分(初老の男)のはらわたをとりだして死に近づくまで「構造」を自己観察する領域突破的な逸脱を示していた。だから現に恒松に入り込んだときにも、それが神経と筋肉と関節の限界を超え、それらが壊れるまで過剰使用されるのを厭わない。身体は自己であり、同時に自己ではないのだ。痛みが伴われないらしく、自己展開に制御が利かない。それは沸騰したセックスに似た何かだ。結果、攻撃が同時に自傷になる。勝ったことの代償としてぼろぼろになった身体が残る。その際の傷は自己計測されるが、そこに感傷すら付帯しない。破滅傾斜がこれほど充実する事例はないだろう。なぜなら身体そのもの、自己存続そのものが行為のなかに問いかけられているためだ。それを「実際の」「反射神経抜群」「柔軟な若い体の」恒松祐里自身が演じていることから感涙が起こるのだ。それは身体の問題であると同時に、魂の問題でもあるだろう。しかもその魂は無魂だ。魂の残存場所が身体であり、身体の残存場所が魂なのだが、残酷なことにその相互性は意志とは関係がないということだ。いずれにせよ、白熱した身体論が要る。身体の本来的な二重性には言及しないが、その領域に関わるように、たとえばメルロ=ポンティはこう語る。

もはや身体は単に私の意識がそれと外的に結びつけられているといった一つの対象ではなく、それは私にとって〈魂をもった他の身体〉があることを知る手段となるのです。ということは、私自身の身体と私の意識の結びつきがもっとはるかに本質に根ざしたものであり、言わば内的な結びつきだ、ということでもあります。★09

〈私の身体〉とは、諸感覚（視覚的・触覚的・筋緊張感覚的・体感的等）の寄せ集めではありません。それは何よりも、そこでさまざまの内受容的側面や外受容面が相互に表出し合っている一つの系なのであり、少なくとも萌芽としては周囲の空間やその主な諸方位とのいろいろな関係を含んでいます。私が自分の身体について持っている意識は、孤立した或る一塊りのものの意識ではなく、それは「体位図式」であり、鉛直線とか水平線とか、また自分がいる環境のしかるべき主要な座標線などに対する〈私の身体位置〉の知覚なのです。★10

身体が「場所」にすぎないという透徹した感覚は、ジャン＝リュック・ナンシーも記述している。

諸々の身体は「充溢したもの」、充溢した空間ではない（空間は至るところで充溢している）。身体は開かれた空間である、言い換えれば、それは或る意味では、空間的というよりむしろ厳密には空隙を孕んだ空間、ないしはなおも場と名付けうるものである。★11

メルロ＝ポンティは「身体の二重性」を身体の外在的局面じたいには求めず、身体の不可避的な属性＝「内外」において記載する。

身体を必要とし、身体において仕上げられ、身体のうちに投錨しているのだということ〔…〕精神の身体があり、身体の精神があり、そして両者の交叉配列があるのである。[★12]

私の身体ともろもろの物の交叉配列、これは私の身体が内と外とに二重化されること――そしてもろもろの物が（それらの内と外とへ）二重化されること――によって実現される。[★13]

この二重性が白熱するのだ。それは同一性が脱同一性へと、身体の刻々の瞬間に再組織化されることにほかならない。市川浩はこう記す。

〝構造としての身体〟といっても、たえず生成し、解体する〝はたらきとしての構造〟です。身は身体（ボディ）という自己同一的な安定の外観の下に、たえず錯綜する非同一の生成をかくしています。[★14]

しかし錯綜体は、数学の体系、あるいはライプニッツの体系のような、理論的にはあらかじめ確定された（プレエタブリ）体系ではありません。生きることのなかのなかで、たえず新たな結合が生まれ、気づかれない癒合が起こっているような、たえず生成する星雲状複合体〔…〕ともいうべきものです。こうしてわれわれが自己のうちにあるとは知らなかったものを自己のうちから引き出したとき、われわ

れは気づかないまま、われわれの錯綜体に直面しています。[★15]

恒松祐里の身体は、それ自体で生成したのではない。外界＝攻撃対象との関数性により、錯綜的に現れたのだ。それは身体が固有にもつ叡智と関連している。ところが一面でそれは身体が「世界」に残酷に放り出されていることの帰結にすぎない。これを市川浩は独自の造語（地口）「身分け」によって語る。

〈身分け〉は、身によって世界が分節化されると同時に、世界によって身自身が分節化されるという両義的・共起的な事態を意味します。その根源には、われわれが自己組織化する存在だということがあります。自己組織化にとって意味のあるもの・ないもの、自己組織体にとってのさまざまの価値という分節が世界に生まれます。自己組織化の過程で、〔…〕組織化〔…〕のための情報をとらえる感覚が成立します。そこで身が見る能力をもつということは、見える世界が分節化されるということです。[★16]

これを逆にいえば、その行動によって世界を分節化する身体は、もともと行動なきそれ自体の二重性としては、二重性を超えた混沌の契機までふくんでいるということだ。『散歩する侵略者』の主題、「概念を奪う」との共通性に少し驚く。というのも、言葉によって分節化されてゆく意味の世界を拒絶して、概念が錯綜するだけの「世界の混沌」を丸ごと掴むために、宇宙人たちは言葉ではなく概念を奪おうとしているようにみえるためだ（ということは宇宙人たちが起こしているのは、人類への侵略ではなく、認識の戦争だということになる）。原作の前川知大のノベライズは、市川の用語「身分け」と似た言葉「言分け」をさりげない一節のなかにこう記している。

言《こと》分ける度に世界は整理され、少しずつ色あせていく。★17

4 散歩的叙述、歩行の生成

宇宙人となった立花あきら＝恒松祐里の「歩行動作」への嫌悪、同じく宇宙人となった真治＝松田龍平の歩行動作の崩壊とその立て直しの努力から始まった映画『散歩する侵略者』は、叙述形式としては「並行モンタージュ」を貫いている。散歩をつうじ人間のもつ「概念」の蒐集を図る真治と、その真治の危なっかしい彷徨を母性からか、つい庇護してしまう鳴海＝長澤まさみの夫婦がまずA。そのAでは松田が長澤に人間世界を案内する「ガイド」役を依頼するが、その帰趨も定かならぬまま、やがて彼らは密偵たちに尾行される身となる。このAともつれるように繰り出されるBでは、立花家の一家惨殺事件の取材を不本意ながら任されたジャーナリスト桜井＝長谷川博己が、現場で宇宙人を自称する不思議な少年・天野＝高杉真宙と出会い、興味本位にその「ガイド」となり、まずは「仲間」の立花あきら＝恒松祐里を救出、連れ帰り、集めた人間の「概念」を天界に送るための通信機改造にも助力する。A・B、これらの進展は、作品の複雑な「世界観」を展開的に認知させるためのエピソード分化に富んでいるが、A・Bの交替は、右足の次に左足が差し出されて進んでゆくような、まさに「歩行形式」なのだった。つまりタイトルにある「散歩する」の語は、行為としての歩行動作を主題化しながら、叙述の実質も指し示していることになる。

A・Bの双極性が順繰りに映画の全体近くまで示されてゆく並行モンタージュ形式は、黒沢映画の場合、観葉植物会社の店員ミチ＝麻生久美子の周辺を描写するAと、大学生・川島＝加藤晴彦の周辺を描写するB、それら相互が延々に交替を繰り返す往年の『回路』でもみられた。むろん彼らは「ともに」、周辺人物の黒

い塵への消滅やパソコン画面から、世界の終末の影が多孔状に浸潤してくるのをみる。やがて『回路』は麻生と加藤が終盤近くになって運命的に合流、その後は「世界の終末」を尻目に南洋に向かう終局まで一本化されて終わる(加藤は死ぬのだが)。

『散歩する侵略者』では事情が異なる。「松田」と「高杉・恒松」に分散した両極は互いの存在を感じ取っているらしく、また蒐集した「概念」を一本化するために相互合流する必要もドラマ上要請されているのだが、ひとたびそれが実現されても、それすら単独エピソードとなり、以後、この三人の合流が「世界の終わり」のトリガーを引くと「ガイド」長澤・長谷川のそれぞれに認知されて、ふたたび分流を迎えてしまうのだ。ということは、作品は全体化をみないエピソード分立に終始したことになる。それが「散漫」という印象をあたえず、むしろ有機的な全体性を感じさせるのは、むろんA・B二項のあいだに照応や調和があるためだが、それ以上にA・B二項が形式上の同質性として厳格に組織されているためだろう。これはなにか。おそらくブレヒトだろう。この七〇年代アメリカのアクション映画のルックをもつ映画は、同時に黒沢にとってはコラージュ形式によった『ドレミファ娘の血は騒ぐ』以来の、ブレヒト的な作品だったのだ。つまり意外なことに、映画『散歩する侵略者』は、誰も「散漫」というはずのないゴダール『女と男のいる舗道』(一九六二)に似ている。たぶん原作者の前川知大自身がブレヒト的な舞台を志向しているだろう。人間の「概念を奪う」個々のエピソードは、原理化と笑いと諷刺、それに粗略なピクチャレスク展示が交錯するブレヒト的方法を起源にもっていると想像がつく。それ自体がアレゴリカルな方法なのだが、それがカフカ的なアレゴリー[★18]とは別次元なのには注意が要る。真にブレヒト的な並行モンタージュがあったとしたら、それはサスペンスではなく、リアルな脈動や交錯でもなく、「中断」そのものが要件となるのだ。ベンヤミンを引いておこう。

叙事演劇にとっては、〔…〕行為の中断ということが重要な位置を占めている。粗野で心臓に穴を穿つようなリフレインをもつブレヒトのソングの、形式上のはたらきは、この、行為〔筋〕の中断という点にある。★19

本作で、動作としての「歩行」の最終実現者となるのは長谷川博己だ。そこでは真に偉大な身体演技が披露される。前段はこうだ。ショッピングモールで長澤の運転するクルマを体で丸ごと受け止めようとして跳ね飛ばされ、宇宙人が自己を存続させるための「依り代」だった恒松祐里の肉体が生理的な死によってまず失われた。それでも彼女の遺した通信機のスイッチを改造アンテナに装塡するだけになった長谷川・高杉のコンビは、しかしそのアジトを厚労省の品川＝笹野たちに踏み込まれる。高杉は、厚労省の笹野から、「迷惑」に代表される敵視の「概念」を奪った代償に、彼の部下から機関銃で撃たれ、恒松同様、高杉真宙という身体の依り代を失う。微妙なのは、通信機で蒐集した「概念」を天界に送る最後の責務を果たさせるため長谷川が「俺に移るか?」と、いまわの際の高杉にいったことだ。カットつなぎでは、その後の長谷川が、それ以前と同じ「人間」長谷川じしんなのか、それとも高杉に乗り移られた新たな存在なのかが意図的に曖昧にされている。ともあれ、彼は高杉のもっていた鞄からスイッチを取り出し、ワゴン車の屋根に上り、技術的な齟齬がまるでないまま、送信行為を貫徹させた。そのあと彼は何度もそのアジト近辺を低空飛行で往来してくる無人飛行機、その焼夷弾の標的となる（CG合成される無人飛行機の機影は、やがて『回路』クライマックスで墜落する旅客機同様の間近さにまで接近・巨大化する）。そこでの長谷川を描写してみよう。

サングラスを装着している長谷川が笑みを湛えている。無人機が低空飛行で驀進してきて、まずは画面奥行きへ消える。長谷川はワゴン車の屋根から降り、応戦を決意して、高杉の鞄から機関銃（元は恒松が密偵者

から奪ったもの）を取りだす。案の定、反転した無人機が画面ロングから近づいてくる。長谷川は機関銃を連射。それから走る。彼の後ろで爆弾が二発炸裂する。長谷川、廃工場の物陰へ。後ろから無人機。機関銃で応戦。それから手前へ走って移動、その後ろで爆弾が炸裂する。ふと見やると、改造アンテナが送信を続けている。笑う長谷川、凱歌を奏でるように空に機関銃を連射するととうとう弾丸が尽きる。機関銃を捨て走りだすと、無人機が近づき、焼夷弾が連続爆発、彼のいた場所は濛々たる煙に包まれる。煙が霽れると、長谷川が伏臥姿勢で「伸びて」いる。ところが尻が持ち上がり、尺取虫のような奇体な動作で立ち上がってゆく。一旦座り、立つ。それから右足を引きずり、よろけながら自身の前方に「歩こうとする」。歩いていないのに歩いているその動作連続には暗黒舞踏の踊り手のような見えない負荷がかかっていると同時に、歩く動作を身体損壊によって失念させられてしまった者が、歩く動作を新規に創出させるような驚愕に満ちている。それは冒頭の恒松の歩行動作への嫌悪、松田の歩行動作の四苦八苦の構築を継承しながら、おそろしい動作の連関によりさらに増幅しているのだ。両脚は不如意にもX字に交錯する（長谷川の、黒沢『CURE』へのオマージュだろうか）。右足は足の甲近くを地面に擦り付けていて、前方に向かうはずが横歩きになる。形骸化されているとはいえ、至純な「歩行意志」だけが観客の眼に、凄惨に灼きつく。凄い。頭からは血。サングラスは土埃で白く、長谷川の表情は窺えない。そこに無人機が近づき、焼夷弾が爆発、画面は白煙で包まれる。観客は、今みたのが人間の最終形態の歩行だったのか、宇宙人がその消滅前に人間に贈与してみせた歩行だったのか、解答の出ない問いに包まれるだけだ。

好演者をさらに召喚しよう。長澤まさみだ。この映画の彼女はなぜとりわけ美しいのか。黒沢の長澤への要請は、演技の力感、感情の振幅は温存しながら、彼女の表情の癖を抑制することにあったようだ。あるいは自然な演技をただ促しただけかもしれない。それで具体的には、頬の筋肉によってその口許を歪ませる表情のデフォルメが消えている。加えて、繊細な照明と選ばれた画角により、彼女の額から鼻筋にかけてのノーブルなラインが聖画人物のように強調されているのだ。彼女は「愛」、それから隠れて見え難いが、メランコリーに関わるクレッシェンド過程のなかに置かれている。最初は松田龍平から「ガイド」を依頼されても、その意味について考えることのない彼女は、デザイン画に才能を発揮するだけの凡人として定位されている。しかも松田がおかした、部下の女性社員との浮気旅行の罪を根にもって平常心をなくしている。それが、以前は毛嫌いして口にも付けなかったカボチャ煮を松田が自然に食べて旨いと語ったあたり、しかも自分は「真治」の記憶と知識を土台に存在しながら、その内実は真治の肉体に乗り移った宇宙人で、人類侵略の使命を帯びているという松田の言辞がどうやら本当らしいとわかってくるあたりから、長澤の態度がゆるやかに変化してくる。思考と行動が変調した弱々しく不如意な松田を母性本能でただ庇護するだけでなく、松田とどう生きるかの主体に変貌したということだ。彼女は時間の迎撃に遭っている。つまり松田との良かった頃の「過去」、どんなかたちであれ新生した松田＝真治とこれから紡ぎだす「未来」、その二つに挟まれて、しかも未来は間近に迫った人類消滅、世界終末までの短い期限付きになっているのだ。ここから「愛」と同時に「メランコリー」が発動しているのが見逃せない。つまり長澤を役柄上美しくしているのも、「愛」であると同時に、メランコリーなのだ。このようなベンヤミン的な憂鬱者＝メランコリカーが黒沢清の映画で描かれ

たのは、おそらく初めてだろう。感動せざるをえない。

「愛」という「概念」をまだ奪っていないという松田の自覚があったが、その概念は複雑すぎて奪えないという長澤の応答が以前にあり、それを伏線に重要な局面が訪れる。追跡者たちを結果的に駆逐したくだりがあって(密偵たちの動きの不気味さが見事だった)、小康を得て歩く傍らの夜の教会から児童たちの讃美歌が響いてくる。それは彼らのかつての結婚式にも使用されたもので長澤が回顧モードに入るが、松田は教会の看板に書かれた「愛とは何か」の文言に注視する。結果、二人は自然にその中へと入ってゆく。礼拝堂で休む長澤を置き、松田は歌の流れる室内に進む。子供たちの歌が終わって、「愛って何か」を幼い彼らに訊き始める。これらは原作ノベライズにはないオリジナル。子供たちを対象にして「概念奪取」が始まるのかと緊張が生じるが、ことはそうならない。回答が分散しすぎているためでもある。曰く、「男と女のあいだにあるもの」「世界平和のために必要なもの」「ハートのかたちで色はピンクでふわふわしている」。そこに神父の東出昌大が現れ、松田は改めて彼の高説を拝聴することになる。二人のやりとり。東出「愛はあなたの内側にあります」。松田「え、いや、ないですよ。だから訊いているんですけど」。東出「いや、あります。愛は寛容であり、愛は親切です。また人を妬まず、自慢もしません。礼儀正しく、自分の利益を求めず、怒らず、人のした悪を咎めず、不正を喜ばず、真理を喜びます」。松田「(頭を軽く抱え)わ……ちょっと多すぎて」。東出「それに愛はすべてを我慢し、すべてを信じ、すべてを期待し、耐え忍びます。しかも決して愛は絶えることがありません」。すべてキリスト教的には真実のこれらの言葉を聞き、松田が総じて受け取ったのは愛の規定不能性だろう。逆にいえばこの規定不能性こそが愛の正体で、それは本質的に、概念奪取不能なものだということだ。

松田と長澤の一体化は映画的に組織される。カボチャ煮のエピソードのあと、心療内科の医師から、松田

の異常はウィルス性のものだからすぐ病院に来てほしいと電話でいわれて招来される病院のシーンがそれだ。二人が病院内に来ると、来診者がすでに長蛇の列をなしている。不安と愁訴。大規模なエキストラが導入されている。詳述はしないが、後退、三百六十度パン、前進、停止、逆・三百六十度パン、さらに前進をして、異常者の続発する病院内の緊迫した諸相、底意をもって心療内科医師が二人を特別扱いしようとしているのをやりすごすくだり、自衛隊と防菌装備した隊伍の進行と乱れ、さらには病院の入口に笹野たちがやってくること、ついには異常性を感知して長澤が松田を引き逃走を決意する詳細まで、すべてが多人数を画面に入れた連続した長回しで捉えられる。この大スケールの撮影に持続している「息」と緊迫が、長澤と松田の一体化を映画的に促すのだ。

これらの前提があって、長澤のメランコリーの正体が把握されてくる。彼女はとりあえず「時間」を病んでいるのだ。まずとうとう松田と、高杉・恒松が接近し、一種のテレパシーで蒐集した「概念」群の情報共有を果たしたあと(このことはあとでわかる)、松田は長澤の運転するクルマに乗せられ、彼らから引き離される。そのときの車中の会話に次のくだりがある。松田「侵略が始まる」。長澤「待てないの？　あと五十年くらい――宇宙人なら」。松田「それは無理だよ」。長澤「じゃあ終わりってことじゃない？　最初からダメって決まってたんじゃない」。松田「ウン、まあ…」。長澤「あーあ、イヤンなっちゃうなあ。期待して損しちゃった」。

この長澤の最後の科白には読解の困難が伴っている。とりあえず「期待」とは人類滅亡や世界終末の回避の謂ではないだろう。長澤はそこまで利他的ではない。「あと五十年」に目星をつけるなら、ちょうど自分の人生が終わる頃に「都合よく」人類も同時に滅亡してほしいと願っているのか。いや、それほど利己的でもないだろう。つまり彼女の心情の背後にあるのは、人類の滅亡、世界の終末までの時間が、中庸的で透明であってほしいと願っていたのに、それが目安の五十年ではなく即時ということが残念だということなのではない

か。おかしな解釈をしたのは、この最後の科白を言う長澤の表情が可愛いと同時に、抜群に人間的に美しいためだ。

破滅までの「即時性」が約束されては、もうすべてが修復不可能になる。それは修復の意志がある者だけが実感することだ。そうして慚愧は過去ではなく未来の次元に滲んでくる。これが起源と終末が同じだ[20]と知るメランコリカーの感受性だろう。右のやりとりがあったあと、クルマはショッピングモールに停められ、長澤はすたすたと松田の先を歩く。長澤のメランコリックな時間意識に「確定」がほどこされる。松田「待ってよ鳴海、俺、どう見ても真治だろ？　これが真治だよな？　もう判らないんだ、真治が俺の一部になったのか、俺が真治の一部になったのか…（追いついて、長澤の前に回り込む）でも、これで良かった。もう一度鳴海と最初っからやり直せる」。長澤「（感極まって、松田の胸を叩きながら）遅いよ、もう…　何で今ごろ、そんなこと言うんだよ！（叩いている手がやがて松田の髪をくしゃくしゃにする）時間がもう…残ってないじゃない！」。

「残っていない」「時間」のなかに、さらに未到来のものを見極めること。それが錯誤であっても「あえて」そうすること。そうしてこの作品で最も美しい長澤／松田のやりとりがうまれる。恒松の肉体の死のあと。今度は松田が運転し、助手席に長澤がいる。フロントウィンドウ越しにみえる夕焼けの光量と、雲の動きが「この世の終わりのように」「凄い」。逆構図となり、フロントウィンドウ越し、クルマのなかに二人が捉えられる。二人の姿は異様な夕映えで赤味を帯びている。長澤「侵略が始まったの？」。松田「いや、あれは夕日だ」。ハードボイルド小説のように恰好良く気障なやりとりにみえるが、興味ぶかいのはこのやりとりにみられる長澤の時間意識だろう。彼女は次のような観念に達しているのだ。「未到来のものは、その未到来性を意識した途端に、すでに到来している」[21]。これこそが未来を把持する方法で、それ自体がエルンスト・ブロッホ的な「希望の原理」と関わっている。けれども未到来性は当然のことながらまだ実在していない空虚に

すぎない。それで未到来性に関わる思慮は、「欠如」によって心を「満たす」ことにつながってゆく。もちろんメランコリーの正体とは、それだ。★22

作品のクライマックス。ラヴホテルに入った二人は、その窓から世界に白煙がみちているのを見る。即時に近い幅でしか残されていない世界を確信した長澤は、人類が一時に死ぬならそれに少しでも先行したいとでもいうように、私を絞殺してくれと松田に依頼する。「一斉の死」に入りたくない理由は、臆病だからではないだろう。自分の死の先に、少しでも世界の存続を残し、未了状態のなかで死ぬことを望んだからではないか。ところが松田は長澤の願いを聞き入れることができない。すでに彼女を「愛している」のだ。ならば、死の代わりに、それとひとしい自己犠牲をと彼女は考えたはずだ。そこから先の二人のやりとりは気恥ずかしすぎて転写することができない。ただ、地球の最後の姿を宇宙人たちに正しく伝えるために、自分から愛の「概念」を奪ってほしい、それを追加的に通信してほしい、そのために自分が愛の「概念」をなくして廃人化することも厭わない、いまならできる、なぜなら真治の愛を知ったこの自分に最高度の愛があふれているからだ――およそ彼女の論理機制はこのようなものだろう。このような高揚したやりとりを原作から離れたオリジナルで創りだすために、おそらく女性脚本家の田中幸子が起用されているはずだ。黒沢自身もこのやりとりは照れて書けないだろう。それでもたとえば『LOFT』の時点から、この天才的映画作家は、いろいろなかたちで自らの女性化を作品によって画策してきた。たぶん田中の発案の概ねを受け入れたまま、黒沢はこの場面の映像化に腐心する。二人のからだのポジションの音楽的変転のなかで、とりわけ長澤の顔と髪が美しく捉えられている。

愛の「概念」の奪われる前の、長澤の最後の科白はこうだった（それだけ書き抜こう）。「奪ったらわかる！　真ちゃんにもわかる！　もう言葉なんかどうでもいい！　さあ早く私の頭の中に入ってきて！　いっぱいあげ

る。ホラ、早く！」。とうとう松田は気圧されて、長澤の額に人差し指を当てる。長澤の眼から一筋の涙が流れる。松田、「あ…」という呟きを漏らし、離れる。ところが凄いのはここからだ。脚本作成上は、田中、黒沢、どちらの手柄なのだろう。長澤は、「アレ？　あたし、奪われた？」と指で涙を拭く。それから身中に「異変のない異変」を感じた態で、「本当に奪ったの？　別にどうってことない。ヘンなの」と正直に述懐をする。姿は正座のままだ。対する松田は対照的で、ベッドから転げ落ち、体の自由も失って、「うわあ…うわあ…何だこれ…(ようやく身を起こす)すごい…」と自らの裡に生じた愛のヴィジョンの輝きにすべてを奪われている。気をつけたいのは、当然、「甘さ」を排された長澤のほうの反応だ。二つの見解が生じるだろう。肯定的なほうは、「愛の概念は、奪われても、そのあとに愛が残るほど脱領域的、無差異なもの」くらいになるだろうか。だがこれを否定的、メランコリックに換言もできる。「愛とはもともと谺のような実体なき反響体で、欠落状態でこそその反響性をさらに高めてゆく逆説的な概念にすぎない」。なにもなくなった心の穴に、「以前と同じもの」が反響せずともわだかまっているというヴィジョンは、それが愛の特異性を示すとはいえ、かぎりなく恐怖に満ち、おぞましい。筆者の感受性なら、後者を選択してしまう。そしてその「以前と同じもの」は生をあたえられたすべての宿命と同様に、やがては収束＝終息してゆく。以前と同じなのは涙だけだとすれば、存在は涙を流すためにこそ生きているのだ。[★23] 作品終幕、「二ヶ月後」の長澤の姿はこうした境位を提示しているのではないか。

6――『予兆』における高橋洋の策謀

『散歩する侵略者』のスピンアウト企画、『予兆　散歩する侵略者　劇場版』(二〇一七、以下、『予兆』と表記)に

ついても、考察しておかなければならないだろう。『散歩する侵略者』の原作の設定(宇宙人の侵略/宇宙人が対象である人間の記憶と知識を生かしたまま、依り代としてその肉体に入り込むこと/人間の研究のため宇宙人が人間から言葉の背後に拡がる「概念」を奪いとること/そのための「ガイド」を求めること、など)をそのまま踏襲しながら、それを基軸に原作とは「別の」新たなドラマがつくられた恰好だ(したがって、『予兆』は『散歩する侵略者』のアレゴリーということになる)。もともとはＷＯＷＯＷ放映のための連続ドラマの目玉として作られたが、劇場版は、劇場公開用に再編集された。何か偶発的な経緯とも思えるが、映画作品として見事な力感を湛えた、恐怖映画の傑作となっている(つまり「怖くないホラー」として戦略的につくられた『散歩する侵略者』から離反しようとする意志がある)。『散歩する侵略者』の主要俳優の布置が多中心的/脱中心的だったのに対し、『予兆』は、ヒロイン山際悦子＝夏帆、その夫・辰雄＝染谷将太、染谷がガイド役を務める宇宙人＝真壁＝東出昌大の三者にやがて作劇が緊密に収斂されてゆく。しかも『散歩する侵略者』ではドラマの生起する場所が次々に移り、確定的でなかったのに対し、『予兆』では場所が求心的になり、三つの舞台――アパート住まいの山際家と、悦子が務める縫製工場、それと辰雄と真壁が勤務する病院が前提的に置かれたのち、捕獲された真壁が車椅子に固定されて中心に置かれ、周囲を円周状に机その他が取り囲む室内スタジアム、さらには最終的に、真壁と山際夫婦が死闘を繰りひろげる廃墟(がらんどうの廃倉庫)というふうに、明確に主舞台が移行してゆく。放映された連続ドラマを劇場公開用に再編集した際にはそうとう尺が詰められたと考えられるが、ダイジェスト版的な目詰まり感はない。エピソードとして何かが抜けていると感じるのも、劇中のもう一人の「宇宙人＝粕谷の妻」＝渡辺真起子の登場後の帰趨が示されない点くらいではないだろうか。

重要な点は、脚本を高橋洋が担当したことだ(脚本クレジットは黒沢清と共同)。黒沢清の映画演出を恐怖へと再誘導するために、脚本はかくあるべし。そんな高橋の黒沢への批評をふくんでいる気色がある。黒沢清作

品への脚本・高橋洋の参加はこれが三作目。『復讐・運命の訪問者』→『復讐・消えない傷痕』、あるいは『蛇の道』→『蜘蛛の瞳』というかつてのVシネマ系二本撮り体制のなかでは高橋はいずれも先行撮影作品の脚本を担当した。「恐怖」「求心性」を志向する高橋脚本を撮りあげたのち、後続撮影作品で黒沢は、高橋のつくった世界をほんの少し踏襲しながら、それを思い切って脱中心化させ、高橋テイストとはちがう脱力的・停滞的な「映画のアレゴリー」をともに示した。ところが『散歩する侵略者』と『予兆』の「対」では高橋脚本作のほうが後続している。複雑な設定の原作に別設定の新機軸を加え、収斂的な恐怖映画へとアレンジできる高橋の創造性と構成力が買われたのだろう。何よりも『散歩する侵略者』でさんざん描写してきた「宇宙人による人間の概念の奪取」はすでに前提となっており割愛されてよいから、映画の全体を恐怖活劇に染められる。それで映画のルックも変わる。七〇年代アメリカ・アクション映画的だった『散歩する侵略者』に対し、「黒」が多用された『予兆』は、現代に待望されるホラーのルックを保持したのだった。

『予兆』の高橋洋の興味は、『散歩する侵略者』の脚本家・田中幸子の興味とはちがう。田中は、「概念」を問う宇宙人と人間との原理的対話によって「概念」が露出してそれが宇宙人により奪われる対話劇の演劇性を重視した。原作者・前川知大のブレヒト性の根幹だったためだ。ところが高橋は原作ノベライズのその特質にはさほど拘泥しない。紙幅の都合で再現はしないが、作品における最初の異常性提示は、ヒロイン悦子＝夏帆の縫製工場での若い同僚・浅川みゆき＝岸井ゆきのが恐怖と違和感でパニックになったことだった。彼女は父親が別人だと愁訴する。さすがに脚本の巧者・高橋らしく、その父親が宇宙人に乗っ取られているのではないかと、観客はオリジナルの『散歩する侵略者』さらには『ボディ・スナッチャー／恐怖の街』などを念頭に考えるが、これが戦略的あるいは機械的な「誤誘導」だった。実際はどうだったか。縫製工場の工場長が「ガイド」を務めている彼の妻＝渡辺真起子からみゆきは不幸にも「家族」の概念を奪われ、結果、家族と称す

る親密な何かを眼前にして恐慌に陥ったのだと、「事後的に」「言葉で」説明される。資質からか、高橋の興味は、「概念」を宇宙人が奪うディテールにはあまりない。それよりも、映画『散歩する侵略者』があまり描かなかった、「概念」を奪われた者のその後の悲劇性のほうを探求する。むろんそのヒントは前川の原作ノベライズに存在していた。その第11章は、映画『散歩する侵略者』では前田敦子の演じた明日美が、家族概念を奪われて、なおも家族を名乗る気味悪いものと対峙するときの恐怖を記述していたのだ。高橋は原作のその箇所を突破口にした。

宇宙人・東出昌大が、性格の弱さを隠せない辰雄＝染谷将太を「ガイド」にして「概念」を奪う具体的対象は作中三人いる。それらはほぼ染谷がその社会的害悪に鬱憤を感じていた、いわば恨むべき者たちだった。最初が枕営業して病院に入り込み、しかも賄賂までおこなっている川内和代＝石橋けい。彼女からは概念「プライド」が奪われるが、そこでの東出／石橋の対話劇には、映画『散歩する侵略者』の諸事例のような、練られた可笑しみがない。在学時には無視されて染谷が恨みをもっている担任教諭・田岡＝諏訪太朗からは「過去」「未来」「命」と、なんと三つもの「概念」奪取が起こるが、後二者に関してはたまたまそこにあった卒業文集のタイトルをつきつけてのもので、これまた発想の偶発性が否めない。ただし対象選択を迫られて、やむなく犠牲者に指名した（とはいえ彼には歩き煙草とポイ捨ての咎があった）野上＝吉岡睦雄（彼は東出と同様、『散歩する侵略者』『予兆』双方に跨る出演者だ――役柄は違うが）の概念奪取には熱が籠る。なぜなら、奪おうとしている概念が高橋美学の本丸「恐怖」だからだ。彼に「恐怖」感を醸成させるために拷問がおこなわれるが、その際の感触はどこか高橋脚本『蛇の道』に似る。ちなみに拷問の内実は、「早すぎた埋葬」をおこなう渦中で心情を訊ねるという残酷極まるものだった。このエピソードは尾鰭がつく。恐怖の「概念」を得た東出は、ビルの屋上の柵外、その僅かな余地の縁に立ち、地上を瞰下ろし、鳥肌を立てて恐怖を「愉しむ」という、いかにも高橋的世

界の人物さながらのリアクションをおこなうのだ。あるいは異変の事情を薄々知って、鍵の人物・東出に単身近づく縫製工場の悦子の同僚・葉子＝中村映里子は、悦子の凄さを絶賛する東出の口吻を目の当たりにして「嫉妬」する。ところが嫉妬の「概念」を東出が奪う詳細は具体的には描かれず、暗示に終始してしまう（ただしそれが、悦子と辰雄の夫婦愛を前にしたのちの東出の反応の伏線となる——この宇宙人は「嫉妬」を知ってしまったのだと考えると可笑しくもある）。

『予兆』は、『散歩する侵略者』がおこなわなかった「概念」奪取の失敗も描く。まずは捕獲した東出を屋内スタジアムの中央の車椅子に固定して、周囲を円周状に配置した机で囲んだ厚労省の責任者・西崎＝大杉漣。彼は挑発的に東出へ共存の「概念」をちらつかせるが、そのときは対象との距離がありすぎて東出は奪えない。このどこかフリッツ・ラング『M』のクライマックスでのペーター・ローレの公開訊問の場を思わせる空間は、むろんラング狂・高橋洋ならではだ。さらには、悦子＝夏帆が「特別」であるために、二人の宇宙人、東出と渡辺真起子はそれぞれ、「異物」「嫌悪」の概念を夏帆から奪うことに失敗してしまう。悦子＝夏帆が宇宙人の干渉を受けず、しかも宇宙人の異物性を感知できる「特別の」「選ばれた」「人類を代表できる」能力をもつ点には、高橋的世界特有の「女性中心化」の力学が働いている。★24 それでこそ、女性はアレゴリカルな存在であることを超えてアレゴリーそのものとなる。★25 夏帆の二面性は奇妙なかたちで現れる。「課題」そのものが二面化するのだ。すなわち人類の代表者として、「概念」を奪われず特権的に宇宙人・東出に近づける能力を活かして、彼に宇宙人と人類の「共存」を説くことが一つ。「ガイド」になるときに夫・辰雄＝染谷が東出に握手されて以来（その詳細は銀残し処理をした回想シーンで描かれる）、耐えられないほど疼く右腕の痛みから解放してほしいという依頼がもう一つ。ただし「課題」は分裂しても、それが課題であることが重要だろう。課題は実体化し、それゆえに人生と等身大になり、課題を遂行する身体の内的可能性につらい無限性をほどこし、結

果、課題そのものを無限のなにかへ置き換えてしまう。そうして課題と身体あるいは人生そのものの見分けがつかなくなってしまうのだ。だからこそ『予兆』で「特別」性を付与されている夏帆がそのまま無限性にみえてしまう。このことをカフカは端的にノートに綴っている。

われわれの課題が、ちょうどわれわれの人生とおなじ大きさであることが、その課題に無限性の外観を与える。★26

『散歩する侵略者』は、「ガイド」の苦衷を描かなかった。「ガイド」には長澤まさみ、長谷川博己の二人がいたが、長澤は人間世界へ夫の姿をした宇宙人を案内することなく庇護するだけで、そのうちガイドのもつべき親密性が新たに生じた夫婦愛に置き換えられてしまった。長谷川は興味本位に宇宙人を自称する少年・高杉真宙のガイドの依頼話に乗るが、恒松祐里や松田龍平の居所の割り出しに協力し、通信機の部品集めや逃走を手助けしても、宇宙人たちへの同調が、ガイドとしての義務よりも、彼の隠された父性愛や彼のあらわな反骨精神に依拠していると思えてしまう。ところが、『予兆』は「概念」の奪取によって対象を廃人化させてしまった「ガイド」の苦悩をくきやかに描く。縫製工場の工場長・粕谷＝中村まこともいるが、東出との出会いによって——やがて自らの悪を東出に代行させていると自覚することによって、「ガイド」染谷には葛藤が生ずる。彼自身に、不正者を懲罰する権利はない。けれども懲罰とはおそらく無限の課題なのだ。そうして彼の右手右腕が痛みつづけ、けっきょく彼は、痛み止めの麻薬注射を妻・悦子＝夏帆に依存することになる。そんな罪ぶかい腕を抱えた彼が宗教的な存在にみえてしまうのは、身体の一部が罪障化と復元を繰り返すためだ。罪障化は復元を伴うからこそ無限の苦しみとなる。これが罪障に関わる、高橋洋の見解だろう

が、そこからテッド・チャンの傑作短篇「地獄とは神の不在なり」まで想ってしまう。★27 あるいはアガンベン。彼を援用すれば、染谷の右腕は負性を輝かしくまとわりつかせたフェティッシュなのではないか。アガンベンはフェティシズムとメランコリー対象の本質的同質性を以下のように綴る。ここでのメランコリー対象は、メトニミー展開、あるいはアレゴリー的代位にみられる本質的な脱同定性とも、境を接する。ということは、脱同定性こそがフェティシズム、メランコリー、メトニミー、アレゴリーを結びつける唯一の要件なのだ。

> フェティシズムが、あるものとその不在との記号であり、まさしくその妄想的な体制をこの矛盾に負っているように、メランコリー症候の対象は、現実的でかつ非現実的、同化されるとともに失われ、肯定されると同時に否定されている。★28

『散歩する侵略者』の歩行動作は、映画の叙述形式としては並行モンタージュ、その実際的描写は、宇宙人たちが人間をまとったことや長谷川博己が焼夷弾をくらったことによって、逆説的に出現する「歩行の新規で不如意な裸形」を中心にして展開されていた。恐怖を求心的に描こうとする『予兆』では、縦構図の手前中心に向けて、大股で近づく宇宙人たちの颯爽とした闊歩が描かれる。縫製工場の通路でそれをおこなったのが渡辺真起子、病院の通路でそれをおこなったのが東出昌大だった。どちらもその際には拡大された力が働いて、その周囲で、かつ微妙な順不同で、女性工員たちや、患者や看護婦たちがばたばた倒れてゆく。圧倒的な霊力の鉈に、かよわい人間性が薙ぎ倒されてゆく凄まじい惨状だ。これには映画史的な既視感がある。ゴダールの『アルファヴィル』(一九六五)の終幕近く。アルファ60のある異星の中枢本部で、レミー・コーション

(エディ・コンスタンチーヌ)が幽閉されているナターシャ(アンナ・カリーナ)を探すべく、通路を奥行きに向けて歩いてゆく(カメラは前進移動)。すでに配電盤の指示を自己破壊やサボタージュ、放火、爆発などに合わせたからか、通路に次々に現れた数人は、舞踏病のような酩酊動作をふらふらおこない、低い姿勢のままフレームアウトしてゆく。その様子が、レミーの気迫＝精神の銃によって次々と薙ぎ倒されてゆくようなのだ。カメラの前進／後退、さらにはスケールのちがいもあるが、『予兆』の破局的な歩行シーンは、『アルファヴィル』の当該シーンに発想の淵源をもっているのではないか。

『予兆』の素晴らしさは、脱同定性から出来されている。どういうことか。この作品では最初は病院を舞台に、新任外科医として赴任してきた真壁＝東出と、その病院に入院した同僚・みゆき＝岸井ゆきのを見舞うなどする悦子＝夏帆が、いくたびも出会う。東出の出現には「予兆」がある。夏帆の顔・姿を捉えた病院内の鏡は不安定に小刻みに表面をふるわすし、通路の自動ドアは、誰もドアに近づいていないのに勝手に開く。黒沢の恐怖演出が冴えわたる。そうして、そこに出現してきた東出の異物性が刻印され、しかも彼は無防備にも冗談めかして自分の正体や使命を夏帆に明かしたりもするので、字義上は夏帆―東出に起こっていることは「強い対立」になるはずだ。ところが印象はなぜか、それが脱同定的に「相愛」の色彩強化へと傾いてしまう。「愛」の概念をひとから奪っていない東出が、脱同定的に「愛の言葉」の数々を夏帆に漏らしているということもあるが、二人の眼が同調している点も大きいのではないか。東出の眼は宇宙人特有に不気味な光を発するのが基本なのだが、吉田大八監督が『桐島、部活やめるってよ』(二〇一二)で東出の眼を悲哀で染めた感覚がまだ残っている。一方の夏帆の顔は齧歯類めいた不可思議な造型性をもつが(とくにその横顔)、瞼が重そうで涙袋の疲労が深いようにみえるそのまなざしが、やはり独特の悲哀を湛えている。つまり悲哀において二人は共通しているのだ。同じ眼の種族。じっさい夏帆は素晴らしい女優で、脱同定性という点でみたこと

のない領域に達している。たとえば彼女は東出との闘いにおいて、怯えを隠さない。ところが怯えるからこそ、強く「特別」なのだ。ボクシングのブルファイターが凡庸な普遍性のなかに分類されるのと逆の事態だろう。ともあれ同定性を欠いた世界では、「愛」と「対立」すらもが照応関係を結んでしまい、感情の迷宮が立ち上がってくる。これはたしかにアレゴリカルな事態だが、同時に脱カフカ的でもある点に注意したい。

7——走馬燈化

ということで、紙幅の都合上、画面展開の再現をおこなわず、しかもオリジナルの『散歩する侵略者』との比較にのみ、かこつけ、『予兆』について考えてきた。さて、『予兆』では反復が多く現象されている。宿敵であるか相愛者同士であるか、その同定を奪われている夏帆—東出の出会い、最悪の発作のように痛みだす染谷将太の右手右腕、悪夢に跳ね起きる夏帆、さらにはアパートの階段を昇ってすぐに行き止まりとなる脇にある山際家の玄関ドアを前にする帰宅も重なる。冒頭シーンも実はそこへの帰還だった。通路奥の鉄柵の向こうに瞰下ろせる地上には、なんと『神田川淫乱戦争』の神田川とそっくりな、川床をコンクリートで固められた、川幅の広くない、地上から五メートルほど護岸壁でえぐられた川がある。さらには夏帆が室内に入った途端、数々の白レースカーテンが風に翻り、それがエドワード・ヤン的(とりわけ『恐怖分子』一九八六)だと不穏な聯想が働く。もしかすると、この作品は映画史を——とりわけ黒沢清のフィルモグラフィを回顧してそれを「走馬燈」のように展開するものなのではないのか。このことをとりあえず「走馬燈化」と造語してみよう。作品は終局に近づくにつれ、この「走馬燈化」を畳みかけてくる。

まずは銀残し処理を施された回想場面、病院の使用物廃棄場で染谷と東出が初めて実際に出会い、即座に

「ガイド」契約が交わされるときは、二人の握手のアップが横から捉えられるが、これは黒沢『クリーピー』のトンネルでの、竹内結子と香川照之の握手を捉えるショットと質が共通している。染谷が勤めを休んだ日、夏帆は単身、東出を訪ね、夫を解放してほしいと懇願するが、このときほとんど求愛モードとなった東出が、不用意に「我々」の語を出し、「我々って誰のことです?」と夏帆から詰問される。ところが東出は不敵にも天(実際は屋内の天井)を指さす。これと同じ仕種は瀬々敬久『ヘヴンズ　ストーリー』(二〇一〇)で不思議な役柄を受けもった、のぎすみこもおこなった。

吉岡睦雄から恐怖の「概念」を奪うために「早すぎた埋葬」をしたあたりからさらに雲行きが不穏さを帯びてくる。その際の拷問の非人間性が『蛇の道』写しだとは前言したが、埋葬行為自体は黒沢『降霊』『LOFT』の反復ともいえる。自分のおこなった埋葬の罪に恐怖して、片付けのときに染谷が東出の頭をスコップで殴るのは、黒沢『カリスマ』で洞口依子が池内博之にしたことと同じだ。渡辺真起子が縫製工場の通路を闊歩し、その脇で女性工員たちが次々に倒れるのがゴダール『アルファヴィル』の一節を髣髴させるとは指摘した。真壁の闊歩により同じことが起きたときには病院の入口が俯瞰で捉えられ、そこでは担架で運ばれる者や待機中の警察官が数多くいて、それが地下鉄サリン事件の築地駅の入口を捉えた実際の事件映像を喚起する。東出を確保して屋内スタジアム中央の車椅子に固定したときには、空間自体はラング『M』のクライマックスシーンに前言どおり似るが、車椅子の使用は黒沢『ドッペルゲンガー』の人工身体に前例がある。屋内スタジアムで東出と密約した翌朝、ベランダから街全体を見渡していた染谷は「俺より先に街のほうが死んだみたいだ」と感慨を漏らすが、これは『回路』の一場面に通底する。それから夏帆と染谷は「どこか遠くへ逃げたい」とやりとりする。これは多くの黒沢映画のカップルが口にする言葉だが、とりあえずは『LOFT』終局手前、浚渫機械が水中から引き揚げた木棺内に何の死体もなかったと糠喜びしたあとに、中谷美紀と豊川悦

司が交わす言葉に似ている。やがて二人は街からの脱出を実際に企て、線路際を速足に移動してゆくが、同じく逃げている人波、それに逆らって人波を逆に掻き分けてゆく方向選択では戦前の上海租界を舞台にしたスピルバーグ『太陽の帝国』（一九八七）のクライマックスシーンを思いだす。

一旦街から逃げだしたものの、染谷の右腕の痛みの苦しみを見かねて、夏帆は屋内スタジアムに行く。大杉漣たち厚労省の面々は、東出の波及力が拡大したため、すでに避難して建物内には誰もおらず、机の円の中心点に東出だけが残されている。ここで執拗に夏帆が「夫を解放してください」と懇願するが、それに接して東出は「人間は最後の最後には人類全体のことなんてどうでもよくなって、自分自身の目的のために動き出す生き物なんだ」とうそぶく。ここにある「全体」の用語は、『蜘蛛の瞳』や『カリスマ』由来だという点は明らかだろう。二人はそのときのやりとりの流れでついに「愛」の言葉を口に出し、もちろんそれはオリジナル『散歩する侵略者』からの継承ともなる。ともあれ東出を連れ出し、トンボ帰りのクルマで夫の待つ廃工場に東出を運ぶが、治癒のための握手をしても染谷の右手の痛みが治まらない。「心の問題」と東出は突き放す。この廃倉庫の奥行きには暗がりがあって、そのあたりの天井からは沢山のビニールが不規則にぶらさがっている。『CURE』萩原聖人の居住していたアパートの一室みたいだ。やがて右腕の痛み止めのため注射を打ったことを、「痛みを誤魔化す」それこそが人類の弱点だと東出が激昂しだし、染谷、ついで夏帆を投げ飛ばす。このとき夏帆のスカートの中の脚があらわになり、崇高な痛ましさを覚える。スカートの中の下着が露呈するディテールは、黒沢のゴシック型ホーンテッドハウスもの『スウィートホーム』（一九八九）のNOKKOにもあった。あれは作品の娯楽性によってヒットを狙ったプロデューサー伊丹十三の配剤だったのではないか。その厭な感じがスカートの中の脚をまるまる露呈した夏帆にしないのは、お飾り配役のNOKKOとはちがい、夏帆が「役柄」になったうえで、その脱同定性を深く生きて、さらに輪郭のはっきり

したアクション主体になっているためだ。染谷は、外科医として自分の右腕を斬り落としてくれ、と東出に言い出し、遠くにある斧の場所まで東出を行かせ油断させる。その隙に「なぜか」天井近くに収められている厖大な数の金属パイプの束を、レバーを「機械」操作し台座を傾けて東出の上に落とす陰謀を画策する。タイミングの遅れるサスペンスはあったが、見事パイプ群は落下して東出の体を押しつぶした(かに見えた)。これにも既視感がある。『降霊』の幼女誘拐犯が警察に追われていたとき、とつぜん工事現場の足場が崩れ、金属パイプの下敷きになって圧死する、1カットで見事に撮られたシーンがそれだ。だが、東出は死ななかった。そうしていよいよ一対一の東出―夏帆対決となる。このとき夏帆に、『羊たちの沈黙』、バッファロービルの家に侵入したクラリス(ジョディ・フォスター)が憑依する……。

というように、『予兆』での「走馬燈化」は作品のクライマックスに向かうにしたがって内部爆発＝内破の様相を呈してくる。これもまた、脚本・高橋洋の仕掛けた「原点に戻れ」という黒沢への示唆なのだろうか。ただし掲げたものには、脚本ではなく演出の要素も多々ある。だから黒沢自身も高橋の敷いたレールの意図を汲み、「走馬燈化」を増幅させたのだ。悪乗りゆえだろうか。ちがうと思う。この作品で彼は自身の総決算をして、その後は別天地へと飛躍したいのではないか。黒沢が今後も「映画のアレゴリー」に携わることは間違いないが、そこからカフカ的アレゴリーの痕跡が消えつつあることはこの黒沢の決意の傍証だという気がする。いや、さんざん強調した作品細部の脱同定性も、やはりカフカ的というべきかもしれない。

［註］

★01――誰かが家の内部へと暴力的な力によって引き戻されるディテールは、黒沢の盟友たちの作品にもあった。具体的には、塩田明彦監督『害虫』(二〇〇二)と万田邦敏監督『接吻』だが、画角はそれぞれ違っている。塩田は真横から、万田は俯瞰からのショットを、黒

沢の示した斜めからに対し、選択していた。

★02——前川知大『散歩する誘惑者』(角川文庫、二〇一七、一二四〜一二五頁、親本はメディアファクトリー、二〇〇七)

★03——テッド・チャン原作、ドゥニ・ヴィルヌーヴ監督『メッセージ』(二〇一六)を念頭に置いている。

★04——角川文庫による前掲の前川知大『散歩する侵略者』は戯曲ではなく、前田自身による戯曲のノベライズを収めている。その「解説」を黒沢清が書いていて、そこに《私は実は『散歩する侵略者』に、まず小説から入った。イキウメの舞台を一度も観ていない頃に、何の予備知識もなくいきなりこの小説を読んだのだ。》という文言が書かれている(二二九頁)。

★05——序章前掲「徹底インタビュー　アナーキーな願望とアンバランスの魅力」(『黒沢清の全貌』二八二〜二八三頁)

★06——吉本隆明『〔改訂新版〕共同幻想論』(角川ソフィア文庫、一九八二)

★07——たとえば鷲田清一『じぶん・この不思議な存在』(講談社現代新書、一九九六)参照。

★08——「二重性」の身体は、黒沢の『散歩する侵略者』の前作、すべてフランスの地、フランス人スタッフ、フランス人俳優のもとに撮られた『ダゲレオタイプの女』でも、ちがったかたちで主題となる。紙幅の都合で、このエレガントな黒沢のオリジナル・ゴシック・ホラーを、一章を設けて詳述する余裕がないので、この欄で同作につき急ぎ足の考察を加えておこう。
　たったいま記述したように、作品の基調はゴシックで、それはパリ郊外の宏壮な古屋敷(日本にはないものだ)が主舞台に選ばれたことにまず起因している(ゴシック的な縦線として二つの階段が空間に現れ、それを決定づける階段落ちがあり、その階段落ちの前に、天井からの「縦」筋の埃の落下まである。最後のものは、見事に音楽的なタイミングで出現するのだが、幽霊の表象とは異なり、CG合成されている)。それと作中の「中心機械」となるダゲール由来のダゲレオタイプ写真機(これは映画のために威圧的に巨大化されている)も、その横からの眺めが木材質を重ねた縦の蛇腹状にみえる徹底ぶりだ。さらには露光時間を長くして巨大なガラス状の湿板(それが初期映画時代のエクランのように水に濡れている様相は気絶するほど美的だ)に像を一九世紀風に転写するために用いられる被写体固定のための拘束器具。SM遊戯のためのものと見紛うこのエロティックな拘束器具に対象を固定してゆくディテールの描写をやはり黒沢清は怠らず、そこにはこれまでとはちがった様相の「運動アレゴリー」が出現している(「運動アレゴリー」の常として、もちろんその手順を文字では「描写」できない)。ゴシックの精神は美や崇高や絵画性、ルック(外観)は石材と植物の錯綜する廃墟性を志向するが、植物性も館の脇でヒロイン＝マリー(コンスタンス・ルソー)が維持する植物温室によって実現され、それが最終的に枯死の廃園となるのにも黒沢のつよいゴシック化の意向が窺える。とはいえ、『ダゲレオタイプの女』に当てられた基準を、美(ザ・ビューティフル)、崇高(ザ・サブライム)ではなく、もっと現実的な絵画性(ザ・ピクチャレスク)にこそ探しだすべきかもしれない。《〔ユーヴデル・〕プライスは、ザ・サブライムを作る大きな要因を巨大さと不明瞭性の二つとし、ザ・

ビューティフルを作る大きな要因を滑らかさと穏やかさの二つと考え、それに対しザ・ピクチャレスクは「粗であること」と「急変して不規則になること」の二つだと主張した。この二要素が、形、色、照明、音などについて存在するとき、通人でない者が見、聞きすると、始めはその醜さにあきれるようなものであるとした。しかし、たとえば画の場合、じょじょに、そこに描かれている物体が何らかの特質、個性のために選ばれたものであることを知るようになる。そこには急な、不規則な変化があり、その外見に強烈な特殊性があり、ごつごつした断続的な部分部分に光の当たっているぐあい、そういう光と対比的に深い影、あるいは荒廃のさまざまな段階によって生じる豊かな、練れた色ぐあい、そういったものの魅力に気づいて行く。》(志村正雄「現代アメリカ小説におけるゴシックの裔」[小池滋・志村正雄・富山太佳夫編『城と眩暈　ゴシックを読む』国書刊行会、一九八二、一八〇頁])。

主要人物は四人。前述したヒロイン＝マリーのほか、美しい彼女をモデルに使い、雑誌からの撮影要請にほぼ見向きもせず、時代錯誤(アナクロ＝錯時)的な露光時間の多寡の実験を繰り返す、偏屈な名匠カメラマンの父親ステファン(オリヴィエ・グルメ)がまずいる。マラルメのファーストネームが用いられているのも意図的かもしれない。「一九世紀」がいまあることの不可能性を作品が語ろうとしているためだ。ステファンの妻＝ドゥーニーズ(ヴァレリ・シビラ)も館にとても美しい発色の青いロングドレスで出没するのだが、彼女はすでに死者で、往年、その美しさから夫・ステファンの撮影モデルとなったが、「像」を搾取されることに疲弊し、娘マリーを残し、自死を遂げたとやがて判明してゆく。つまり彼女は「幽霊」だった。ほかに執事がいるその陣容に、写真学校に在籍せず、写真ズレしていない実直な男として、エキゾチックな南方的風貌のジャン(タヒール・ラヒム)がアシスタントして雇われる。仕事覚えの早い献身的な彼は、父親のモデルの座から降り、植物園で一刻も早く働きたいマリーの相談相手にもなるうちに、相愛に至る。

制約のないオリジナル脚本だけに黒沢の着想は素晴らしい。最大の手柄は、壁面のレリーフなどが柔らかなフェティシズムを発現する、時代に取り残された主舞台の宏壮な古屋敷を、再開発計画で空き地が蚕食状態のパリ郊外に置いたことだ。主人ステファンは再開発計画の要請に従って広大な地所を売り払えば、巨額のカネを得て、新たな郊外にアトリエを構え直し、自在な余生を送ることができ、また植物園に職を得るはずのマリーも、恋人ジャンと手頃な新生活を営むことができる。かたちのうえでは一家離散となるがそれも時代の趨勢と捉えられるだろう。ところがあるとき混乱が多重に起こる。地所売却の話に癇癪を起した頑固な守旧派・ステファンの眼前に、亡妻ドゥーニーズの「幽霊」が現れ、現実・非現実の境界が曖昧になって、そこに「なぜか」娘のマリーまでもが巻き込まれ、いかなる理由かマリーは階段を惨たらしく落下することになるのだ。駆け寄ったステファンの判断は即死。ところがマリーの要請で館に泊り作業を続けていたジャンは、頭部からおびただしい流血をマリーがかたどっていても、まだ生きていると確信する。それで彼女をクルマに乗せ、病院に運ぼうとして、さらに不可解な成り行きとなる。後部座席のドアがマリー

をくるんだ毛布を挟んでいたために完全に締まり切っておらず、深夜、沼近くで疾走のあまりクルマがスピンした際に、遠心力でマリーの身体を放り出してしまったのだ。その際の、暗闇を利用した不可解なカッティングから、非整合性に直面したような恐怖が滲む。マリーの身体は沼に水没したように思えた(溝口健二『山椒大夫』〔一九五四〕のテーマ)。ところが、暗闇の別方向から、超常的な光に照らされてマリーの姿が浮かびあがる。彼女には意識もある。最も怖いのは、彼女から頭部の傷と流血が一切消えていて、そのことから、眼前のマリーが現実存在ではないと誰もが認識するはずなのに、ジャンがそうしないことだった。いずれにせよ、以後、ジャンと語り、隠れ潜んだジャンの自室で料理をし、さらにはセックスまでするマリーは、大方の判断では「幽霊」に落ち着くだろう。ジャンだけがそれに気づかず、溝口『雨月物語』(一九五三)の森雅之のように生気を奪われてゆく。当然、死の決定不能性は黒沢『LOFT』の主題を継承するものだ。「マリーは二度死んだ」「死者がさらに死んだ」。さらにはステファンの亡妻ドゥーニーズを加えれば「幽霊は二人いる」。そうして階段落ち、沼の場面以後、生体として描写されるマリーに「二重性」の印象が伴われることになる。

黒沢の着想の冴えは、この「未決定状態」に、地所の売却話がからみ、幽霊譚がピカレスクと癒合することだ。これも「二重性」の徹底といえる。アシスタントのジャンがマリーの復活を眼前にしていると描写されるのに対し、父親ステファンは娘マリーの死を信じて疑わず、酒浸りで正常な判断力も減少しだして、ジャン(とマリー)は、これを地所売却契約成立に利用しようとする。それで父親に対してマリーを死んだままにする悪の画策が始まるのだが、やがてジャンのジュリアン・ソレル的な野望が破局を迎える。ステファンと売買仲介者二人の死があるのだ。さらには、ジャンの前からマリーの幻も消えてしまう。惜しいと思うのは、作品後半、マリーが超常的な復活を遂げたようにみえてからマリーとジャンの二人は「悪」に枠取りされたカップルとなるのに、セックスシーン(黒沢清の映画だから描写は簡潔だが)があっても相互の「情」の交感(交歓)が薄く、あってもいいはずの「陰謀が露見したあとの逃避行=道行き」さえ召喚されないことだ。筆者は、顔に映画性の感じられないマリー、ジャンの「コンスタンス・ルソー/タヒール・ラヒム」コンビが溝口『近松物語』(一九五四)の香川京子/長谷川一夫だったらいかに良かっただろうとブログに書いたことがある(「黒沢清・ダゲレオタイプの女」『ENGINE EYE 阿部嘉昭のブログ』二〇一六年九月七日アップ)。とりわけ死んだマリーが「なぜか」生体=二重性として描写される作品後半が長く感じられる。大体、フランス人の映画スタッフですべて固められたこの映画では、黒沢映画特有のスピーディなシーン飛躍、あるいは動作だけを余情なしにつないでゆくアレゴリカルなカッティングがない。シーンの場所を建物の外観などで示すマスターショットも、ゆるやかなパンやティルトで装飾される。それがフランス映画色を醸成したのは確かだろうが、結果、黒沢映画の本来の「呼吸」を奪う結果となったのではないか。

マリー役のコンスタンス・ルソーが「眼球振盪」の持ち主だという点は彼女の減点要素とはならない。なるほどそれは役柄の一途

な情熱を印象づけなかったかもしれないが、不安定な情熱なら刻印したはずだからだ。それよりもダゲレオタイプ写真機による最長一時間以上にも及ぶ長時間露光撮影のなかで、その「眼球振盪」は、写真中の角膜の稀薄な拡大を招き、実在性は分布可能性にこそ変貌するという知覚の真実を言い当てるだろう。それは映像全般の当の実在性に関する信憑にも関わってくる。信憑とは瞬間ではなく、継時性の問題なのだ。《オルリクは初期の写真について次のように述べている。「モデルが長い間静止していなければならないことから必然的に生ずる、表情の綜合性が主な理由であるが、これらの写真は素朴であると同時に、後代の写真よりも強烈で長続きする効果を見る者に及ぼす〔…〕」。技法そのものがモデルたちを、瞬間から抜けだして生きるのではなく、瞬間のなかに向かって生きるよう仕向けた。》(ヴァルター・ベンヤミン「写真小史」久保哲司訳〔一章前掲『ベンヤミン・コレクション1』五六一～五六二頁〕)。

★09――モーリス・メルロ＝ポンティ『眼と精神』(滝浦静雄・木田元訳、みすず書房、一九六六、七四頁)

★10――同書一三四～一三五頁。ただし傍点を省略した。

★11――ジャン＝リュック・ナンシー『共同‐体〔コルプス〕』(大西雅一郎訳、松籟社、一九九六、一四頁)

★12――モーリス・メルロ＝ポンティ『見えるものと見えないもの』(滝浦静雄・木田元訳、みすず書房、一九八九、三八二頁)。ただし傍点を省略した。

★13――同書三八九頁

★14――市川浩『〈身〉の構造――身体論を超えて』(講談社学術文庫、一九九三、一九六頁)

★15――同書一九八頁。ただしルビを省略した。

★16――同書一八八頁。ただしルビを省略した。

★17――前掲・前川知大『散歩する誘惑者』一〇九頁

★18――三浦哲哉『サスペンス映画史』(みすず書房、二〇一二)

★19――ヴァルター・ベンヤミン「叙事演劇とは何か」浅井健二郎訳(『ベンヤミン・コレクション5　思考のスペクトル』、浅井健二郎編訳、ちくま学芸文庫、二〇一〇、三三九頁)

★20――この点については、メランコリカーというには微妙なカフカにも次の箴言がある。《わたしは終末である。さもなければ発端である。》(一章前掲カフカ『夢・アフォリズム・詩』一三九頁)

★21――たとえばエルンスト・ブロッホはこう記す。《〈いま・ここ〉という常に身近でくりかえし始まるものも、まさにユートピア的なカテゴリーであり、なかでも最も中核的なものである。これこそまさしく、無の否定的な彷徨や全の光明的な歩みとは異なって、ま

だ一度も時空のなかに登場したことがないのだからである。むしろこの最も直接的な身近にあるものの内容は、まだ完全に、現実の世界の結び目、世界の謎としての、生きられている瞬間という闇のなかにあって、醱酵している。》(エルンスト・ブロッホ『希望の原理』第一巻、山下肇ほか訳、白水社、一九八二、二九頁)。

★22――フロイトの「悲哀とメランコリー」を引いてもいいが、ここではクリスティーヌ・ビュシ＝グリュックスマンが言及したローベルト・ムージル『特性のない男』の人物、アガタの科白を孫引きしておこう。《「私の心は愛に満ち、愛に欠け、そして同時にその両方なのだ」》(五章前掲ビュシ＝グリュックスマン『見ることの狂気』九頁)。

★23――たしか「マタイによる福音書」を忠実に映画化したピエル・パオロ・パゾリーニ監督『奇跡の丘』(一九六四)のイエスの言葉に、「私は死ぬためにこの世に来たのではない、涙するためにこの世に来たのだ」といったものがあったはずだ。

★24――高橋洋の監督作品から例をあげれば、とりあえず以下が、その恐怖世界の「中心」に位置する女性といえるだろう。『恐怖』(二〇〇九)での脳内映像を研究する女医・間宮悦子＝片平なぎさ。『旧支配者のキャロル』(二〇一一)での、自ら主演した実習映画、その演出に容喙する威厳にあふれた早川ナオミ＝中原翔子。『霊的ボリシェヴィキ』(二〇一八)で「百物語」の語りのあと、往年、神隠しにあったという神秘的な出自のためかひとり生き残ってしまう橘由紀子＝韓英恵。

★25――《二つの側面、二つの顔、二つの政治的立場、すなわち両義性の二面はアレゴリーの全ての相を土産物＝思い出へと変身させて、交感の無限の戯れを操作している。〔…〕であるからアレゴリーは遂には忘却と忘れ去られたものの深さ、その真の破壊法則、「最も貴重な獲物」である女性を見出すのである。》(クリスティーヌ・ビュシ＝グリュックスマン『バロック的理性と女性原理――ボードレールからベンヤミンへ』杉本紀子訳、筑摩書房、一九八七、三八頁)。

★26――前掲カフカ『夢・アフォリズム・詩』一一二～一一三頁

★27――非常に引用しにくい小説なのだが、なんとか二箇所をテッド・チャン『あなたの人生の物語』(朝倉久志訳、ハヤカワ文庫、二〇〇三)から連関的に抜いてみよう。《ジャニスは自分の脚のない状態を天の賜と考えて育った。》(三八一頁)、《脚が復元したことは、脚を失ったときと同じように、克服しなければならない障碍なのかもしれない。》(三八五頁)。

★28――ジョルジョ・アガンベン『スタンツェ――西洋文化における言葉とイメージ』(岡田温司訳、ちくま学芸文庫、二〇〇八、五二頁)

終章

映画のアレゴリーについて

技法としてのアレゴリーが文学的想像力にとって大きな魅惑であることは間違いない。花田清輝の『復興期の精神』など、たしかにそうした宝蔵物だった。改めて本論序章を振り返ると、そこではラ・フォンテーヌ型のナイーヴな「教訓つきアレゴリー」を離れた文学的アレゴリーを、以下の三種に区分けした。「可視的エンブレム」「カフカ的アレゴリー」「ベンヤミン的アレゴリー」がそれらだ。伝統的なエンブレムは、そこに現れる個物と、それが指示している意味体系の相関をもとに、その配合により、全体を調合結果としてつくりあげられる。逆にいうと、エンブレムは「部分の集積」に縛られているということだ。ところがノースロップ・フライのいう「可視的エンブレム」は、個物の可視性に、従来の意味体系を離れた「意味の運動の展開」をみる。しかもそれを世界の空間化の要素としてみる。このときエンブレムがもとにしていたアレゴリーの原理が「動く」のだ。

カフカ的アレゴリーには教訓がない。それなのにそれが何かに向けての副次性であることを手放さない。カフカの短篇や寓話を読むと、それらが無媒介に開始され、唐突に中絶される事例だらけだ。そのなかで思念や現れる事物の関係性が動きつづけ、そのことで読者は生々しい二重性のなかに閉じ込められ、幻惑されながら刻々自らが逼塞してゆく「感動」をおぼえざるをえない。『変身』がその頂点。いっぽう伝統的エンブレムの映像と意味を分離させ、カードを切ったようなベンヤミン的アレゴリーは、「分断」「非連続」がその組成法則なので、実体がない。たまたま点在的に現れている実体群の隙間に、何か別のものの予感的な蠢動を幻覚するだけだ。そこでも不確かながら何かが動いている。しかもつくりあげられたものは彼の時間意識のなかでは希望とともに「廃墟」までをも指標する。

つまり文学的アレゴリーが、健全な想像力によるものにせよ、韜晦や奇想や不可能性によるものにせよ、すべて同定性を欠いて、その欠如により「動く」——だからこそ一般通用範囲の想像力に震駭が起こるという

点が重要なのだ。物事は、世界は、それほど安定的ではない。本論が寄り添ってきた、とりわけアレゴリカルな黒沢清の傑作映画群も、この震駭がすべて映画的に転化されている事実を明かしている。これは、黒沢清がひとしれずたとえばカフカを読んでいると指摘して安閑とするような、反映論ではない。むしろこの「黒沢的必然」が「映画的必然」かどうかを吟味することこそが重要だろう。

黒沢映画の一特質——それは、一九三〇年代から一九五〇年代のハリウッド映画のような、語りの機能的な速さをたえず帯びている点だろう。説話論的経済性を中心化するために、余情表現は各シーンでばっさりと断ち切られている。あるいは——前のシーンの解決となるべき当該シーンが、必ず後続するシーンの架橋となってゆく二重性を帯び、だからこそそれ自体の同定性がそこで奪われている。このありようが、前言した文学的アレゴリーと共通するのだ。この速さのなかで俳優には人間化ではなく、擬人化が導かれる。擬人化の要件とは速さなのだ。俳優はカット間を効果的に進展させるための運動線や方向にまで純粋還元される。ところがその擬人化を押し破って「人間」がふたたび現れる魅惑を発するのだ。実際、そのようにして黒沢ビューティがその画面のなかにゆらめいている。髪がゆれうごき、それでも顔や姿態が、無駄な感情説明を奪い取られて、定着される。記憶化の難しいものが、観客に記憶されたくて疼く。『LOFT』の中谷美紀や、役所広司とともにいる『トウキョウソナタ』の小泉今日子や、『散歩する侵略者』の長澤まさみのように、感情は別次元化する。それが彼女たちの美しさを倍加させるのだ。

この黒沢の資質の最もはっきりしたものが、継続して動く撮影対象との距離を自在に変化させながらそれ自体も継続する撮影行為、あるいは交換や転写が機械的な頻繁さで生起する、黒沢映画特有の「運動アレゴリー」だろう。運動がアレゴリカルなこと、運動のために運動自体が再帰的に動くこと、具体的に換言するなら、カッティングの計算されつくした変化や、運動性の高い長回し——さらには可視的エンブレム（幽霊や

廃墟や機械や顔や手！）の出現や消滅、段取りの精確さ、これら諸々により、観客は終始ゆたかな惑乱へと導かれてゆくのだ。むろんその惑乱は「動くもの」「消えるもの」「一致するもの」などへの気づきと表裏している。映画は動く。だから黒沢映画では「部分への覚醒」が突出し、それで全体を「留保」する取引も生じることになる。なかんずくこの構造が、黒沢マニアを生んでいるのだ。

むろん「映画のアレゴリー」は黒沢清だけの専売特許ではない。「映画のアレゴリー」が「映画＝作り物の退屈」を倦厭する、一種の「二重性」の映画知覚として現れるとすると、それが単純なアレゴリー自体を文学的に映画にした「アレゴリーの映画」と無縁なことのみはわかる。「映画のアレゴリー」と「アレゴリーの映画」の弁別は難しい。たとえば、ロイ・アンダーソンの『散歩する惑星』（二〇〇〇）はときにフェリーニ型の「アレゴリーの映画」の抒情性を刻みながらも、構図、人物配置が、これまたフェリーニ映画の最高の要素である「映画のアレゴリー」の特質をきらめかせてもいる。しかも全体は「北欧の停滞」のメタファーをもちながら、その挿話の多元並行性そのものはメトニミーというしかなく、その全体も音楽的に進行している。ただしもっと端的な「映画のアレゴリー」の作家がいるだろう。恐怖自体を描こうとしながら「恐怖のアレゴリー」をからめとってしまうアルフレッド・ヒッチコック、運動自体を描こうとしながら「運動のアレゴリー」を情動とともにこれまたからめとってしまうロバート・アルドリッチ……。

日本にも「映画のアレゴリー」の逸材がいる。二重性とアレゴリーを判断基準にしてみよう。たとえばミソジニーと女性崇拝とがわかちがたく結びついた最良のときの溝口健二。その相似性連鎖と静謐な構図が、同時に構図自体とリズムの特異性を招き寄せてしまっている小津安二郎。「情動」なのか「情動のアレゴリー」なのかで必ず疑義をあたえる加藤泰や増村保造（彼らの位置はそのようにしてニコラス・レイやサミュエル・フラーなど、アメリカの五〇年代映画作家と共通している）。そして何よりも、「複数のリアリズム」や横への空間拡張に

よって「映画のアレゴリー」を驀進させた大島渚、さらには奇妙に停滞的な時間意識によって、「恐怖」のもとに映像の霜柱状の切片を観客に突きつけ、なおもそれを動かしてみせた大和屋竺（彼自身の監督作のみならず、鈴木清順、若松孝二、渡辺護、梅沢薫へ大和屋が脚本提供した傑作もおもいだそう）。とりわけ大島作品（六〇年代）と大和屋作品では、その細部が憶えられない——あるいは描写記述ができないという、異様な負荷がかかる。これは黒沢作品にも共通する特質だし、黒沢の同時代者でいえば、「犯罪」と「犯罪のアレゴリー」を攪拌させてしまった九〇年代の瀬々敬久や、魯迅「鋳剣」とまったくおなじ物語要素によって、「ちがう」映画をつくりあげた『ポルノスター』（一九九八）から監督キャリアを始めてしまった豊田利晃の、その緻密な「詰将棋」めいたカッティングにもいえることだ。

教訓性を欠いたアレゴリーは、必然的に、「要約」には向かない構造をもつ。教訓と要約が同義だという純朴な構造が倦厭されるといってもいい。「要約」に不向きなことは、「細部の憶えられなさ」に後押しされている。この手の映画の初見時には、自らの感覚の覚束なさそのものに魅了されていたと気づく必要があるだろう。だから黒沢映画も「面白かった」「怖かった」などの畏れ知らぬ単純還元が利かない。それこそが映画なのだ。本論中の『ＣＵＲＥ』の項で、いかなる「留保」が残って、「罹患」が点在状になるのかは示したとおりだ。点在化は二重化と近いから、これまたアレゴリカルな事態だ。しかし細部の憶えられなさは、黒沢映画特有の映画組成からも導かれている。ひとは「1カットの持続」に映画力を傾注する黒沢を知っている。あるいは「ある視点」（別カメラ）を撮影現場に導入し、わずかなズレを孕む神経質なカッティング連鎖をつくりあげたある時期の黒沢を知っている。さらには俳優演技のシンコペーション（加藤賢崇、萩原聖人、香川照之…）、これも記述には苦労する。そうすると、たとえば黒沢映画の展開を文章化しようとするとき、主題、動き、俳優演技、ショットの持続の有無、それらが複合して、とても単純な描写ではかなわない畏れをおぼえてし

まうのだ。奇想満載な非リアリズム系の黒沢映画が観客にしいているのは、意外にも映画そのものへの畏怖なのであり、そもそもその二重性の組成は、黒沢が「そのとき」撮っている映画が、彼の記憶にある既存の映画に刻々嚙み砕かれている結果なのではないか。そうして「映画のアレゴリー」の別格の名をもうひとり出さざるをえない。「映画」が「非映画」とたえず連絡し、このことが始原状態の映画性を高めているジャン＝リュック・ゴダールこそがその名だ。初期の黒沢が「日本のゴダール」と異名をとったことには、このようにして理由がある。

二〇一〇年代の黒沢清は、小説を原作にした映画化作品の監督が多くなる。そうして、この原作小説に対しての「アレゴリー」が生起する。それは必然的に小説とは「別のもの」を志向する。ただし単なる「小説の映画化＝アレゴリーの生成」ではなくこれが「映画のアレゴリー」となるためにはさらに別の形式化が必要だ。たとえば『クリーピー』では原作小説に加算して、「コ」の字を媒介にした隣接関係の映像的類似が起こる。そこでメトニミー(隣接)とメタファー(類似)の同在化が起こり、世界が進行原理を潰されて無差異になる。そのなかを竹内結子の「手」が出現するのだ。あるいは『散歩する侵略者』では「歩行」という主題を模すように、右足と左足を交互に繰りだすような、並行モンタージュの徹底が組織される。これはブレヒト的なもの、あるいはアトラクションのモンタージュに関連しているだろう。ブレヒトとカフカの相性の悪さはベンヤミンがブレヒトとの共同生活の報告で問わず語りしているが、このブレヒト化により、黒沢に脱カフカ化が起こったとみることもできる。黒沢にとっての「映画のアレゴリー」が別次元に移行したのかもしれない。いずれにせよ、形式化の意識は、原作小説の映画化という試練を経て、黒沢に練磨されるようになった。

さて、さきに書いたことを繰り返すと、黒沢映画の細部の点検には惑溺が起こるが、同時にその細部の展開を文章化することには異様な困難がつきまとう。とりわけカメラによって画面が運動していることが文章

化しにくいのだ。方向や位置関係や構図の示唆や、ショットの長さの指摘も必然化される(おなじような事態はエドワード・ヤンにも起こるだろう)。これは何か。これこそが「映画のアレゴリー」の「結果」なのだ。ベンヤミン的には、アレゴリーは細部の非連続な点在だし、カフカ的には、アレゴリーは動きそのものの展開だから、もともとアレゴリーは要約に適さない。加えて「映画のアレゴリー」の要約不能性は、常識の線に従って物語が進行せず、動きに代表される映画の刻々の物質性がその代わりに露出してしまうことに深く関わっている。

このとき劇場もしくは試写室でおぼえた初見のときの印象をおもいだすようにした。つまり黒沢論を書いているこの「現在」の困難は、初見時の「まとめられない幻惑体験」と地続きの、それ自体は豊かな体験なのだと(その「まとめられない幻惑体験」を記録するため、筆者はある時期からの黒沢作品のうち真の推薦に値するものを、書評紙やネット上の、やや長いレビューとして書いてきた)。それで「画面を描写する」という、場合によっては映画の現場にかかわるすべての人の著作権を侵害する行為に、愛の複雑さを嗅ぎ当ててもらうことで生じる正当性をあたえようとした(もっともその方法論については多様化も図ったが)。はたしてDVDのリモコン操作を駆使している多くの映画研究は、こういうこと(こうして分析することのうしろめたさ)について自覚的だろうか。映画の展開細部を四苦八苦して「描写」することも、「映画のアレゴリー」なのだ。

「映画のアレゴリー」から離れて最後に考えるのは、「認知映画学」のような着想だ。たとえば「認知言語学」では、実際に言葉が交わされる場、その空間上の了解が前提となり、シフター(指示語)、比喩(とりわけ空間を緩和するメトニミー)などが考察の重要対象となる。「認知映画学」では初見時の惑乱が、再見、三見、四見…のときに、どう意味や隠された連関の発見や、あるいは記憶化によって緩和するかを実体的に記述・思考してゆくことがその要諦になるだろう。となると逆に、映画監督はその初見からn回目の鑑賞までもの発見可

能性を集約する抽象的な存在にまで巨大化、神格化してしまう。だからこそ、監督が予想する発見可能性を外し、監督自身までをも驚愕に導くことが肝要となる。生産のサーヴィスと、批評のサーヴィスの、真の応酬。それは「n－1」回目の鑑賞で起こるだろう。しかしそれはいつなのか。黒沢清論が困難なのは、映画知にあふれる黒沢自身が、それすらも見越しているように思えるためだった。

参照映画・映像一覧

黒沢清監督作品

▼『SCHOOL DAYS』(一九七八)
▼『神田川淫乱戦争』(一九八三)
▼『ドレミファ娘の血は騒ぐ』(一九八五)
▼『スウィートホーム』(一九八九)
▼『地獄の警備員』(一九九二)
▼『よろこびの渦巻』(TV、一九九二)
▼『勝手にしやがれ!!　強奪計画』(一九九五)
▼『勝手にしやがれ!!　脱出計画』(一九九五)
▼『勝手にしやがれ!!　成金計画』(一九九六)
▼『復讐　運命の訪問者』(一九九六)
▼『復讐　消えない傷痕』(一九九六)
▼『蛇の道』(一九九七)
▼『蜘蛛の瞳』(一九九七)
▼『CURE　キュア』(一九九七)
▼『カリスマ』(一九九九)
▼『ニンゲン合格』(一九九九)
▼『降霊』(一九九九)
▼『大いなる幻影』(一九九九)
▼『回路』(二〇〇〇)
▼『ドッペルゲンガー』(二〇〇二)
▼『アカルイミライ』(二〇〇二)
▼『LOFT　ロフト』(二〇〇五)
▼『叫』(二〇〇六)
▼『トウキョウソナタ』(二〇〇八)
▼『贖罪』(二〇一一)
▼『Seventh Code』(二〇一三)
▼『リアル～完全なる首長竜の日～』(二〇一三)
▼『クリーピー・偽りの殺人』(二〇一六)
▼『ダゲレオタイプの女』(二〇一六)
▼『散歩する侵略者』(二〇一六)
▼『予兆　散歩する侵略者　劇場版』(二〇一七)

(黒沢清作品以外の)参照映画・映像一覧

▼青山真治『Helpless』(一九九六)
▼ロバート・アルドリッチ『ベラクルス』(一九五四)
▼ロバート・アルドリッチ『キッスで殺せ！』(一九五五)
▼ロバート・アルドリッチ『地獄へ秒読み』(一九五九)

▼ロバート・アルドリッチ『何がジェーンに起ったか?』(一九六二)
▼ロバート・アルドリッチ『北国の帝王』(一九七三)
▼ロバート・アルドリッチ『カリフォルニア・ドールズ』(一九八一)
▼ロイ・アンダーソン『散歩する惑星』(二〇〇〇)
▼クリント・イーストウッド『ブロンコ・ビリー』(一九八〇)
▼クリント・イーストウッド『許されざる者』(一九九二)
▼泉谷しげる『ハーレム・バレンタイン・デイ』(一九八二)
▼アレハンドロ・ゴンザレス・イニャリトゥ『アモーレス・ペロス』(二〇〇〇)
▼ドゥニ・ヴィルヌーヴ『メッセージ』(二〇一六)
▼ヴィム・ヴェンダース『パリ、テキサス』(一九八四)
▼宇崎竜童『さらば相棒』(一九八二)
▼大島渚『帰って来たヨッパライ』(一九六八)
▼大島渚『儀式』(一九七一)
▼大根仁『バクマン。』(二〇一五)
▼押井守『イノセンス』(二〇〇四)
▼小津安二郎『母を恋はずや』(一九三四)
▼小津安二郎『風の中の牝鶏』(一九四八)
▼小津安二郎『晩春』(一九四九)
▼小津安二郎『東京物語』(一九五三)
▼小津安二郎『東京暮色』(一九五七)
▼加藤泰『みな殺しの霊歌』(一九六八)
▼加藤泰『日本侠花伝』(一九七三)
▼北野武『あの夏、いちばん静かな海。』(一九九一)
▼ジョエル・コーエン『ミラーズ・クロッシング』(一九九〇)
▼ジャン=リュック・ゴダール『勝手にしやがれ』(一九六〇)
▼ジャン=リュック・ゴダール『小さな兵隊』(一九六〇)
▼ジャン=リュック・ゴダール『女は女である』(一九六一)
▼ジャン=リュック・ゴダール『女と男のいる舗道』(一九六二)
▼ジャン=リュック・ゴダール『カラビニエ』(一九六三)
▼ジャン=リュック・ゴダール『気狂いピエロ』(一九六五)
▼ジャン=リュック・ゴダール『アルファヴィル』(一九六五)
▼ジャン=リュック・ゴダール『男性・女性』(一九六六)
▼塩田明彦『害虫』(二〇〇二)
▼ドン・シーゲル『ボディ・スナッチャー/恐怖の街』(一九五六)
▼清水崇『呪怨』(OV、一九九九)
▼ダニエル・シュミット『ラ・パロマ』(一九七四)
▼鈴木清順『殺しの烙印』(一九六七)
▼鈴木清順『悲愁物語』(一九七七)
▼スティーヴン・スピルバーグ『JAWS/ジョーズ』(一九七五)
▼スティーヴン・スピルバーグ『太陽の帝国』(一九八七)
▼スティーヴン・スピルバーグ『ジュラシック・パーク』(一九九三)
▼瀬々敬久『ヘヴンズ　ストーリー』(二〇一〇)
▼相米慎二『翔んだカップル』(一九八〇)
▼相米慎二『セーラー服と機関銃』(一九八一)
▼相米慎二『ションベン・ライダー』(一九八三)
▼相米慎二『風花』(二〇〇一)
▼園子温『ヒミズ』(二〇一二)
▼高橋伴明『狼』(一九八二)
▼高橋伴明『ネオ・チンピラ/鉄砲玉ぴゅ~』(一九九〇)

▼高橋洋『恐怖』(二〇〇九)
▼高橋洋『旧支配者のキャロル』(二〇一一)
▼高橋洋『霊的ボリシェヴィキ』(二〇一八)
▼クエンティン・タランティーノ『パルプ・フィクション』(一九九四)
▼ジョナサン・デミ『羊たちの沈黙』(一九九〇)
▼寺山修司『さらば箱舟』(一九八四)
▼暉峻創三『ブラームスを愛する』(一九八四)
▼豊田利晃『ポルノスター』(一九九八)
▼成瀬巳喜男『乱れ雲』(一九六七)
▼ピエル・パオロ・パゾリーニ『奇跡の丘』(一九六四)
▼ピエル・パオロ・パゾリーニ『テオレマ』(一九六八)
▼濱口竜介『寝ても覚めても』(二〇一八)
▼アルフレッド・ヒッチコック『裏窓』(一九五四)
▼アルフレッド・ヒッチコック『鳥』(一九六三)
▼テレンス・フィッシャー『妖女ゴーゴン』(一九六三)
▼ルイス・ブニュエル『黄金時代』(一九三〇)
▼ルイス・ブニュエル『ビリディアナ』(一九六一)
▼ルイス・ブニュエル『皆殺しの天使』(一九六二)
▼ルイス・ブニュエル『自由の幻想』(一九七四)
▼ルイス・ブニュエル『砂漠のシモン』(一九六五)
▼トビー・フーパー『悪魔のいけにえ』(一九七四)
▼トビー・フーパー『スペースバンパイア』(一九八五)
▼トビー・フーパー『スポンティニアス・コンバッション／人体自然発火』(一九九〇)
▼リチャード・フライシャー『絞殺魔』(一九六八)
▼古澤健『怯える』(一九九八)
▼ハワード・ホークス『三つ数えろ』(一九四八)
▼ハワード・ホークス『赤い河』(一九四六)
▼増村保造『赤い天使』(一九六六)
▼万田邦敏『接吻』(二〇〇八)
▼溝口健二『祇園の姉妹』(一九三六)
▼溝口健二『雨月物語』(一九五三)
▼溝口健二『山椒大夫』(一九五四)
▼溝口健二『近松物語』(一九五四)
▼宮崎駿『となりのトトロ』(一九八八)
▼大和屋竺『荒野のダッチワイフ』(一九六七)
▼エドワード・ヤン『恐怖分子』(一九八六)
▼吉田恵輔『銀の匙 Silver Spoon』(二〇一四)
▼吉田大八『桐島、部活やめるってよ』(二〇一二)
▼フリッツ・ラング『ドクトル・マブゼ』(一九二二)
▼フリッツ・ラング『M』(一九三一)
▼フリッツ・ラング『地獄への逆襲』(一九四〇)
▼フリッツ・ラング『怪人マブゼ博士(マブゼ博士の遺言)』(一九三三)
▼ジャック・リヴェット『セリーヌとジュリーは舟で行く』(一九七四)
▼デヴィッド・リンチ『ツイン・ピークス』(パイロット版、一九八九)
▼ジャン・ルノワール『素晴らしき放浪者』(一九三二)
▼ジャン・ルノワール『ピクニック』(一九三六)
▼ジョセフ・ロージー『召使』(一九六三)
▼福澤克雄監修『半沢直樹』(二〇一三)
▼福澤克雄監修『小さな巨人』(二〇一七)

参考文献一覧

▼ジョルジョ・アガンベン『中味のない人間』岡田温司・多賀健太郎・岡部宗吉訳、人文書院、二〇〇二

▼ジョルジョ・アガンベン『スタンツェ――西洋文化における言葉とイメージ』岡田温司訳、ちくま学芸文庫、二〇〇八

▼阿部嘉昭「「オウム」以後の恐怖映画――黒沢清『CURE』」『日本映画が存在する』青土社、二〇〇〇

▼阿部嘉昭『実戦サブカルチャー講義』河出書房新社、二〇〇二

▼阿部嘉昭「映画というカフカ――黒沢清について」『日本映画オルタナティヴ』彩流社、二〇一二

▼阿部嘉昭「メディアがあたえた映画の組成変化とは何だったのか――〇〇年代の「東宝的なもの」をめぐって」（黒沢清・四方田犬彦・吉見俊哉・李鳳宇編『日本映画は生きている』第1巻、岩波書店、二〇一〇）

▼阿部嘉昭『換喩詩学』思潮社、二〇一四

▼阿部嘉昭「黒沢清・ダゲレオタイプの女」（「ENGINE EYE　阿部嘉昭のブログ」二〇一六年九月七日付）

▼阿部嘉昭「孤立する顔――万田邦敏『接吻』について」（北海道大学大学院文学研究科　映像・表現文化論講座編「層」10号、ゆまに書房発行、二〇一八）

▼阿部嘉昭「前川裕と黒沢清」（「ENGINE EYE 阿部嘉昭のブログ」二〇一八年七月七日付）

▼ハンナ・アーレント『［新版］エルサレムのアイヒマン――悪の陳腐さについての報告』大久保和郎訳、みすず書房、二〇一七

▼市川浩『〈身〉の構造――身体論を超えて』講談社学術文庫、一九九三

▼乾緑郎『完全なる首長竜の日』宝島社文庫、二〇一二

▼宇波彰『ラカン的思考』作品社、二〇一七

▼大室幹雄「『鳥獣戯話』試論」（『アレゴリーの墜落』新曜社、一九八五）

▼フランツ・カフカ「掟の門」「橋」「流刑地にて」「父の気がかり」池内紀訳（『カフカ短篇集』、岩波文庫、一九八七）

▼フランツ・カフカ『夢・アフォリズム・詩』吉田仙太郎編訳、平凡社ライブラリー、一九九六

▼フランツ・カフカ「インディアンになりたいという願い」「［珍しくもない出来事］」「［巣造り］」柴田翔訳（『カフカ・セレクションII　運動／拘束』平野嘉彦編、ちくま文庫、二〇〇八）

▼フランツ・カフカ「［それは大きな尻尾を］」「歌姫ヨゼフィーネ、あるいは鼠の族」浅井健二郎訳（『カフカ・セレクションIII　異形

／寓意』平野嘉彦編、ちくま文庫、二〇〇八）
▼ガブリエル・ガルシア＝マルケス『百年の孤独』鼓直訳、新潮社、一九七二
▼ミシェル・カルージュ『独身者の機械　未来のイヴ、さえも…』高山宏・森永徹訳、ありな書房、一九九一
▼川崎公平『黒沢清と〈断続〉の映画』水声社、二〇一四
▼ルイス・キャロル『もつれっ話』柳瀬尚紀訳、ちくま文庫、一九八九
▼黒沢清インタビュー「クラシックから遠く離れて」大寺眞輔編『現代映画講義』青土社、二〇〇五
▼黒沢清『映像のカリスマ――黒沢清映画史』フィルムアート社、一九九二
▼黒沢清『映画はおそろしい』青土社、二〇〇一
▼黒沢清・篠崎誠『恐怖の映画史』青土社、二〇〇三
▼黒沢清『黒沢清の映画術』新潮社、二〇〇六
▼黒沢清対談集『映画の怖い話』青土社、二〇〇七
▼黒沢清『恐怖の対談――映画のもっとこわい話』青土社、二〇〇八
▼黒沢清『黒沢清、21世紀の映画を語る』boid、二〇一〇
▼小林修一『日本のコード　〈日本的〉なるものとは何か』みすず書房、二〇〇九
▼スラヴォイ・ジジェク監修『ヒッチコックによるラカン――映画的欲望の経済《エコノミー》』霜崎俊和・新谷淳一・辻部大介・木村建哉・梅宮典子・田上竜也訳、トレヴィル、一九九四
▼スラヴォイ・ジジェク『斜めから見る――大衆文化を通してラカン理論へ』鈴木晶訳、青土社、一九九五
▼志村正雄「現代アメリカ小説におけるゴシックの裔」（小池滋・志村正雄・富山太佳夫編『城と眩暈　ゴシックを読む』国書刊行会、一九八二）
▼ゲオルク・ジンメル「顔の美的意義」杉野正訳（『ジンメル著作集12』、白水社、一九七六）
▼鈴木了二『建築映画　マテリアル・サスペンス』ＬＩＸＩＬ出版、二〇一三
▼高橋洋『地獄は実在する――高橋洋恐怖劇傑作選』幻戯書房、二〇一八
▼テッド・チャン『あなたの人生の物語』朝倉久志訳、ハヤカワ文庫、二〇〇三
▼ジョルジュ・ディディ＝ユベルマン『ニンファ・モデルナ――包まれて落ちたものについて』森元庸介訳、平凡社、二〇一三
▼ジャック・デリダ『カフカ論　「掟の門前」をめぐって』三浦信孝訳、朝日出版社、一九八六
▼ジャック・デリダ「白い神話」（『哲学の余白』下、藤本一勇訳、法政大学出版局、二〇〇八）
▼ジャック・デリダ『プシュケー――他なるものの発明Ｉ』藤本一勇訳、岩波書店、二〇一四
▼ジル・ドゥルーズ＝フェリックス・ガタリ『カフカ　マイナー文学のために』宇波彰・岩田行一訳、法政大学出版局、一九七八
▼ジル・ドゥルーズ＝フェリックス・ガタリ『アンチ・オイディプス』市倉宏祐訳、河出書房新社、一九八六
▼ジル・ドゥルーズ『差異と反復』財津理訳、河出書房新社、一九九二

▼ジル・ドゥルーズ＝フェリックス・ガタリ『千のプラトー――資本主義と分裂症』宇野邦一・小沢秋広・田中敏彦・豊崎光一・宮林寛・守中高明訳、河出書房新社、一九九四
▼ジル・ドゥルーズ『シネマ1＊運動イメージ』財津理・齋藤範訳、法政大学出版局、二〇〇八
▼ジル・ドゥルーズ『シネマ2＊時間イメージ』宇野邦一・石原陽一郎・江澤健一郎・大原理志・岡村民夫訳、法政大学出版局、二〇〇六
▼ポール・ド・マン『ロマン主義のレトリック』山形和美・岩坪友子訳、法政大学出版局、一九九八
▼ポール・ド・マン『読むことのアレゴリー――ルソー、ニーチェ、リルケ、プルーストにおける比喩的言語』土田知則訳、岩波書店、二〇一二
▼ポール・ド・マン『美学イデオロギー』上野成利訳、平凡社ライブラリー、二〇一三
▼中島義道『「時間」を哲学する』講談社現代新書、一九九六
▼ジャン＝リュック・ナンシー『共同‐体〔コルプス〕』大西雅一郎訳、松籟社、一九九六
▼蓮實重彥『物語批判序説』中央公論社、一九八五
▼蓮實重彥『監督 小津安二郎〔増補決定版〕』筑摩書房、二〇〇三
▼蓮實重彥『破局的スローモーション』『ゴダール革命』、筑摩書房、二〇〇五
▼蓮實重彥・黒沢清・青山真治『映画長話』リトルモア、二〇一一
▼花田清輝『ブリダンの驢馬』『花田清輝著作集I』未來社、一九六四
▼ロラン・バルト『表徴の帝国』宗左近訳、ちくま学芸文庫、一九九六
▼クリスティーヌ・ビュシ＝グリュックスマン『バロック的理性と女性原理――ボードレールからベンヤミンへ』杉本紀子訳、筑摩書房、一九八七
▼クリスティーヌ・ビュシ＝グリュックスマン『見ることの狂気――バロック美学と眼差しのアルケオロジー』谷川渥訳、ありな書房、一九九五
▼ルイス・ブニュエル『映画、わが自由の幻想』矢島翠訳、早川書房、一九八四
▼ノースロップ・フライ『神話とメタファー――エッセイ1974‐1988』高柳俊一訳、法政大学出版局、二〇〇四
▼モーリス・ブランショ『文学空間』粟津則雄・出口裕弘訳、現代思潮社、一九六二
▼古谷実『ヒミズ』1〜4、講談社、二〇〇一〜二〇〇二
▼アンガス・フレッチャー『アレゴリー――ある象徴的モードの理論』伊藤誓訳、白水社、二〇一七
▼エルンスト・ブロッホ『未知への痕跡』菅谷規矩雄訳、イザラ書房、一九六九
▼エルンスト・ブロッホ『希望の原理』第一巻、山下肇・瀬戸鞏吉・片岡啓治・沼崎雅行・石丸昭二・保坂一夫訳、白水社、一九八二
▼エルンスト・ブロッホ『希望の原理』第二巻、山下肇・瀬戸鞏吉・片岡啓治・沼崎雅行・石丸昭二・保坂一夫訳、白水社、一九八二
▼ヴァルター・ベンヤミン『パサージュ論IV 方法としてのユートピア』今村仁司・三島憲一ほか訳、岩波書店、一九九三

▼ヴァルター・ベンヤミン『パサージュ論II　ボードレールのパリ』今村仁司・三島憲一ほか訳、岩波書店、一九九五
▼ヴァルター・ベンヤミン「言語一般および人間の言語について」「歴史の概念について」浅井健二郎訳（浅井健二郎編訳『ベンヤミン・コレクション1　近代の意味』、ちくま学芸文庫、一九九五）
▼ヴァルター・ベンヤミン「セントラルパーク」「写真小史」「複製技術時代の芸術作品」久保哲司訳（浅井健二郎編訳『ベンヤミン・コレクション1　近代の意味』ちくま学芸文庫、一九九五）
▼ヴァルター・ベンヤミン「フランツ・カフカ」西村龍一訳（浅井健二郎編訳『ベンヤミン・コレクション2　エッセイの思想』、ちくま学芸文庫、一九九六）
▼ヴァルター・ペンヤミン「一方通行路」久保哲司訳（浅井健二郎編訳『ベンヤミン・コレクション3　記憶への旅』ちくま学芸文庫、一九九七）
▼ヴァルター・ベンヤミン『ドイツ悲劇の根源』上、浅井健二郎訳、ちくま学芸文庫、一九九九
▼ヴァルター・ベンヤミン「暴力批判論」（『ドイツ悲劇の根源』下、浅井健二郎訳、ちくま学芸文庫、一九九九）
▼ヴァルター・ベンヤミン「［カフカについての手紙］」浅井健二郎訳（浅井健二郎編訳『ベンヤミン・コレクション4　批評の瞬間』、ちくま学芸文庫、二〇〇七）
▼ヴァルター・ベンヤミン「言語社会学の諸問題」岡本和子訳（浅井健二郎編訳『ベンヤミン・コレクション5　思考のスペクトル』ちくま学芸文庫、二〇一〇）
▼ヴァルター・ベンヤミン「叙事演劇とは何か」浅井健二郎訳（浅井健二郎編訳『ベンヤミン・コレクション5　思考のスペクトル』ちくま学芸文庫、二〇一〇）
▼ヴァルター・ベンヤミン「〈私〉記［2］」浅井健二郎訳（浅井健二郎編訳『ベンヤミン・コレクション7　〈私〉記から超〈私〉記へ』ちくま学芸文庫、二〇一四）
▼エドガー・アラン・ポオ「ヴァルドマアル氏の病症の真相」（『ポオ小説全集IV』小泉一郎訳、創元推理文庫、一九七四）
▼細川周平『ウォークマンの修辞学』朝日出版社、一九八一
▼シャルル・ボードレール「火箭」矢内原伊作訳（『ボードレール全集II』人文書院、一九六三）
▼E・T・A・ホフマン／S・フロイト『砂男　無気味なもの』種村季弘訳、河出文庫、一九九五
▼前川知大『散歩する誘惑者』角川文庫、二〇一七
▼前川裕『クリーピー』光文社文庫、二〇一四
▼万田邦敏『再履修・とっても恥ずかしゼミナール』港の人、二〇〇九
▼三浦哲哉『サスペンス映画史』みすず書房、二〇一二
▼湊かなえ『贖罪』双葉文庫、二〇一二
▼モーリス・メルロ＝ポンティ『眼と精神』滝浦静雄・木田元訳、みすず書房、一九六六
▼モーリス・メルロ＝ポンティ『見えるものと見えないもの』滝浦静雄・木田元訳、みすず書房、一九八九
▼ロマーン・ヤーコブソン『一般言語学』川本茂雄監修、みすず書房、一九七三
▼グスタフ・ヤノーホ『［増補版］カフカとの対話——手記と追想』

吉田仙太郎訳、ちくま学芸文庫、一九九四
▼大和屋竺「大和屋竺インタビュー2」インタビュー・構成／井川耕一郎・高橋洋（『映画王』4号、映画王社、一九九〇）
▼大和屋竺『悪魔にゆだねよ』荒井晴彦・竹内銃一郎・福間健二編、ワイズ出版、一九九四
▼大和屋竺『大和屋竺ダイナマイト傑作選・荒野のダッチワイフ』高橋洋・塩田明彦・井川耕一郎編、フィルムアート社、一九九四
▼湯本香樹実『岸辺の旅』文春文庫、二〇一二
▼吉本隆明『〔改訂新版〕共同幻想論』角川ソフィア文庫、一九八二
▼ヴィリエ・ド・リラダン「ヴェラ」（『ヴィリエ・ド・リラダン全集』第一巻、齋藤磯雄訳、東京創元社、一九七七）
▼エマニュエル・レヴィナス『存在の彼方へ』合田正人訳、講談社学術文庫、一九九九
▼『魯迅文集2』竹内好訳、ちくま文庫、二〇〇九
▼鷲田清一『じぶん・この不思議な存在』講談社現代新書、一九九六
▼「黒沢清×高橋洋　家族が何かに犯される」「徹底インタビュー　アナーキーな願望とアンバランスの魅力」『世界最恐の映画監督黒沢清の全貌』（「文學界」編集部編、文藝春秋、二〇一七）

あとがき

本書は平成三十年度、勤務先の北海道大学に論文博士学位申請論文として提出されたものと同一内容で、それを版元・幻戯書房が逸早く書籍化してくれる僥倖にあずかった。著者は映画「評論家」としてキャリアを積んできており、二〇一二年に北大に赴任する前には「映画研究論文」に分類されるものをほとんど書いていない。出典註が論文を推進してゆく律儀なその形式が資質的に面倒でもあったのだが、諸事情に促され、博論を書く仕儀となった。その意味では映画評論ではなく映画研究書（映画学術書）の、初めての書籍化ということになる。

黒沢清の映画は、もともと順を追ってそれを緻密に「再現」すれば、それ自体が面白くなっているに決まっている。それほど着想と思想がカラフルで盛り沢山なのだ。むろんそれでは学術論文にならない。それで本書では以下の方策がとられた。黒沢映画そのものに映画的なカッティングを施す。さらに黒沢清と、カフカ、ベンヤミンに代表されるアレゴリカーの資質にアナロジーを設ける。このとき、黒沢とカフカ、ベンヤミンなどとの接続を、それ自体、映画の編集カッティング風にさらに鍛え上げる。結果、黒沢映画とは別の「カラフル」を論文に作りあげ、それ自体を「映画のアレゴリー」とできるのではないか。ためにカラフルでないものを排除することにもなった。とりわけ自身が映画評論家なのに、同時代の評論家による映画評を改めて精査することをしなかった。同時代評を列挙して「受容論」に立脚する真面目な論文がどうも苦手で、それよりも現代思想系と接続して、奇矯な混淆物をつくりあげたかったということだ。字数圧縮の意味もあった。

序章・終章をふくめ全体章数は九にすぎないが、本文記述や註記の間隙的細部に、章題にない多くの黒沢作品の分析も埋め込んである。したがって本書は、成功したか否か措くとはいえ、アレゴリーを媒介にした黒沢清作品の「全体論」と位置づけらけるだろう。同時に、アレゴリーに関する分析を抜き読みすれば、付帯的に独自なアレゴリー論ともなりうると信ずる。この構成もアレゴリーの実質、「二重性」を念頭に置いてのことだった。

著者の指導する優秀な学生の一部は黒沢清を卒論・修論にとりあげる傾向がつよかったが、字数条件もあり、黒沢の全体論を完成する者はこれまでいなかった。トリヴィアルになったり偏向やまやかしが見解に生じたりするのは、全体性が視野から欠落しているからだし、他の映画作家の作品の召喚が足りないゆえでもある。結果、書かれたものが黒沢映画ほどカラフルでない。著者は彼らの論文の着眼に刺戟を受けながらも、そうした欠点を是正する範をしめす必要があった。うまく行ったか否かは諸賢の判断にゆだねるしかない。

＊

奇縁というべきか、本書成立には三人の「中村氏」が関わった。初めに著者のアカデミックキャリア確立のため、博論執筆を熱心に勧めてくれた講座同僚の中村三春氏。それと旧知の立教大学・新座の中村秀之氏には、二〇一七年秋、著者の所属する講座が主催する映像・現代文化論学会で久しぶりにお会いして、その打ち上げにて自分の書くべき博論の方向性につき悩みを打ち明けたところ、「学生に遠慮することなく、阿部さんの代名詞であるモノグラフを書けばいいのでは」と励ましを受け、ずっと懸案だった黒沢清論の執筆を

決心した。さらにはその緻密な編集作業を畏敬している旧知の中村健太郎氏が、黒沢論の幻戯書房での編集を引き受けてくれることになった。ということで、レールを敷いたこの三人の「中村氏」にまず感謝をしなくてはならない。くわえて、博論審査を引きうけてくださっている北大同僚の応雄、押野武志、武田雅哉の三氏と、黒沢本にふさわしい、シャープで感慨ぶかい装丁をしていただいた小沼宏之氏にもこの場で深謝を申し上げる。

むろん映画的な謝辞は、まずはこの本の対象——幸福にもそのフィルモグラフィの進展が著者の生命の進展と親しく重なっている黒沢清監督に捧げなくてはならない。ならびにそのスタッフ・キャストにも。彼らからも像の「引用」を数多くさせていただいた。それから黒沢清監督の盟友のうち、とりわけこれまた多くの引用をさせてもらった万田邦敏、高橋洋、篠崎誠の各監督にも、黒沢監督に対してとどうよう久闊を叙すと同時に、お礼を述べなくてはならないだろう。

黒沢清監督のモノグラフ研究は、その優秀な盟友たちの緊密で温かい仕事に阻まれ、構想するのが難しい面が確かにあった。それに突破口を開いたのが川崎公平氏の快著『黒沢清と〈断続〉の映画』だった。北大の短い同僚で今は日本女子大学の川崎氏にも末筆ながら感謝のことばを捧げる。

二〇一九年一月
札幌にて

著者識

*——本書は平成三十年度北海道大学大学院文学研究科の出版助成を得て、公刊された。

[著者略歴]

阿部嘉昭［あべ・かしょう］

1958年東京生まれ。評論家、詩人、北海道大学大学院文学研究科准教授。札幌在住。日本映画に関わる著作としては、モノグラフに『北野武vsビートたけし』(筑摩書房)、『成瀬巳喜男——映画の女性性』『映画監督大島渚』(以上、河出書房新社)、評論集に『日本映画が存在する』(青土社)、『日本映画の21世紀がはじまる』(キネマ旬報社)、『日本映画オルタナティヴ』(彩流社)、講義集に『68年の女を探して——私説・日本映画の60年代』(論創社)がある。サブカルチャー研究に関わる著作については『平成ボーダー文化論』(水声社)など多数。詩集『ふる雪のむこう』(思潮社)で第48回北海道新聞文学賞、詩論集『換喩詩学』(思潮社)で第6回鮎川信夫賞を受賞。

黒沢清《くろさわきよし》、映画《えいが》のアレゴリー

二〇一九年三月五日　第一刷発行

著者　阿部嘉昭

発行者　田尻勉

発行所　幻戯書房

郵便番号一〇一-〇〇五二

東京都千代田区神田小川町三-十二　岩崎ビル二階

電話　〇三(五二八三)三九三四

FAX　〇三(五二八三)三九三五

URL　http://www.genki-shobou.co.jp/

印刷・製本　美研プリンティング

落丁本、乱丁本はお取り替えいたします。
本書の無断複写、複製、転載を禁じます。
定価はカバーの裏側に表示してあります。

ISBN978-4-86488-165-4　C0074

地獄は実在する　高橋洋恐怖劇傑作選

黒沢清の盟友にしてJホラー映画ブームの先駆者・高橋洋による、選りすぐりの恐怖劇6編。読めば戦慄――究極の読むホラー映画！　巻末に、その創造の秘密に迫る岸川真との対談を併載。収録作：『女優霊』(1995)／『インフェルノ　蹂躙』(1997)／『蛇の道』(1998)／『ソドムの市』(2004)／『狂気の海』(2007)／『恐怖』(2009)　2,500円

映画の乳首、絵画の腓 AC 2017　滝本 誠

エロスか死か！　美の動体視力があなたの価値観を転覆＋震動させる……。若き町山智浩、中原昌也、菊地成孔らに衝撃を与えた伝説の映画評論集が、新世紀増補究極版（21 CENTURY ULTIMATE EDITION）として再起動！　リンチ、シュールレアリスム、ノワール、そしてデヴィッド・ボウイ。これぞ超絶の映画美学。　3,500円

映画の夢、夢のスター　山田宏一

映画を映画的に、映画の言葉で語れぬものか――ダグラス・フェアバンクスにルドルフ・ヴァレンチノ、リリアン・ギッシュにグレタ・ガルボ……それぞれ12名のヒーローとヒロインを論じ尽くす､山田宏一の映画人生を凝縮した「スター」論。巻末に講演「映画的な、あまりに映画的な　スター誕生秘話」収録。映画本大賞2011受賞。　2,500円

骨 踊 り　向井豊昭小説選

あらゆる小説ジャンルを呑み込んだ強靭な文体と、ヤマトへの苛烈な批判精神。「向井豊昭の抑制のきいたアナーキズムは鈍い興奮をあたりにゆきわたらせ、読む感性を一瞬ごとに揺るがせてくれる」（蓮實重彥）と平成の日本文学シーンに衝撃を与えたおそるべきゲリラ作家の、知られざる長・中・短篇6作を精選。没後十年記念出版。　4,900円

エアスイミング　シャーロット・ジョーンズ（小川公代訳）

1920年代、精神異常の烙印を押され、収容施設に収監された二人の女。社会から孤絶した彼女たちは、〈想像力〉と〈声〉を頼りに生き延びようとする……。世界各国で上演され話題を呼んだ、イギリス劇作家の代表作を本邦初訳。触法精神障害者の実話を基に、現代人のオラリティを掬い上げる､〈アウトリーチ〉としての劇文学の誕生。　2,400円

アラン『定義集』講義　米山 優

哲学者アランが遺した、264の言葉をめぐる『定義集』。定義から定義へと思索が飛躍する同作の完全新訳と、原稿3000枚におよぶ徹底的な註解のレッスンを通して、アラン哲学の面白さがせまってくる。散文を《読んで聴かせる》授業から生まれた正統派哲学講義。アランを学び、自分で思索を深める人のための一冊。　6,800円